# Friedrich der Große

Ausgewählte Schriften

*Herausgegeben von*
*Ulrike-Christine Sander*

Fischer Taschenbuch Verlag

Originalausgabe

Veröffentlicht im Fischer Taschenbuch Verlag,
einem Unternehmen der S. Fischer Verlag GmbH,
Frankfurt am Main, Dezember 2011

© S. Fischer Verlag GmbH, Frankfurt am Main 2011
Satz: Dörlemann Satz, Lemförde
Druck und Bindung: CPI – Clausen & Bosse, Leck
Printed in Germany
ISBN 978-3-596-90370-2

*Unsere Adressen im Internet:*
*www.fischerverlage.de*
*www.fischer-klassik.de*

# Inhalt

## Politische und historische Schriften

| | |
|---|---|
| Der Antimachiavell | 9 |
| Fürstenspiegel oder Unterweisung des Königs für den jungen Herzog Karl Eugen von Württemberg | 47 |
| Denkwürdigkeiten zur Geschichte des Hauses Brandenburg | 52 |
| Geheime Instruktion für den Kabinettsminister Graf Finckenstein | 60 |
| Testament des Königs vor der Schlacht bei Leuthen | 62 |
| Schreiben des Königs an Prinz Heinrich von Preußen | 63 |
| Ordre an meine Generals dieser Armee, wie sie sich im Fall zu verhalten haben, wann ich sollte todt geschossen werden | 66 |
| Testament vom 8. Januar 1769 | 67 |
| Abriß der preußischen Regierung und der Grundsätze, auf denen sie beruht, nebst einigen politischen Betrachtungen | 73 |
| Betrachtungen über den politischen Zustand Europas | 83 |

## Militärische Schriften

| | |
|---|---|
| Die Talente des Heerführers | 93 |
| Kriegslisten | 99 |
| Spione und ihre Anwendung und wie man sich Nachrichten vom Feinde verschafft | 102 |

## Philosophische Schriften

| | |
|---|---|
| Über den Nutzen der Künste und Wissenschaften im Staate | 107 |
| Über die Unschädlichkeit des Irrtums des Geistes | 119 |
| Vorrede zu Voltaires *Henriade* | 136 |
| An meinen Geist | 147 |

Lob der Trägheit . . . . . . . . . . . . . . . . . . . . . . . . . 157
Über die Erziehung . . . . . . . . . . . . . . . . . . . . . . . 164
Die Eigenliebe als Moralprinzip . . . . . . . . . . . . . . . 179
Gedächtnisrede auf Voltaire . . . . . . . . . . . . . . . . . . 193
Über die deutsche Literatur . . . . . . . . . . . . . . . . . . 215

## Briefe

An Voltaire . . . . . . . . . . . . . . . . . . . . . . . . . . . . . 257
An Wilhelmine . . . . . . . . . . . . . . . . . . . . . . . . . . 287
An Heinrich . . . . . . . . . . . . . . . . . . . . . . . . . . . . 308
An den Lord Marschall von Schottland . . . . . . . . . . . 309
An Ulrike . . . . . . . . . . . . . . . . . . . . . . . . . . . . . . 311

## Anhang

Literaturnachweise . . . . . . . . . . . . . . . . . . . . . . . . 321
Daten zu Leben und Werk . . . . . . . . . . . . . . . . . . . 325
Aus Kindlers Literatur Lexikon:
   Friedrich II., ›Der Antimachiavell‹ . . . . . . . . . . . . . . 330
Aus Kindlers Literatur Lexikon:
   Friedrich II., ›Über die deutsche Literatur‹ . . . . . . . . . . 332

# POLITISCHE UND HISTORISCHE SCHRIFTEN

# Der Antimachiavell

## Vorwort

Der »Fürst« von Machiavell bedeutet auf dem Gebiete der Moral, was Spinozas Werk für den Glauben bedeutet: Spinoza untergrub die Grundlagen des Glaubens, indem er nichts Geringeres anstrebte als einen Umsturz des Gebäudes der Religion; Machiavell pflanzte den Keim des Verderbens in das staatliche Leben und unternahm es, die Vorschriften gesunder Sittlichkeit zu zerstören. Waren die Irrtümer des einen nur Verirrungen des Denkens, so hatten die des andern ihre Bedeutung für das Leben selbst. Und doch! Gegen Spinoza haben die Glaubenshüter Sturm geläutet und zu den Waffen gerufen, sein Buch hat man in aller Form widerlegt, die Gottheit wider seine Angriffe behauptet – Machiavell ward kaum von einigen Moralisten umplänkelt und hat sich, ihnen zum Trotz und trotz seiner verhängnisvollen Lehre, auf dem Lehrstuhl der Staatskunst behauptet bis in unsre Tage.

Ich wage es, die Verteidigung der Menschlichkeit aufzunehmen wider ein Ungeheuer, das sie verderben will, und so habe ich, sonder Scheu, was ich über dieses Buch zu sagen habe, jedem Kapitel gegenübergestellt, auf daß jedesmal unmittelbar neben dem Gifte das Gegengift bei der Hand sei.

Von jeher sah ich im »Fürsten« Machiavells eins der gefährlichsten unter allen Büchern von Weltverbreitung. Naturgemäß wird es den Männern fürstlichen Standes, wird es allen, die Sinn für Fragen der Staatskunst haben, in die Hände fallen; und gehört nur wenig dazu, daß ein junger Mann, von Ehrgeiz beseelt und dabei an Gemüt und Urteil noch zu unfertig, um Gut und Böse zu unterscheiden, durch Grundsätze, die seinen ungestümen Leidenschaften schmeicheln, Schaden nehme, so muß man jedes Buch, von dem dergleichen Wirkung zu erwarten ist, für einen Unsegen, für einen Schädling am Wohle der Menschheit ansehen.

Doch ist schon schlimm, den arglosen Sinn eines einzelnen zu verführen, dessen Einwirkung auf das Wohl und Wehe der Welt unerheblich ist, wieviel schlimmer ist es, dem Denken der Fürsten eine verderbliche Richtung zu geben, die berufen sind, Führer der Völker zu sein, Verweser des Rechts, Vorbilder darin für ihre Untertanen, sichtbare Abbilder der Gottheit, die ja erst ihre seelischen Eigenschaften, ihr innerer Wert zu Königen machen, viel mehr denn ihre Standeshoheit und ihre Macht.

Die Überschwemmungen, die ganze Landstriche verwüsten, der zündende Blitz, der Städte in Asche wandelt, der Gifthauch der Pest, der Provinzen entvölkert – sie sind der Welt nicht so verhängnisvoll wie die schlechte Moral, wie die zügellosen Leidenschaften der Könige. Denn wie die Macht, Gutes zu tun, wofern sie dazu gewillt sind, in ihre Hand gegeben ist, gleichermaßen steht es bei ihnen, Böses auszuüben, wenn sie es wollen. Ein Jammer ist's aber um das Los der Völker, alles vom Mißbrauch der Herrschermacht fürchten zu müssen: wenn all ihre Habe der Gier des Fürsten, ihre Freiheit seinen Launen, ihre Ruhe seinem Ehrgeiz, ihre Sicherheit seiner Tücke, ihr Leben seiner Grausamkeit ausgeliefert ist! Wohlan, da haben wir das Bild eines Reiches unter einem politischen Ungeheuer von jenem Schlage, wie Machiavell es zu züchten sich anheischig macht!

Gesetzt aber meinetwegen, das Gift des Autors fände seinen Weg nicht bis in Throneshöhe – ich behaupte: Solange Machiavell und Cäsar Borgia auch nur einen einzigen Jünger werben können, haben wir allen Grund, solch ein Schandbuch mit Entrüstung abzulehnen. Mancher hat gemeint, Machiavell habe weniger geschildert, wie's die Fürsten halten sollen, als wie sie's in Wirklichkeit treiben, eine Meinung, die um einer gewissen Wahrscheinlichkeit willen Anklang fand, sodaß man's bei solcher Verkehrtheit bewenden ließ, weil sie etwas Bestechendes hatte, und sie immer aufs neue vorbrachte, weil sie einmal ausgesprochen war.

Sei mir's denn vergönnt, die Sache der Fürsten wider ihre Verleumder zu führen, sie von der abscheulichsten Anklage zu reinigen, sie, deren Amt einzig und allein Arbeit zum Wohle der Menschheit ist.

Unzweifelhaft gründen sich derartige Beurteilungen von Fürsten auf das Beispiel des einen oder anderen Herrschers von übler Art, wie Machiavell solche anführt, auf die Geschichte der kleinen italienischen Gewalthaber seiner Tage und das Leben etlicher Tyrannen, die nach solchen bedenklichen Staatslehren verfahren sind. Demgegenüber erinnere ich, daß es in jeglichem Lande anständige Leute und schlimme Gesellen gibt, wie man wohl in jeder Familie neben Wohlgewachsenen Bucklige, Blinde oder Lahme findet; genau so gab's jederzeit und wird's jederzeit unter den Fürsten Mißgeburten geben, unwürdige Träger dieses heiligen Namens. Hinzufügen könnte ich, daß, bei der ungeheuren Macht der Versuchung da oben auf dem Throne, mehr denn der landläufige Menschenwert dazu gehört, dagegen fest zu bleiben; kein Wunder also, daß man so wenig gute Fürsten findet. So schnellfertige Beurteiler sollten doch daran denken, daß es neben Gestalten wie Caligula und Tiberius auch Herrscher wie Titus, Trajan und die Antonine gibt; so wäre es denn eine himmelschreiende Ungerechtigkeit, einer Gesamtheit die Sünden von etlichen ihrer Glieder zur Last zu legen.

Möge die Weltgeschichte nur die Namen der guten Fürsten aufbewahren und die der anderen dem Untergange anheimgeben samt ihrer Faulheit und ihrem Unrecht. Was dabei die Bücher der Geschichte an Umfang verlören, gewänne die Sache der Menschheitsveredlung; die Ehre eines Fortlebens in der Erinnerung wäre erst der angemessene Lohn für hohen persönlichen Wert. Das Buch Machiavells vermöchte nicht fürderhin seine vergiftende Wirkung auf die, die über Staatsfragen Belehrung suchen, auszuüben, nur Verachtung wäre sein Teil für all die kläglichen Widersprüche, in denen er ständig mit sich selber liegt, und man würde sehen, daß eine echte Staatskunst der Könige auf der Grundlage von Gerechtigkeit und Güte doch etwas anderes ist als jenes zerfahrene Lehrgebäude voller Grauen und Falschheit, das Machiavells Dreistigkeit der Öffentlichkeit zu bieten gewagt hat.

## 1. Kapitel

*Von den Arten der Herrschaft und den Mitteln, zur Herrschaft zu gelangen.*

Wer zu klarer Einsicht gelangen will, muß zunächst die Wesensart seines Gegenstandes ergründen, er muß zurückgreifen auf den Ursprung der Erscheinungen, um nach Möglichkeit ihre Anfänge und deren Gesetze zu erkennen; von da aus ist es leicht, ihre Entwicklungsstufen sowie alle denkbaren Folgerungen herzuleiten.

Statt die verschiedenen Arten der Staaten zu beschreiben, wäre es meines Erachtens Machiavells Aufgabe gewesen, dem Ursprung der Fürsten und der Quelle ihrer Herrschergewalt nachzugehn, zu erörtern, was wohl freie Menschen bestimmen konnte, sich selber Herren zu geben.

Allerdings wunderlich genug hätten sich in einem Werke, das so recht ein Dogmen- und Lehrbuch tyrannischer Ruchlosigkeit abgeben sollte, Betrachtungen ausgenommen, die geeignet gewesen wären, allen Tyrannenrechten den Boden zu entziehen. Es wäre eine harte Zumutung für Machiavell gewesen, ausführen zu müssen: um ihrer Ruhe, um ihrer Erhaltung willen habe es die Völker für nötig befunden, Richter zu haben, die ihren Hader schlichten, Schirmherren, die ihren Besitz wider die Neider decken, Fürsten, die die Interessen aller, so mannigfaltig sie sind, zusammenfassen könnten zu einem großen Gesamtinteresse, und die Völker haben aus ihrer Mitte die

Männer ausgewählt, die sie für die weisesten, gerechtesten, uneigennützigsten, menschlichsten und tapfersten hielten, über sie Herren zu sein und die drückende Last der Geschäfte ihnen abzunehmen.

Also, Wahrung des Rechtes, hätte man ihm vorgehalten, ist demnach eines Herrschers erste Obliegenheit. Über alles soll ihm seiner Völker Wohlfahrt gehn. Ihres Gedeihens oder Behagens Mehrer oder auch Begründer hätte er demnach zu sein. Aber was sollen dann all diese Begriffe Eigennutz, Hoheit, Ehrgeiz, Despotismus? So läuft's also darauf hinaus, daß der Herrscher, weit entfernt, der unumschränkte Gebieter über seine Untertanen zu sein, nur ihr erster Diener ist, das Werkzeug ihres Glückes, wie jene das Werkzeug seines Ruhmes. Nein, der Verfasser fühlte wohl: bei einem Eingehn auf Betrachtungen solcher Art war wenig Ehre für ihn zu holen, diese Erörterung konnte höchstens die Zahl der kläglichen Widersprüche mehren, daran seine Staatslehre krankt.

Machiavells Grundsätze widersprechen ebenso gesunden sittlichen Begriffen wie eines Descartes Lehrgebäude dem Newtons. Dem kartesianischen Wirbel entspricht hier der alles wirkende Eigennutz. Dieses Staatslehrers Grundsätze sind ebenso verderbt, wie die Gedanken jenes Philosophen oberflächlich sind. Nichts kommt der Frechheit gleich, mit der dieser Schandpolitiker Anweisung zu den abscheulichsten Verbrechen gibt; ging's nach ihm, so stünde die empörendste Ungerechtigkeit in allen Ehren, sobald Selbstsucht und Ehrgeiz dahinterstehn. Untertanen sind Hörige, deren Leben und Tod ohne Einschränkung vom Willen des Fürsten abhangen, ungefähr wie die Schafe in der Hand des Züchters, dessen Zwecken ihre Milch dient und ihre Wolle, und der sie auch wohl abschlachten läßt, wenn's ihm paßt.

Meine Aufgabe ist's, jene irrigen und heillosen Grundsätze im einzelnen zu widerlegen. Doch sei dies jeglichem Kapitel im besonderen vorbehalten, wie sein Gegenstand es mit sich bringt.

Aber so viel schon hier im allgemeinen: nach meinen Ausführungen über den Ursprung der Fürsten erscheint das Tun eines Usurpators noch empörender, als wenn man nur die Gewalttat als solche im Auge hat: er schlägt eben der Meinung und Absicht der Völker ins Gesicht, die einen Herren über sich gesetzt haben lediglich, damit der ihnen Schirm und Schutz sei, die nur unter dieser Bedingung sich ihm unterworfen haben! Während, wenn sie dem Zwingherrn gehorchen, sie damit sich selbst und ihre Habe preisgeben, um die Gier und die Laune eines oft grausamen und immer verabscheuten Tyrannen zu befriedigen.

Es gibt also nur drei Wege, auf rechtmäßige Weise Herr über ein Land zu werden: durch Erbfolge, durch Wahl durch die Völker, die zur Wahl ermächtigt sind, oder durch Eroberungen von feindlichen Provinzen in einem rechtmäßig unternommenen Kriege.

Ich bitte meine Leser, diese Bemerkungen über das erste Kapitel Machiavells nicht zu vergessen; sie sind gleichsam der Angelpunkt für alle meine folgenden Betrachtungen.

## 2. Kapitel

*Von den erblichen Fürstentümern.*

Die Menschen haben vor allem, was da alt ist, eine an Aberglauben grenzende Ehrfurcht; kommt zu dieser Macht des Alten über das Menschengemüt noch das Gewicht ererbten Rechtes, so gibt's kein unzerbrechlicher Joch, keins, das sich leichter trüge. So liegt mir's denn auch fern, Machiavell zu bestreiten, was ein jeder ihm zugestehen wird, daß sich ein Erbreich am leichtesten regiert.

Hinzufügen will ich hier noch, daß die erblichen Fürsten ihre innige Verbindung mit des Reiches mächtigsten Geschlechtern in ihrem Besitze sichert; verdankt doch deren

Mehrzahl erst dem Herrscherhause alles, was sie haben und sind. So ist ihr Geschick untrennbar von dem des Fürsten, mit ihm stehen und fallen sie.

Heutzutage haben die zahlreichen Truppen, die starken Heere, die die Fürsten in Kriegs- und Friedenszeiten unterhalten, auch ihren wesentlichen Anteil an der Sicherung der Staaten: sie halten den Ehrgeiz der Nachbarfürsten in Schach, wie nackte Schwerter, die die Klinge der Gegner in die Scheide bannen.

Aber mit Machiavells »*ordinaria industria*«, die er vom Fürsten verlangt, ist's nicht getan; er soll darauf sinnen, wie er sein Volk glücklich mache, das ist meine Forderung! Ein zufriedenes Volk wird niemals an Aufruhr denken, ein glückliches Volk bangt vor dem Verlust seines Herrschers, der zugleich sein Wohltäter ist, mehr als dieser selbst vor einer Einbuße seiner Macht. Nie hätten sich die Holländer gegen die Spanier erhoben, hätte nicht die Gewaltherrschaft der Spanier so alles Maß überschritten, daß die Holländer gar nicht mehr unglücklicher werden konnten.

Die Königreiche Neapel und Sizilien sind mehr denn einmal aus den Händen der Spanier in die des Kaisers übergegangen, und umgekehrt; die Eroberung war jedesmal ein Kinderspiel, da die Herrschaft des einen wie der andern unerträglich war und diese Völker stets in dem neuen Herrn den Befreier erhofften.

Mit diesen Neapolitanern vergleiche man die Lothringer. Als sie zum Wechsel ihres Herrscherhauses gezwungen wurden, war ganz Lothringen untröstlich; sie beklagten den Verlust der Nachkommen jener Herzöge, die seit so vielen Jahrhunderten dieses blühende Land besessen hatten, darunter Herrschergestalten, die ihre Güte zu Vorbildern für Könige machen konnte. Das Gedächtnis eines Herzogs Leopold[1] war

---

1 Herzog Leopold († 1729), vermählt mit Elisabeth Charlotte von Orleans, war der Vater von Kaiser Franz I., dem Gemahl Maria Theresias, der 1736 Lothringen gegen das Großherzogtum Toskana vertauschen mußte.

den Lothringern so teuer, daß das Volk, als dessen Witwe Luneville verlassen mußte, vor ihrem Wagen sich auf die Knie warf und man immer wieder die Pferde anhalten mußte; man hörte nur Laute der Klage und sah nur Tränen.

## 3. Kapitel

*Von Herrschaften gemischter Art.*

Das fünfzehnte Jahrhundert war gleichsam das Kindheitsalter der Kunst. Lorenzo der Medizeer erweckte sie in Italien durch seinen Schutz zu einem neuen Leben, doch war die Lebenskraft dieser Künste und Wissenschaften zu den Tagen Machiavells noch zart, als wären sie eben von langem Siechtum erstanden. Philosophie und Geometrie waren wenig oder gar nicht vorangekommen, ein folgerichtiges Denken, wie man's in unsern Tagen übt, noch in weitem Felde. Selbst die Gelehrten erlagen dem Zauber jeder glanzvollen äußeren Erscheinung. Damals gab man dem düsteren Ruhm der Eroberer, ihren Aufsehen erregenden Taten, die sich durch ihre Großartigkeit eine gewisse Achtung erzwingen, den Vorzug vor der Milde, der Gerechtigkeit, der Gnade und allen Tugenden; heute stellt man die Menschlichkeit höher als alle Eigenschaften eines Eroberers und ist von dem Wahnwitz geheilt, die wilden und grausamen Leidenschaften, die es auf den Umsturz der Welt und die Vernichtung tausendfachen Lebens absehen, noch obenein zu feiern und zu ermutigen. Über allem thront die Gerechtigkeit, vom Heldentum des Eroberers und seiner kriegerischen Gaben mag man nichts mehr wissen, sobald sie Verderben drohen.

Machiavell mochte, vom Standpunkt seiner Zeit aus, noch sagen, der Eroberungsdrang liege in der Menschennatur, und des Eroberers Ruhm sei erhaben über jeden Zweifel. Wir entgegnen ihm heut: wohl ist der Wunsch, sein Gut zu wahren und auf rechtmäßige Weise zu mehren, der menschlichen Natur eigen, aber die Gier nach immer mehr ist nur das Merkmal ganz niedrig gearteter Seelen; ein Verlangen, sich vom Raube am Nächsten zu vergrößern, wird im Herzen eines anständigen Menschen, der Wert auf die Achtung der Welt legt, nicht so leicht Eingang finden.

Mit der Lehre Machiavells könnte höchstens ein einziger Mensch in der Welt etwas anfangen, der sich dann daran machen müßte, die ganze andere Menschheit auszurauben. Wollten viele Herrennaturen sich als Eroberer auftun, einer dem andern das Seine entreißen – welch ein Drunter und Drüber! Wenn sie, neidisch auf alles, was sie nicht haben, nur daran dächten, alles an sich zu reißen, zu verwüsten, jedem das Seine zu rauben! Schließlich gäb's nur einen Herrn der Welt, den Erben des Besitzes aller, den er freilich nicht länger wahren könnte, als es die Herrschbegier des ersten besten, der da käme, zuließe.

Was kann einen Menschen, frage ich, dazu bringen, seinen Machtbereich erweitern zu wollen? Was kann ihm den Mut geben zu dem Entschlusse, seine Macht zu errichten auf dem Elend und dem Untergange anderer Menschen? Und wie vermag er zu glauben, daß er sich Ruhm und Ehre sichere, indem er nichts als Jammer verbreitet? Neue Eroberungen eines Herrschers machen die Staaten, die er bislang besaß, nicht gesegneter und reicher; nichts haben seine Völker davon, und wenn er sich einbildet, er werde dadurch glücklicher werden, so täuscht er sich. Sein Ehrgeiz wird sich auf diese eine Eroberung nicht beschränken wollen; so wird er unersättlich und damit stets unzufrieden mit sich selber sein. Wieviel große Fürsten lassen durch ihre Heerführer Länder erobern, die sie niemals zu sehen bekommen! So sind das gewissermaßen nur eingebildete Eroberungen, fast ohne jeden Wirklichkeitswert für die, in deren Namen sie geschehen. Auf das Elend von Tausenden läuft's hinaus, um die ausschweifenden Wünsche eines einzigen zu befriedigen – eines einzigen, der oft vielleicht nicht einmal verdient, daß die Welt seinen Namen kennt!

Aber nehmen wir an, dieser Eroberer unterwerfe seiner Herrschaft die ganze Welt: wird er sie darum auch regieren können? Und wär' er ein Fürst, noch so groß, er bleibt ein Wesen von eng begrenztem Wirkungsbereich, ein Atom, ein armselig Geschöpft, das, kaum bemerkbar, an der Erdoberfläche dahinkriecht. Kaum daß er die Namen seiner Länder behält, und all seine Größe wird ihn erst in all seiner Bedürftigkeit bloßstellen.

Auch ist gar nicht die Ausdehnung seines Herrschbereichs des Fürsten Ruhm; der hängt nicht von einem Mehr oder Minder von Landmeilen ab – das hieße ja Ehre und Würde nach der Zahl der Quadratruten messen.

Ein mannhafter Sinn, ein offener Kopf, Erfahrungsfülle und Macht über die Gemüter, das sind gewiß Züge im Bilde des Eroberers, die auch an sich ihre Bewunderer finden werden; doch mißbrauchen wird solche Gaben nur Herrschbegier und Bosheit des Herzens. Ruhm gewinnt sich allein, wer seine Kräfte daran setzt, daß Recht Recht bleibe, und zum Eroberer nur wird, wenn die Not, nicht aber sein wilder Sinn es gebietet.

Es ist mit dem Kriegshelden wie mit dem Wundarzte: wenn er durch schonungslosen Eingriff ein Menschenleben rettet, schätzt man ihn hoch, verabscheut ihn aber, sobald er durch einen schändlichen Mißbrauch seines Berufes ohne Not dergleichen vornimmt, nur um seine geschickte Hand bewundern zu lassen.

Nein, nicht immer nur auf den eigenen Vorteil soll der Mensch bedacht sein; täten alle so, wo bliebe dann noch die Gesellschaft? Statt seine Sondervorteile hinter dem Gemeinwohl zurücktreten zu lassen, würde das allgemeine Beste ja das Opfer jener werden. Warum nicht lieber einstimmen in diesen köstlichen Einklang, der Reiz und Wärme dem Leben gibt, der Gesellschaft Gedeihen? Warum nicht lieber groß sein, indem man die anderen sich verpflichtet, indem man sie mit Guttat überhäuft? Man soll sich doch stets gegenwärtig halten den

Grundsatz: Was du nicht willst, daß man dir tu, das füge keinem andern zu. Dann käme keiner mehr auf den Einfall, sich der Besitztümer des Nächsten zu bemächtigen, wäre jeder mit seinem Glücksstande zufrieden.

Der Wahn von der Eroberherrlichkeit mochte zu Machiavells Zeit allgemein verbreitet sein; für seine Nichtswürdigkeit ist er zuversichtlich allein verantwortlich. Was schlägt er für abscheuliche Mittel zur Behauptung von Eroberungen vor! Bei Licht besehen, ist nicht eins darunter, das vernünftig oder gerecht wäre: »Ausgetilgt den Fürstenstamm, der vor eurer Eroberung an der Herrschaft war!« so rät dieser Nichtswürdige. Kann man dergleichen Lehren ohne Schauder und Entrüstung lesen? Das heißt mit Füßen treten, was es an Heiligem und Unverletzlichem auf Erden gibt, und von allen Gesetzen gerade das umstürzen, was dem Menschen am höchsten stehen soll; das heißt der nackten Selbstsucht die Wege jedes gewalttätigen Verbrechens bahnen, Verrat, Mord und Totschlag und was es sonst noch Verruchtes auf der Welt gibt, gutheißen.

Wie konnte nur eine Obrigkeit die Veröffentlichung der ruchlosen Staatslehre eines Machiavell zulassen? Wie konnte man diesen fluchwürdigen Verbrecher in der Welt sein Wesen treiben lassen, der jedes Recht auf Besitz und Lebenssicherheit über den Haufen wirft – ein Recht, das den Menschen heilig ist wie keines sonst, das der Gesetzgeber ernst nimmt wie kein zweites, das unverletzlichste nach den Geboten der Menschlichkeit. Wie? Wenn ein Ehrgeiziger sich mit bewaffneter Hand der Staaten eines Fürsten bemächtigt hat, soll er das Recht haben, jenen mit Dolch oder Gift aus dem Wege räumen zu lassen? Daß nur der Brauch, den er da aufbringt, sich nicht verhängnisvoll gegen den Eroberer selber kehre! Ein Zweiter, noch ehrgeiziger, noch geschickter denn er, wird Gleiches mit Gleichem vergelten, wird in seine Staaten einbrechen und ihn unter gleichem Rechtsbruch ums Leben bringen, wie er seinen Vorgänger. Welche uferlose Hochflut von Untat, Grausamkeit, Roheit, wobei aller Glaube an die Menschen verzweifeln möchte! Solch ein Königtum wäre wie ein Reich von Wölfen, dem freilich ein Tiger wie Machiavell als Gesetzgeber geziemte. Gälte nur noch Verbrechen in der Welt, so wäre damit die Ausrottung des Menschengeschlechts gegeben; ohne Herrschaft der Sittlichkeit gibt's keine Sicherheit für Menschen.

Der zweite Grundsatz, den Machiavell aufstellt, heißt: »Ein Eroberer soll seinen Sitz in seinem neuerworbenen Gebiete aufschlagen.« Darin liegt durchaus keine Härte, in mancher Hinsicht hat der Gedanke sogar etwas für sich; nur muß man bedenken, die Mehrzahl der Staaten der großen Fürsten wird ihrer ganzen Lage nach eine Entfernung des Herrschers aus dem Herzen seines Reiches ohne fühlbare Nachteile für den Staat kaum zulassen; geht doch vom Herrscher alle lebendige Kraft im Staatskörper aus; scheidet er also aus dessen Mittelpunkt, so werden notwendigerweise die Glieder verkümmern.

Ein dritter Grundsatz seiner Staatslehre heißt: »In neueroberten Ländern soll man Siedlungen anlegen, so wird man sich die Treue der neuen Bürger sichern.« Der Verfasser beruft sich darauf, daß es die Römer so gehalten, und tut sich was darauf zugute, wenn er hier und da in der Geschichte Beispiele ähnlicher Ungerechtigkeiten, wie er sie empfiehlt, vorfindet. Dies Verfahren der Römer war ebenso ungerecht wie alt. Mit welchem Rechte konnten sie rechtmäßige Besitzer von Haus, Boden und Habe vertreiben? Weil man's straflos tun kann, ist Machiavells Begründung, da die Entrechteten arm und zur Rache zu schwach sind. Welch ein Gedankengang! Du bist mächtig, deine Untergebenen sind schwach, also kannst du sie ohne Scheu vergewaltigen. So wär's also nur die Furcht, was den Menschen vom Verbrechen abhalten kann – nach Machiavell. Allein kraft welches Rechtes darf sich denn ein Mensch so unbeschränkte Gewalt über seinesgleichen anmaßen, daß er frei mit ihrem Leben und ihrem Eigen schaltet, und wenn's ihn gut dünkt, sie dem Elend preisgibt? Sicherlich, so weit geht auch Erobererrecht nicht. Sind denn die Gemeinschaften nur gebildet und hergerichtet als Opfer für die sinnlose Leidenschaft niedriger Selbstsucht und Ehrgeiz? Ist diese Welt nur dazu da, die Tollheit und Wut eines entarteten Tyrannen zu sättigen? Kein vernünftiger Mensch wird jemals dergleichen Ansichten behaupten, es müßte ihn denn maßlose Ehrbegier blind machen und in ihm die Helle des gesunden Menschenverstandes und menschlichen Gefühles verdunkeln.

Grundfalsch ist es, daß ein Fürst straflos Unrecht tun könne: Mögen seine Untertanen ihn nicht auf der Stelle dafür strafen, mag selbst der Blitz des Himmels ihn nicht zerschmettern, wenn das Maß voll ist – sein Ruf in der Welt wird doch dahin sein, sein Name wird unter denen genannt werden, die der Schrecken der Menschheit heißen, und der Abscheu seiner Untertanen wird seine Strafe sein. Was sind das für politische Grundsätze: nur kein Unrecht halb tun, lieber mit Stumpf und Stiel ein Volk ausrotten, oder wenigstens es so schinden und so gründlich knechten, daß es euch niemals mehr gefährlich sein kann, das letzte Fünkchen der Freiheit zertreten und die Zwingherrschaft bis auf den Eingriff in das Eigen, die Gewalttat bis auf das Leben der Herrscher ausdehnen! Nein, eine größere Abscheulichkeit ist undenkbar. Solche Regeln sind ebenso unwürdig einer gesunden Vernunft wie eines redlichen Herzens. [...]

Sehen wir nun zu, ob diese Siedlungen, die nach Machiavell dem Fürsten einen solchen Aufwand von Untaten lohnen sollen, wirklich so wertvoll sind, wie der Verfasser behauptet. Entweder schickt man in das neueroberte Land Kolonisten stark an Kopfzahl oder nur schwach. Im ersten Fall wird der eigene Staat bedenklich entvölkert und im eroberten eine große Schar der neuen Untertanen verjagt – das schwächt nur die Kräfte eines Fürsten; denn seine höchste Macht besteht in der großen Zahl derer, die ihm gehorchen. Im anderen Fall wird eine schwache Kopfzahl an Siedlern euch schwerlich für die

Sicherheit in dem eroberten Gebiete stehen können, da diese Handvoll Menschen nicht gegen die Eingesessenen aufkommen kann. So werden die, so ihr von Haus und Hof jagt, ins Elend kommen, ohne daß ihr Gewinn davon habt.

Viel besser also, man schickt Truppen in die neu unterworfenen Gebiete; die bringen Zucht und Ordnung mit, drücken die Bevölkerung nicht und fallen auch den Städten, wo man ihnen Standorte anweist, nicht zur Last. Freilich zur Steuer der Wahrheit muß ich hier bemerken: zur Zeit Machiavells waren die Truppen etwas ganz anderes als heutzutage. Die Landesherren unterhielten keine großen Heere, jene Truppen waren meist nur Räuberhaufen, die gemeiniglich nur von Gewalttat und Raub lebten; von Kasernen wußte man noch nichts, ebensowenig von den tausenderlei Dienstvorschriften, die in Friedenszeiten der Frechheit und Liederlichkeit der Soldateska einen Zügel anlegen.

In bedenklichen Fällen, das ist mein Grundsatz, scheinen die glimpflichsten Maßnahmen stets die besten.

»Ein Fürst soll die kleineren Nachbarfürsten an sich ziehen, sich zu ihrem Schirmherrn aufwerfen und Zwietracht zwischen ihnen säen; so wird er's in der Hand haben, sie zu erheben oder zu erniedrigen.« So der vierte Satz Machiavells – fürwahr die Lehre eines Mannes, der glauben möchte, die Welt sei nur für ihn geschaffen. Die frevelhafte Tücke Machiavells erfüllt sein ganzes Werk gleich dem Gestank eines Schindangers, der ringsum die Luft verpestet. Ein anständiger Mensch würde den Mittler spielen unter jenen kleinen Fürsten, ihre Händel gütlich schlichten und sich ihr Vertrauen durch seine Redlichkeit, seine unverkennbare Unparteilichkeit bei ihren Zwistigkeiten und seine völlige Uneigennützigkeit verdienen. Seine Macht gäbe ihm die Stellung eines Vaters unter seinen Nachbarn, nicht ihres Bedrückers, und seine Größe wäre ihr Schutz, nicht aber ihr Verderben.

Freilich, Fürsten, die anderen zum Aufstieg verhelfen wollten, haben damit oft sich selbst ihren Niedergang bereitet; unser Jahrhundert weist hierfür zwei Beispiele auf: das Karls des Zwölften, das Stanislaus auf den Thron von Polen erhob,[2] und ein anderes nach jüngeren Datums.[3]

Mein Schluß lautet demnach: Thronraub verdient niemals Ruhm; Meuchelmord wird zu aller Zeit ein Abscheu des Menschengeschlechtes sein; Herrscher, die sich mit Unrecht und Gewalttat an ihren neuen Untertanen vergehen, werden sich die Herzen aller entfremden, anstatt sie zu gewinnen. Rechtfertigung des Verbrechens ist ein Unding; wer je die Sache des Unrechts führen will, wird ebenso zum Erbarmen schiefe Denkwege wandeln müssen wie Machiavell. Der verdient seine Vernunft zu verlieren und mit seinem Gerede als unzurechnungsfähig dazustehen, der einen so schändlichen Mißbrauch von der Gabe des Denkens wagt, daß er sie gegen das Wohl der Menschheit kehrt. Das heißt, sich mit einer Waffe verwunden, die uns nur zu unserer Verteidigung gegeben ward.

Ich wiederhole, was ich im ersten Kapitel gesagt habe: Die Fürsten sind zu Richtern der Völker geboren; was sie groß macht, hat seinen Ursprung in der Pflege des Rechtes. Niemals dürfen sie also die Grundlage ihrer Macht und die ursprüngliche Bestimmung ihres Amtes verleugnen.

[...]

---

2 Stanislaus Leszczynski war von 1704 bis 1709 und darauf von 1733 bis 1738 nochmals König von Polen.
3 Anspielung auf den Polnischen Erbfolgekrieg (1733–1735), der Kaiser Karl dem Sechsten das Herzogtum Lothringen, die Krone von Neapel und Sizilien und einen Teil der Lombardei kostete.

## 8. Kapitel

*Von denen, die durch Verbrechen zur Herrschaft gelangten.*

Die »Philippika« von La Grange[4] gelten für eine der schonungslosesten Schmähschriften, die je verfaßt sind, und nicht mit Unrecht. Meine Einwendungen indessen gegen Machiavell haben mehr Wucht als die Angriffe La Granges, ist doch sein Pamphlet gegen den Regenten von Frankreich im Grunde nur eitel Verleumdung; was ich aber gegen Machiavell vorbringe, sind Wahrheiten. Ich bediene mich ja zu seiner Widerlegung seiner eigenen Worte. Was könnte ich Ungeheuerlicheres von ihm aussagen, als daß er Regeln aufstelle »für die, die durch Verbrechen zur Herrschaft gelangen«? So seine Überschrift zu dem vorliegenden Kapitel!

Wenn Machiavell in einem Verbrecherseminar Lehrvorträge hielte, wenn er in einer Hochschule für Verrat ein Lehrgebäude der Treulosigkeit entwerfen wollte, dann wäre eine Behandlung solchen Stoffes nicht allzu verwunderlich. Nun aber spricht er zu der Gesamtheit der Menschen; denn ein Autor, der seine Arbeit drucken läßt, wendet sich an die Welt und vorzugsweise an diejenigen, welche die Besten sein sollen, da sie zu Herrschern über andere berufen sind. Kann's da also eine schändlichere, unverschämtere Zumutung geben, als solchen Lesern gute Lehren zu erteilen über Verrat, Falschheit, Meuchelmord und sonstige Untaten? Zum Wohle der Menschheit wäre es vielmehr wünschenswert, daß Erscheinungen wie ein Agathokles[5] und Oliverotto da Fermo, die Machiavell mit Behagen anführt, ein für allemal unmöglich wären, oder daß man wenigstens ihr Andenken für immerdar aus dem Gedächtnis der Menschen tilgte.

---

4 Die »*Odes von philippiques*« von Joseph de La Grange-Chancel (1677–1758) waren gegen den Regenten Herzog Philipp von Orleans gerichtet.
5 Tyrann von Syrakus (361–289).

Nichts wirkt verführerischer als das schlechte Beispiel. Das Leben eines Agathokles oder Oliverotto da Fermo ist geeignet, in einem Menschen mit dem dunklen Hang zum Verbrechen diesen gefährlichen Samen, den er ahnungslos in seinem Innern birgt, zur Entwicklung zu bringen. Wie viele junge Leute haben sich durch das Lesen von Romanen ihr Vorstellungsleben verderbt und sehen nur noch, denken nur noch wie Gandalin und Medor.[6] Es gibt in der Gedankenwelt etwas Ansteckendes, wenn ich mich so ausdrücken darf, was sich überträgt von Geist zu Geist. So führte Karl XII., dieser ganz außerordentliche Mensch, dieser Abenteurerkönig, der wie eine Gestalt aus der alten Ritterzeit anmutet, dieser fahrende Recke, dessen große Eigenschaften alle in ihrer Steigerung ins Maßlose zu Lastern entarteten – so führte er von zartester Kindheit an die Lebensbeschreibung Alexanders des Großen bei sich, und viele, die diesen Alexander des Nordens näher gekannt haben, versichern, daß eigentlich Quintius Curtius[7] Polen verwüstet habe, daß Stanislaus[8] König ward nach dem Vorgange von Porus,[9] und daß die Niederlage von Pultawa eigentlich eine Schlacht von Arbela werden sollte.

Darf ich wohl nach so erhabenem Beispiel herabsteigen zu niedriger Geartetem? Ich meine freilich, in der Geschichte des menschlichen Geistes sind, philosophisch betrachtet, wenn man absieht von den Verschiedenheiten der Geschicke und des Standes, die Könige auch nichts anderes als Menschen und alle Menschen sich gleich, handelt sich's doch hier nur im allgemeinen um bestimmte Eindrücke und Einflüsse von außen her auf das menschliche Gemüt.

Ganz England weiß, was sich in London vor etlichen Jahren zutrug. Man gab ein sehr mäßiges Lustspiel mit dem Titel

---

6 Gestalten des französischen Ritterromans »Amadis«.
7 Quintius Curtius Rufus war der Verfasser der »*Historiae Alexandri Magni*«.
8 Stanislaus Leszczynski
9 Statt des Inderfürsten Porus ist Abdolonymos, König von Sidon, gemeint.

»Cartouche«,[10] in dem einige gewitzte Streiche und Gaunerstücke des berüchtigten Diebes vorgeführt wurden. Nach dem Schluß des Schauspiels entdeckten viele Leute, daß ihnen Ringe, Tabaksdosen oder Uhren fehlten. So schnell hatte Cartouche Schule gemacht, daß seine Lehren noch im Zuschauerraum zur Tat wurden und die Polizei sich veranlaßt sah, die gar zu gefährliche Aufführung dieses Lustspiels zu untersagen. Dies beweist wohl zur Genüge, wie verderblich böse Beispiele sein können und daß man bei der Aufstellung von Vorbildern gar nicht genug Umsicht und Klugheit walten lassen kann.

Machiavell erörtert zunächst die Ursachen der auffallenden Erscheinung, daß bei all ihren Grausamkeiten Agathokles und Fermo sich doch in ihren Staaten halten konnten, und erblickt sie darin, daß sie ihre Bluttaten zum rechten Zeitpunkte verübt hätten. Also Barbarei mit Bedacht und Tyrannei nach allen Regeln der Kunst heißt bei unserm Schandpolitiker: alle Gewalttaten und Verbrechen, die man für seine Zwecke erforderlich erachtet, auf einmal und auf einen Schlag erledigen.

Laßt hinmorden, wer euch verdächtig ist, die, denen ihr nicht traut und wer sich offen für euren Feind erklärt, aber säumet niemals mit eurer Rache! Taten wie die Sizilianische Vesper, Taten wie das grausige Blutbad der Bartholomäusnacht, wo Greuel geschahen, über die die Menschheit erröten muß, heißt Machiavell gut. Dem entmenschten Unhold bedeuten diese Greuel gar nichts; die Hauptsache: daß die Art ihrer Ausführung auf das Volk den rechten Eindruck mache und ihm einen heilsamen Schrecken einjage im Augenblicke, da der Schlag fällt. Und der Grund dafür: die Bilder solcher Vorgänge verblassen leichter im Bewußtsein der Menge als der Eindruck fürstlicher Gewalttaten, der sich immer wieder erneut, Gewalttaten, die ihr ganzes Leben hindurch den Ruf von ihrer Roheit, ihrer Barbarei wach halten – als wäre es nicht ebenso verwerflich und abscheulich,

---

10 »*Voleurs et des tours de gueux*« – wie Voltaire den Titel angibt – von Legrand und Riccoboni. Cartouche ward 1721 in Paris hingerichtet.

tausend Menschen an einem Tage umzubringen oder sie in längeren Zeiträumen erwürgen zu lassen! Die entschlossene, rasch zugreifende Wildheit der ersteren verbreitet in höherem Grade Schrecken und Furcht; die Gemeinheit der zweiten, die langsamer und berechneter ihren Weg geht, flößt dagegen mehr Abscheu und Entsetzen ein. An des Kaisers Augustus Leben hätte Machiavell erinnern sollen, der noch triefend vom Blute der Bürger, noch im Schmutze der Niedertracht seiner Proskriptionen den Thron bestieg, aber dann nach dem Rat Mäcens und Agrippas auf die Zeit der Bluttaten eine Zeit der Gnade folgen ließ, sodaß es von ihm hieß, er hätte entweder niemals geboren werden oder niemals sterben sollen. Vielleicht war es nicht nach dem Geschmack Machiavells, daß Augustus' Herrschaft besser endete, als sie begonnen, und er hat ihn aus diesem Grunde nicht für würdig befunden des Platzes unter seinen Großen.

Welch ein Abgrund, die Staatslehre dieses Autors! Mag's den Umsturz der Welt kosten: der Vorteil eines einzigen gilt! Seine Ehrgier braucht nur zu wählen, welche Niedertracht ihr recht ist, sie allein entscheidet, ob's in Gutem gehn soll, ob auf dem Wege des Verbrechens. Pfui über die Bedachtsamkeit eines Ungeheuers, das nur sich kennt, nur sich liebt in der weiten Welt und jegliche Pflicht der Gerechtigkeit und Menschlichkeit mit Füßen tritt, hingerissen vom Wahnwitz seiner zügellosen Launen!

Doch damit ist's nicht getan, die haarsträubenden sittlichen Begriffe Machiavells zurückzuweisen; auch der Entstellung und Unehrlichkeit haben wir ihn obenein zu überführen.

Falsch ist zunächst die Angabe Machiavells, Agathokles habe in Frieden die Frucht seiner Verbrechen genossen: er hat fast beständig mit den Karthagern im Kriege gelegen, wurde sogar gezwungen, sein Heer in Afrika zu verlassen, das dann nach seinem Abgang seine Kinder niedermachte, und starb selbst an einem Gifttrank, den sein Enkel[11] ihm reichte. Oliver-

11 Archagathos.

otto da Fermo fand sein Ende durch den Verrat des Borgia – ein wohlverdienter Lohn seiner Untaten; und dieser sein Fall, der ihn schon ein Jahr nach seiner Erhebung ereilte, scheint in seiner Beschleunigung nur der Strafe zuvorgekommen zu sein, die ihm der Haß des Volkes zugedacht hatte.

Dieses letzte Beispiel also hätte sich der Autor schenken können, es beweist nichts. Denn das Verbrechen soll ja vom Glück begünstigt werden; wo fände sonst Machiavell einen vernünftigen Grund, sich zu seinem Anwalt zu machen, oder wenigstens ein Beweismittel, das sich hören ließe?

Doch nehmen wir einmal an, ein Verbrechen ließe sich in voller Sicherheit ausführen und ein Tyrann wäre in der Lage, ungestört sein ruchloses Wesen zu treiben: selbst wenn er nicht vor einem Ende mit Schrecken zittert, so wird es dasselbe Elend für ihn sein, sich als den Schandfleck des Menschengeschlechtes fühlen zu müssen; das Zeugnis seines Gewissens in seiner Brust, die mächtige Stimme, die auf den Thronen der Könige wie auf dem Richtersitz der Tyrannen laut wird, wird er nie zum Schweigen bringen; nie wird er der unseligen Umdüsterung des Gemütes sich entwinden können, seine erregte Einbildungskraft wird ihm aus ihren Gräbern die blutigen Schatten derer erstehen lassen, die seine Grausamkeit dort hinabgeschickt, und er wird sich sagen: nur darum dieser Bruch mit den Naturgesetzen, damit jene seine Henker werden auf dieser Welt und die eigenen Rächer ihres jammervollen Endes.

Man lese nur das Leben eines Dionysius[12] nach, eines Tiberius, Nero, Ludwig XI., Iwan Wassiljewitsch,[13] und man wird sich überzeugen, daß diese Ungeheuer, ebenso kranken Hirnes wie verwilderten Gemütes, den denkbar unseligsten und traurigsten Tod gefunden haben. Der Grausame ist seiner Natur nach von menschenfeindlichem, schwarzgalligem Geblüte; kämpft er nicht von Jugend auf gegen diese unglückselige Ver-

---

12 Dionysius I., Tyrann von Syrakus (431–367).
13 Iwan IV., der Schreckliche (1533–1584).

anlagung an, so muß er notwendigerweise im Fühlen und Denken verwildern. Selbst wenn es also keine Gerechtigkeit auf Erden und keine Gottheit im Himmel gäbe, ja dann erst recht wären die Menschen auf das Gute angewiesen; denn in ihm allein besitzen sie, was sie eint, was zu ihrer Erhaltung schlechthin unerläßlich ist, während das Laster ihnen nur Unheil und Verderben bringen kann.

Machiavell hat weder Herz noch Redlichkeit noch gesundes Denken. Die Verwerflichkeit seiner Grundsätze und seinen Mangel an Redlichkeit hab' ich an seinen Beispielen aufgezeigt. Jetzt will ich ihn grober und handgreiflicher Widersprüche überführen. In folgendem mag sein unerschrockenster Erklärer und spitzfindigster Ausleger es versuchen, Machiavell mit Machiavell zu reimen. In vorliegendem Kapitel sagt er: »Agathokles behauptete seine Höhe mit dem Mute eines Helden, indessen darf man den Mordtaten und Verrätereien, die er begangen hat, nicht den Namen der Tugend geben.« Und im siebenten Kapitel sagt er von Cäsar Borgia, er habe die Gelegenheit, sich der Orsini zu entledigen, abgewartet und mit Umsicht wahrgenommen. Ebenda: »Wenn man im großen und ganzen alle Taten Borgias durchgeht, so ist es schwer, sie zu tadeln.« Und an derselben Stelle: »Er konnte nicht anders handeln, als er es tat.« Da darf ich wohl den Verfasser fragen: Worin unterscheidet sich denn Agathokles von Cäsar Borgia? Ich sehe hüben und drüben die gleichen Verbrechen, die gleiche Gemeinheit. Bei einer Nebeneinanderstellung käme man wirklich in Verlegenheit, zu entscheiden, wer von beiden der größere Schandbube war.

Die Wahrheit zwingt indes von Zeit zu Zeit unsern Machiavell zu Bekenntnissen, die eine Art Ehrenerklärung an die Tugend in sich schließen. Er kann sich eben dem nicht entziehen, was klar ist wie der Tag, und so führt er aus: »Ein Fürst soll sich in seinem Verhalten immer gleich bleiben, damit er nicht in Zeiten der Not sich zu Zugeständnissen nach dem Herzen seiner Untertanen gezwungen sehe; denn in diesem Falle würde seiner erpreßten Güte kein Verdienst zukommen, und seine

Völker würden ihm dafür keinen Dank wissen.« Also Grausamkeit und die Kunst, die Welt in Schrecken zu halten, sind wohl doch nicht der Staatsweisheit letzter Schluß, Freund Machiavell, wie du uns einreden willst; mußt du doch selber zugeben, daß die Kunst, die Herzen zu gewinnen, für eines Fürsten Sicherheit und seiner Untertanen Anhänglichkeit die zuverlässigste Grundlage bietet. Mehr verlange ich nicht, dies Zugeständnis aus dem Munde meines Feindes muß mir genügen.

Es zeugt jedenfalls von geringer Selbstachtung und von ebensowenig Achtung vor dem Leser, ein formloses Werk, ohne Zusammenhang, ohne Ordnung und voller Widersprüche abzufassen und in die Welt zu schicken. Wenn wir ganz absehen von dem verderblichen sittlichen Standpunkt dieses Buches, kann der »Fürst« Machiavells seinem Verfasser nur Verachtung eintragen; er ist wüst wie ein Traum mit einer wilden, drängenden Gedankenflucht, oder wie die Anfälle eines Hirnwütigen, der dann und wann einen lichten Augenblick hat.

So lohnt die Ruchlosigkeit denen, die, allem Guten zum Hohn, es mit dem Verbrechen halten; mögen sie der Strenge der Gesetze entrinnen, sie kommen um Urteil und Verstand, wie Machiavell.

## 9. Kapitel

*Der Volksfürst.*

Kein Gefühl gehört so unzertrennlich zu unserm Wesen wie das der Freiheit; vom Höchstgesitteten bis zum Barbaren tiefsten Tiefstandes sind alle Menschen gleichermaßen davon durchdrungen; geboren ohne Ketten, wollen wir auch leben ohne Zwang, wollen nur auf uns selber stehn, ohne uns fremden Launen zu unterwerfen. Dieser Geist stolzer Unabhängigkeit hat der Welt viele große Männer geschenkt, er hat auch jene Staatsgebilde geschaffen, die man Freistaaten nennt, die vermöge weiser Gesetze des Bürgers Freiheit gegen jegliche Unterdrückung beschützen und unter den Gliedern des freien Staates eine Art von Gleichheit aufrichten, wodurch sie dem Naturzustande äußerst nahe kommen.

Machiavell erteilt im vorliegenden Kapitel denen gute und ausgezeichnete Lehren, denen der Beistand der Häupter eines Freistaates oder des Volkes zur höchsten Macht verhilft. Das gibt mir Anlaß zu zwei Erwägungen; eine liegt auf politischem, die andere auf sittlichem Gebiete.

Mögen auch für solche, die wirklich dank der Gunst ihrer Mitbürger zu solcher Höhe gelangen, die Lehren des Verfassers recht am Platze sein, gleichwohl will mir scheinen, als wären die Beispiele für einen derartigen Aufstieg recht dünn gesät in der Geschichte. Der republikanische Geist, der bis zum äußersten eifersüchtig über seine Freiheit wacht, ist sofort mit seinem Argwohn bei der Hand gegen alles, was ihm mit Fesselung droht, und bäumt sich auf gegen die bloße Vorstellung eines Herrn. Völker, die das Joch ihrer Zwingherrn abgeworfen haben, sich einer glücklichen Unabhängigkeit zu erfreuen, kennt man in Europa etliche, aber es gibt kein Beispiel dafür, daß freie Völker sich freiwilliger Knechtschaft unterworfen hätten.

So manche Freistaaten sind im Lauf der Zeiten wieder in Despotismus zurückgefallen, ein Unglück, das unvermeidlich scheint, auf das alle derartigen Staaten gefaßt sein müssen, eine Folge des ewigen Wechsels, des Auf und Nieder in allen Dingen dieser Welt. Wie sollte ein Freistaat auch auf ewige Dauer den Kräften Widerstand leisten, die seine Freiheit untergraben? Wie vermöchte er auf die Dauer das Emporstreben der Großen niederzuhalten, das er selbst in seinem Schoße gedeihen läßt? Jenen Ehrgeiz, der immer wieder von neuem wächst und niemals ausstirbt? Wie vermöchte er auf die Dauer alle Verführungskünste und geheimen Ränke seiner Nachbarn zu überwachen, sowie den Niedergang und Verfall in seiner eigenen Mitte, solange nun einmal die Selbstsucht unter Menschen allmächtig ist? Wie darf er hoffen, immer nur siegreich aus allen Kriegen, die es zu bestehen gilt, hervorzugehen? Wie vermöchte er allen Umständen, die seine Freiheit bedrohen, all jenen gefährlichen und entscheidenden Augenblicken, all jenen Zufälligkeiten vorzubeugen, die der Unternehmungslust und dem Wagemut eine Hand bieten? Seine Streitkräfte brauchen nur von schlaffen und zagen Heerführern befehligt zu sein, und schon ist er die Beute seiner Feinde; andrerseits werden tapfere und beherzte Leute an der Spitze seiner Truppen in Friedenszeiten nicht minder unternehmungslustig sein als in Kriegszeiten. Die Mängel seiner Verfassung werden jeden Freistaat früher oder später zu Fall bringen.

Sind aber Bürgerkriege schon für eine Monarchie verhängnisvoll, so erst recht für einen freien Staat. Es ist eine Krankheit, die ihm unbedingt tödlich ist. Ein Bürgerkrieg war es, der einem Sulla die Möglichkeit gab, die Diktatur in Rom in den Händen zu behalten, einem Cäsar, sich zum Herren aufzuschwingen vermöge der Waffen, die man ihm anvertraut hatte, und einem Cromwell, die Stufen zum Throne hinanzusteigen.

Fast alle Freistaaten haben sich aus der tiefsten Tiefe der Tyrannis zum Gipfel der Freiheit erhoben, und fast alle sind sie wieder zurückgesunken von dieser Freiheit in die Knechtschaft. Dieselben Athener, die zu Zeiten des Demosthenes für Philipp von Mazedonien nur Beschimpfungen hatten, krochen vor Alexander; dieselben Römer, denen nach Vertreibung der Könige alles Königtum ein Abscheu war, ließen sich geduldig nach den Umwälzungen einiger Jahrhunderte alle Grausamkeiten ihrer Kaiser bieten, und dieselben Engländer, die ihren ersten Karl zum Tode verdammten, weil er sich an ihren Rechten versündigt hatte, beugten ihren steifen Nacken unter das stolze Joch ihres Protektors. Also nicht nach eigener Wahl haben sich jene Freistaaten ihre Herren ernannt, sondern unternehmende Männer waren es, die, getragen von der Gunst der Umstände, jene wider ihren Willen und gewaltsam sich unterworfen haben.

Wie der einzelne Mensch geboren wird, eine Zeitlang lebt und an einer Krankheit oder vor Alter stirbt, ebenso bilden sich Freistaaten, blühen etliche Jahrhunderte und gehen endlich zugrunde durch den Wagemut eines Bürgers oder durch die Waffen ihrer Feinde. Jedem Ding ist seine Frist bemessen, auch alle Reiche, auch die größten Monarchien haben nur ihre bestimmte Dauer, und nichts gibt's auf Erden, das nicht dem Gesetze des Wandels und Verfalls unterworfen wäre. Der Despotismus versetzt der Freiheit den Todesstoß und setzt früher oder später dem Geschick eines freien Staates sein Ziel; der eine Staat behauptet sich länger als der andere, je nach der Fülle an Lebenskraft, die ihm innewohnt. Soweit es in seiner Macht steht, schiebt er den letzten Augenblick hinaus und nimmt, sein Dasein zu fristen, jedes Mittel wahr, das ihm die Weisheit rät, und doch muß er zuletzt den ewigen, unveränderlichen Gesetzen des Lebens weichen und zugrunde gehen, wenn die Verkettung der Geschehnisse sein Ende mit sich bringt.

Im übrigen darf man Menschen, die wissen, was glücklich sein heißt, und die es sein wollen, nicht mit dem Vorschlag kommen, auf Freiheit zu verzichten.

Niemals wird man einen Republikaner, einen Cato oder Lyttelton davon überzeugen, daß das Königtum die beste Staatsform sei, unter der Voraussetzung, daß ein König sich's zur Aufgabe gemacht habe, seine Pflicht zu erfüllen; denn sein Wille sowie seine Machtfülle verleihen seiner guten Absicht wirksame Kraft. Zugegeben, wird er sagen, doch wo diesen Phönix unter den Fürsten finden? Das ist ja wie der Platonische Idealmensch, wie die Mediceische Venus, die ein Bildner nach vierzig verschiedenen Schönheiten formte, und die in Wirklichkeit nie existierte als eben in Marmor. Wir wissen doch, wessen wir uns zu der menschlichen Natur zu versehen haben und daß es nur wenige solcher Ausbünde von Tugend gibt, die der unbeschränkten Freiheit, ihren Herzenswünschen Genüge zu schaffen, die den Verführungen des Thrones zu widerstehen vermöchten. Eure metaphysische Monarchie, wenn dergleichen möglich wäre, wäre freilich ein Paradies auf Erden, allein der Despotismus, wie er nun einmal in Wirklichkeit ist, macht mehr oder minder aus dieser Welt eine wahre Hölle.

Meine zweite Betrachtung gilt dem sittlichen Standpunkt Machiavells. Ich kann ihm den Vorwurf nicht ersparen, daß für ihn die Selbstsucht die einzige treibende Kraft im Guten wie im Bösen ist. Gewiß, nach der landläufigen Meinung spielt die Selbstsucht in einer despotischen Staatsordnung eine vorwiegende Rolle, Gerechtigkeit und Redlichkeit gar keine; doch man sollte endlich für immer aufräumen mit dieser abscheulichen Staatslehre, die die Grundsätze einer gesunden und lauteren Sittlichkeit nicht anerkennen will. Ging's nach Machiavell, so geschähe alles in der Welt nur aus Selbstsucht, wie die Jesuiten die Liebe Gottes ausschalten und die Menschheit einzig durch die Furcht vor dem Teufel retten wollen. Das Gute sollte die einzige Triebfeder unseres Tuns sein, denn was ist das Gute anderes als das Vernünftige? Tugend und Vernunft sind eins nicht denkbar ohne das andere und müssen es auch im Leben bleiben als Voraussetzung folgerichtigen Handelns. Seien wir also vernünftige Wesen; dies bißchen Vernunft ist's ja, was uns von den Tieren unterscheidet, und nur die Güte bringt uns dem unendlich gütigen Wesen näher, dem wir unser Dasein danken.

[...]


14. Kapitel

*Worauf der Fürst im Kriegswesen zu sehen hat.*

Jede Berufsart hat ihre eigene Pedanterie, eine Folge der übereifrigen und einseitigen Hingabe an sie; sie führt zu Übertreibungen und setzt ihre Träger der Lächerlichkeit aus. Mit nachsichtigen Augen betrachten wir jene Arbeiter der Gelehrtenrepublik, die sich im Weisheitsstaube des Altertums, im Dienste der Fortschritte der Wissenschaft eingraben, die aus diesem Dunkel heraus sozusagen ihr Licht über das Menschengeschlecht leuchten lassen, die ihr Leben zubringen mit den Toten und den Schriftstellern der alten Welt, die sie aus dem Grunde kennen, zu Nutz und Frommen der Lebenden, der Menschen ihrer Zeit, die sie herzlich wenig kennen.

Diese Kleinmeisterei, die man sich, bis zu einem gewissen Grade, bei Gelehrten ersten Ranges gefallen läßt, weil ihre Tätigkeit sie hindert, sich umzutun in der Zeit und unter Menschen, die ihnen einigen Schliff geben könnten – diese Art wird ganz unerträglich bei Kriegsleuten, und zwar aus dem entgegengesetzten Grunde.

Ein Soldat wird zum Pedanten, wenn er auf Kleinlichkeiten versessen ist, wenn er in Maulheldentum und Donquichotterie verfällt. Diese Fehler machen ihn in seinem Berufe ebenso lächerlich, wie den Mann der Wissenschaft seine stubenhockerische Weltfremdheit.

Machiavell setzt in seiner Begeisterung seinen Fürsten dieser Lächerlichkeit aus: er versteigt sich bis zu der Forderung, sein Fürst müsse ganz und gar nur Soldat sein, und macht so einen richtigen Don Quijote aus ihm, der nichts denkt und träumt als Schlachtfelder, Verschanzungen, Belagerung von festen Plätzen, Schlachtordnungen, Angriffe, Stellungen und Befestigungen. Ein Wunder nur, daß der Verfasser nicht darauf verfällt, ihn mit Suppen in Gestalt von Außengräben, Pasteten in Bombenform und Torten in Form von Bastionen füttern zu lassen, und daß er ihn nicht wider Windmühlen, Schafherden und Strauße anrennen läßt, wie der liebenswürdige Phantast Miguel Cervantes.

Solche Entgleisungen gibt's, sobald man sich von der Mittelstraße der Besonnenheit verliert, die auf sittlichem Gebiete das gleiche bedeutet wie in der Mechanik der Schwerpunkt.

Ein Fürst erfüllt nur die eine Hälfte seiner Bestimmung, wenn er sich bloß dem Kriegshandwerk widmet; es ist geradezu verkehrt, daß er nichts als Soldat sein soll. Man erinnere sich meiner Ausführungen über den Ursprung der Fürsten im ersten Kapitel dieses Buches: Fürsten sind in erster Linie Richter; sind sie Feldherren, so sind sie's im Nebenamt. Machiavell gleicht den Göttern Homers, die stark, wehrhaft und machtvoll sind, niemals aber gerecht und billig. Nicht einmal das ABC der Gerechtigkeit kennt er, nur Selbstsucht und Gewalt.

Die Gedanken unseres Verfassers kriechen alle am Boden, sein beschränktes Vorstellungsvermögen umfaßt nur Rücksichten, wie sie den Machtbedürfnissen kleiner Fürsten entsprechen. Nichts Kümmerlicheres zum Beispiel als seine Gründe, mit denen er den Fürsten das Weidwerk ans Herz legt: sie würden auf diese Weise die Bodenbeschaffenheit und die gangbaren Straßen ihres Landes kennen lernen! Man denke sich einen König von Frankreich oder einen Kaiser solchermaßen um die Geländekenntnis innerhalb ihrer Staaten bemüht: sie brauchten ebensoviel Zeit, mit ihren Jagden herumzukommen, wie der Ablauf eines Sonnenjahres beträgt.

Man gestatte mir hier, bei einer Abschweifung auf das Weidwerk etwas zu verweilen; die Sache verdient es vielleicht, ist doch diese Kurzweil fast beim ganzen Adel und Hochadel und bei den Königen Gegenstand leidenschaftlicher Beliebtheit. Die meisten Könige und Fürsten bringen dreiviertel ihrer Lebenszeit damit zu, die Wälder zu durchstreifen, das Wild zu hetzen und zu erlegen. Sollte dieses Buch in ihre Hände fallen, obwohl ich nicht eingebildet genug bin, ihnen zugunsten meiner Schriftstellerei ein Opfer an ihrer Zeit zuzumuten, die dem Wohle der Menschheit gehört, dann bitte ich sie, meiner Wahrheitsliebe zugute halten zu wollen, wenn meine Ansichten vielleicht den ihrigen zuwiderlaufen. Schmeichlerische Lobreden zu verfassen ist nicht meine Sache, meine Feder ist nicht käuflich; meine Absicht bei diesem Werke ist allein, mir selbst Befriedigung zu verschaffen, indem ich mit aller denkbaren Freiheit die *Wahrheiten*, von denen ich überzeugt bin, oder Dinge, die mir vernünftig erscheinen, ausspreche. Ist nach alledem ein Leser von so verderbtem Geschmack, daß er die Wahrheit nicht liebt oder nicht verträgt, was seiner Denkweise widerstreitet, so braucht er ja mein Buch nur in die Ecke zu werfen; niemand wird ihn zum Lesen zwingen.

Ich kehre zu meinem Gegenstand zurück. Das Weidwerk ist einer jener sinnlichen Genüsse, die dem Leibe stark zu schaffen machen, dem Geiste aber nichts geben; eine Leibesübung und Gewandtheit im Morden des Wildes, eine fortgesetzte Zerstreuung, ein geräuschvolles Vergnügen, das die innere Leere ausfüllt, die Seele aber für jeden anderen Gedanken unempfänglich macht; ein brennendes Verlangen, irgendein Stück Rotwild zu hetzen, und dann die grausame und blutige Genugtuung, es zur Strecke zu bringen; mit einem Wort, ein Vergnügen, das den Leib stählt, den Geist brach und ungepflegt läßt. Die Jäger werden mir sicherlich vorwerfen, ich nähme die Dinge zu streng, spielte den gar zu unerbittlichen Kritiker und befände mich in der angenehmen Lage des Kanzelredners, der mit seinem Vorrecht, allein in der Gemeinde das Wort zu führen, leichtlich darauf losreden dürfe, ohne Widerspruch befürchten zu müssen; nun, ich verzichte gern auf diesen Vorteil und will in aller Ehrlichkeit die Scheingründe, die die Liebhaber des Weidwerks vorbringen, erörtern. Da heißt's zuerst, die Jagd ist das edelste und älteste Vergnügen der Menschen; die Patriarchen und viele von den großen Männern sind Jäger gewesen; in der Jagd bewähren die Menschen immer noch jene Herrenmacht über die Tiere, die Gott selbst einst Adam verliehen hat. Meinetwegen mag immer die Jagd so alt sein wie die Welt, aber was alt ist, ist doch darum nicht besser. Und wenn große Männer die Jagd geliebt haben, gut, sie hatten eben auch ihre Fehler und Schwächen: so wollen wir uns doch an das halten, was groß an ihnen war, und nicht ihre Mängel nachahmen. Die Patriarchen haben auch gejagt – sie haben auch ihre Schwestern geheiratet, die Vielweiberei war zu ihrer Zeit auch im Schwang! Die guten Patriarchen und unsere teuren Voreltern rochen eben noch gehörig nach der Barbarei, darin sie staken: es waren grobschlächtige, unwissende Gesellen, Tagediebe, die nicht wußten, wohin mit der vielen, vielen Zeit: um sie totzuschlagen, führten sie ihre Langeweile auf die Jagd, verbrachten in den Wäldern, auf der Wildhatz die Stunden, die sie in Ermangelung geistiger Fähigkeiten nicht im Kreise gescheiter Menschen zuzubringen wußten. Ja, sind das nun nachahmenswerte Muster, soll die Ungeschlachtheit Lehrmeisterin der Lebensart sein? Oder sollen nicht vielmehr aufgeklärte Jahrhunderte anderen zum Vorbilde dienen?

Ob Adam die Herrschaft über die Tierwelt empfing oder nicht, ist nicht meine Sorge. Ich weiß nur, daß wir, grausamer und wilder als die Tiere selbst, diese angemaßte Herrschaft recht tyrannisch ausüben. Höchstens dürfte uns doch unsere überlegene Vernunft ein Übergewicht über die Tiere geben; nun, das Hirn derer, die mit Leib und Seele der Jagd ergeben sind, ist meist nur mit Pferden, Hunden und sonstigem Getier ausgefüllt; sie sind meist ungeschliffene Leute und sind ihrer Leidenschaft gewöhnlich mit Haut und Haaren verfallen, was nicht ganz ungefährlich ist, da es naheliegt, daß sie ihre Unempfindlichkeit, die sie beim Tiere an den Tag legen, auch gegen den Menschen erweisen, zum mindesten, daß ihre grausame Gewöhnung, kalten Bluts das Leiden der Kreatur anzusehn, ihr Mitgefühl mit dem Leide von ihresgleichen abstumpft. Das wäre also das gepriesene adlige Vergnügen? Das wäre eine Beschäftigung, eines denkenden Wesens würdig?

Die Jagd stählt aber die Gesundheit, wird man einwenden; die Erfahrung lehrt, daß Jäger zu hohen Jahren kommen; schließlich ist's doch ein unschuldiges Vergnügen und recht geschaffen für hohe Herren: sie können fürstlichen Glanz dabei entfalten, außerdem zerstreut es ihre Sorgen, bietet ihnen in Friedenstagen Bilder des Krieges, und der Fürst lernt auf der Wildbahn das Gelände, Weg und Steg, kurz, sein eigen Land in jeder Hinsicht gründlich kennen.

Nennst du mir die Jagd eine Leidenschaft, so kann ich dich nur beklagen, daß du keine ersprießlichere hast; will dich im übrigen einigermaßen entschuldigen und mich auf den guten Rat beschränken, sie wenigstens an den Zaum zu nehmen, wenn du sie nicht ganz zu unterdrücken vermagst. Nennst du das Weidwerk ein Vergnügen, so antworte ich: Recht so, genieße es, doch ohne Übertreibung; Gott behüte mich, ein Vergnügen zu verdammen! Im Gegenteil! Alle Pforten der Seele möcht' ich auftun, daß die Freude beim Menschen einziehe. Willst du mir aber die Jagd für etwas besonders Gutes und besonders Nützliches ausgeben, so laß dir sagen: Mag dir der Selbstbetrug der Eigenliebe und die Leidenschaft, die lügt, wenn sie zu Worte kommt, auch hundert Gründe einblasen, mit so windigen Gründen speist man mich nicht ab! Schminke auf ein garstiges Gesicht! Du kannst uns nicht überzeugen, so willst du uns dumm machen. Und wenn ein Faulpelz und Nichtstuer es zu hohen Jahren bringt, was hat die Allgemeinheit davon? Wie sagt der Dichter?[14]

»Ein Heldenleben mißt man nach der Zahl
Der Jahre nicht!«

Nichts liegt daran, daß ein Mensch den Faden fauler, wertloser Tage bis zu Methusalems Alter hinspinne; nein, je mehr er seine Vernunft gebraucht, je mehr des Vorbildlichen und des Nützlichen er geleistet hat, um so mehr hat er gelebt.

Gerad heraus, die Jagd ist von allen Vergnügungen die, so den Fürsten am allerwenigsten ansteht. Mögen sie Glanz und Pracht anderweitig zum besten geben, wo das Volk etwas davon hat. Sollte der Wildbestand so überhand nehmen, daß der Bauer darunter leidet, so gibt das für Jägersleute einen sehr schönen Auftrag, die mögen die Tiere abschießen. Fürsten haben wirklich andere Obliegenheiten: sie sollen vor allem etwas lernen, sollen Kenntnisse erwerben und die Gewandtheit, zusammenhängend zu denken. Klare und richtige Gedanken verlangt von ihnen ihr Beruf, dafür können sie ihren Geist nicht genug schulen. Da nun aber die Menschen sehr von Gewöh-

---

14 Vgl. Jean Baptiste Rousseau, Oden, Buch II, Ode X.

nungen abhängen und die Einwirkung ihres Tuns und Treibens auf ihre Gedankenwelt garnicht abzuschätzen ist, so sollte es eigentlich naheliegen, daß sie die Gesellschaft gebildeter Geister, die ihnen Anmut des inneren Menschen zu geben vermögen, dem Umgang mit Dummköpfen vorzögen, von denen sie nur Roheit und ungesittetes Gebaren lernen können. Denn wer seinen Geist auf die Höhe bewußter Denktätigkeit eingestellt hat, wie hoch steht er über denen, die ihre Vernunft der Oberherrschaft der Sinne unterwerfen! Die Tugend des Maßhaltens, eine notwendige Fürstentugend, sucht man beim Jäger vergebens; das allein genügt eigentlich, die Jagd zu einer verwerflichen Sache zu machen.

Um auch allen anderen noch möglichen Einwürfen zu begegnen und auf Machiavell zurückzukommen, muß ich wohl noch bemerken: für einen Feldherrn von Bedeutung ist das Weidwerk durchaus nicht unerläßlich! Gustav Adolf, Lord Marlborough, Prinz Eugen sind allesamt keine Jäger gewesen, und ihnen wird man den Namen hervorragender Männer und fähiger Heerführer wohl nicht absprechen! Will einer gescheite und zuverlässige Beobachtungen über Geländebeschaffenheit anstellen und strategische Erwägungen darüber, so gelingt ihm das viel leichter auf einsamer Streife ohne die Störung durch Feldhühner, Hühnerhunde, Hirsche, die Unruhe einer Meute und das wilde Toben der Jagd. Ein namhafter Fürst, der mit den Kaiserlichen den zweiten Feldzug in Ungarn mitmachte,[15] wäre um ein Haar in die Hände der Türken gefallen, weil er sich auf der Jagd verirrt hatte. Im Heere sollte das Jagen geradezu verboten sein, es hat schon zuviel Unordnung auf den Märschen veranlaßt. Wie viele Offiziere, anstatt bei der Truppe zu bleiben, haben sich schon pflichtwidrig von ihrem Posten entfernt; ganze Abteilungen gerieten aus ähnlichen Ursachen in Gefahr, vom Feinde überrumpelt und aufgerieben zu werden.

---

15 Großherzog Franz Stephan von Toskana geriet auf der Jagd bei Kolar in Serbien 1737 beinahe in türkische Gefangenschaft.

Ich komme demnach zu dem Schluß: es ist zwar verzeihlich, wenn ein Fürst auf die Jagd geht, vorausgesetzt, daß es nur selten und zur Erholung von seiner ernsten und manchmal sorgenvollen Tätigkeit geschieht. Eigentlich ist aber die Jagd nur für Leute da, denen sie ihren Beruf, das Mittel ihres Fortkommens bedeutet; sonst sind vernunftbegabte Menschen zum Denken und zum Handeln auf der Welt, und ihr Dasein ist zu kurz bemessen, als daß sie seine kostbaren Augenblicke so sträflich vergeuden dürften.

Oben sagte ich, die erste Fürstenpflicht sei, des Rechtes zu walten. Die zweite, füge ich hier hinzu, die gleich hinter jener kommt, besteht im Schutz und der Verteidigung des Staates. Die Herrscher sind verpflichtet, Zucht und Ordnung in den Truppen aufrechtzuerhalten. Für ihre Person liegt ihnen ob, ein ernstes Studium an das Kriegshandwerk zu wenden, denn sie sollen sich auf die Heerführung verstehen; sie sollen imstande sein, Feldstrapazen zu ertragen; sollen wissen, wo und wie man ein Lager anlegt, überall für reichliche Verpflegung sorgen, kluge und gute Dispositionen treffen. Von ihnen verlangt man schnelle und richtige Entschlüsse; in schwierigen Lagen soll ihr Kopf Auskunft und Hilfsmittel bereit haben; aus dem Glück wie aus dem Unglück sollen sie Gewinn schlagen und es niemals an Rat und Voraussicht fehlen lassen. Fürwahr, das heißt viel fordern von der menschlichen Kraft!

Derartige Leistungen darf man sich indessen eher von einem Fürsten versprechen, der die Sorge um die Entwicklung seiner geistigen Fähigkeiten ernst nimmt, als von Leuten, deren Denken immerdar nur am Stoffe haftet, die nur die feineren oder gröberen Antriebe der Sinnlichkeit kennen. Es ist eben mit den geistigen Fähigkeiten ebenso bestellt wie mit den körperlichen: bildet einer seinen Körper im Tanzen aus, so gewinnt er Haltung, Geschmeidigkeit und Gewandtheit; vernachlässigt er ihn, so wird er krumm, büßt seine Anmut ein, wird schwerfällig, unbeholfen und mit der Zeit unfähig zu jeder Kraftleistung.

[...]

## 17. Kapitel

*Von Grausamkeit und Milde, und ob es besser ist,
geliebt oder gefürchtet zu werden.*

Der kostbarste Schatz, der der Hut der Fürsten anvertraut ist, das ist ihrer Untertanen Leben. Ihr Amt gibt ihnen die Vollmacht, zum Tode zu verurteilen oder Gnade an den Schuldigen zu üben, sind sie doch die obersten Gerichtsherren. Ein Wort aus ihrem Munde, und es treten vor sie hin die finsteren Vollstrecker des Todes und der Vernichtung; ein Wort aus ihrem Munde, und es eilen dahin die Boten ihrer Gnade, die Retter in der Not mit ihrer Heilsbotschaft. Wieviel Besonnenheit, Voraussicht und Weisheit gehört aber zu einer so unbeschränkten Machtvollkommenheit, soll jeder Mißbrauch verhütet werden!

Tyrannen zählen ein Menschenleben nicht. Ihr Glück hat sie ja so hoch hinaufgetragen, nun fühlen sie das Leid da unten, das ihnen unbekannt bleibt, nicht mehr mit. Sie sind den Kurzsichtigen gleich, die nur zwei Schritte weit sehen können: sie sehen nur sich selbst, von der übrigen Menschheit nehmen sie nichts wahr. Vielleicht, wenn einmal das Entsetzen, das ihre eigenen Bluturteile wecken, an ihr eigenes Empfinden rühren könnte, die Grausamkeiten, die in ihrem Namen geschehen, ihren Blicken fern, all die Schrecknisse vor und bei der Hinrichtung eines Unglücklichen – wenn ihnen all das einmal nahe träte, vielleicht, daß ihr Gemüt doch noch nicht so verhärtet wäre, um sich starr der Stimme der Menschlichkeit zu versagen, daß sie in ihrer Kaltblütigkeit doch nicht so ganz aller Natur entfremdet wären, um nicht erschüttert zu werden.

Gute Fürsten fühlen diese unbegrenzte Macht über Leben und Tod auf ihrer Seele als die schwerste Last ihrer Krone. Sie wissen, sie sind selber Menschen, gleich denen, über die sie richten sollen; sie wissen, alles läßt sich wieder gutmachen hienieden, Unbill, Ungerechtigkeit, Kränkung, nur ein übereiltes Todesurteil ist ein Unglück, das nicht ungeschehen zu machen ist. Sie entschließen sich zu solcher Härte nur zur Vermeidung von noch unerfreulicheren, schonungsloseren Maßnahmen, die ihnen nicht erspart bleiben, sofern sie nicht gegebenen Falles fest zufassen; und nur in verzweifelten Fällen greifen sie zu so unseliger Entschließung – wie ein Mensch wohl, trotz zärtlichster Selbstliebe, in die Ablösung eines brandigen Gliedes willigt, um durch diesen schmerzhaften Eingriff wenigstens seinen übrigen Körper zu sichern und zu erhalten. Also nur, wenn dringendste Not es gebietet, darf ein Fürst das Leben eines Untertanen antasten, und er muß sich darum mit peinlichster Besonnenheit und ängstlichster Gewissenhaftigkeit fragen, ob eine solche auch vorliege.

Fragen von solcher ernsten Gewichtigkeit behandelt Machiavell als Geringfügigkeiten; ein Menschenleben gilt ihm nichts, der Nutzen, die einzige Gottheit, die er verehrt, alles. Er gibt der Grausamkeit den Vorzug vor der Gnade und rät jedem Neuling auf der Höhe der Macht, sich weniger als jeder andere Mensch daraus zu machen, als grausam verschrien zu sein. Wie die Helden Machiavells sich von Henkersknechten zum Throne emporführen lassen, so behaupten sie sich dort oben durch rohe Gewalt. Cäsar Borgia, das ist sein Muster für Grausamkeit, an ihn hält er sich, wie Fénelon sich an Telemach hält, wenn er den Weg zur Tugend weisen will.

Machiavell führt noch einige Verse an, die Vergil der Dido in den Mund legt, eine Anführung, die ganz und gar nicht am Platze ist; denn Vergil läßt seine Dido sprechen wie Voltaire die Jokaste in seinem Ödipus. Der Dichter leiht eben seinen Gestalten eine Redeweise, wie sie ihrem Wesen entspricht; in einer Abhandlung über Staatsfragen darf man also wirklich nicht bei der Maßgeblichkeit einer Dido und auch nicht einer Jokaste eine Anleihe machen, hier gilt nur das Vorbild großer und edelgearteter Männer.

Zu einer knappen Antwort an den Verfasser zu kommen, genügt die eine Erwägung: so verhängnisvoll ist die Verkettung verbrecherischer Taten untereinander, daß, sobald einmal die erste geschehen, nun mit Notwendigkeit eine der anderen folgt. So zieht Thronraub Verbannungen, Ächtungen, Gütereinziehungen und Mordtat nach sich. Ich frage: zeugt es nicht von schauriger Härte des Gemütes, von fluchwürdigem Machthunger, alle Untaten, die man zur Behauptung seiner Herrschaft begehen muß, im voraus zu wissen und doch noch nach der Herrschaft zu streben? Ich frage: ist irgendein persönlicher Vorteil in der Welt denkbar, der den Tod Unschuldiger rechtfertigte, Unschuldiger, die nicht so wollen, wie ein Usurpator will? Und welchen Reiz kann eine blutbefleckte Krone haben? Solche Erwägungen werden vielleicht einen Menschen wie Machiavell kalt lassen, doch ich bin überzeugt, nicht die ganze Welt ist so verderbt wie er.

Vor allem gegen die Truppen empfiehlt unser Staatslehrer Härte und stellt der Nachsicht Scipios die Strenge Hannibals gegenüber, stellt sich hierin ganz auf Seite des Karthagers und kommt sogleich zu dem Schluß, Grausamkeit sei die Handhabe der Ordnung und Mannszucht, somit der Siegestaten eines Heeres. Es ist kein ehrlich Spiel von seiten Machiavells, wenn er als Gegenbeispiel zu Hannibal gerade den Scipio wählt, den weichsten und lässigsten in der Heereszucht unter allen römischen Führern; um die blutige Härte in ein günstig Licht zu setzen, stellt er ihr wohlweislich die Schwachheit eines Scipio gegenüber, dabei muß er selber zugeben, daß Cato jenen den Verderber des römischen Soldatengeistes genannt hat. Und so behauptet er, nun wisse er ganz genau, woher die Verschiedenheit der Erfolge der beiden Feldherren, daher weg mit aller Milde, die er nach seiner Art mit den Fehlern verwechselt, zu denen übertriebene Gutherzigkeit ausarten kann!

Ich gebe zu, keine Ordnung im Heerlager ohne Strenge; wie will man sonst liederliches Gesindel, Wüstlinge, Verbrecher, Feiglinge, Abenteurer, ungeschlachte und seelenlose Kerle zur Pflichterfüllung anhalten, wenn nicht die Furcht vor Strafen sie in Schranken hält? Was ich hier von Machiavell verlange, ist allein vernünftige Einschränkung. Er muß sich doch sagen, daß der rechte Mann, wenn auch seine Gutherzigkeit ihn zur Milde bestimmt, nichtsdestoweniger, wenn's die Klugheit gebietet, auch mal hart dreinfassen kann; doch mit den strengen Maßnahmen wird er's halten wie der kundige Seemann: erst wenn die letzte Gefahr in Sturmesnöten ihn zwingt, kappt er Mast und Taue seines Fahrzeugs.

Doch Machiavell ist noch nicht am Rande mit seiner Weisheit; ich komme zum verfänglichsten, spitzfindigsten und blendendsten seiner Sätze: ein Fürst tut besser daran, wenn er dafür sorgt, daß man ihn fürchte, als dafür, daß man ihn liebe; die Menschen neigen in ihrer Mehrheit zur Undankbarkeit, zur Veränderung, Verstellung, Feigheit und Habgier; da ist denn, bei der Bosheit und Niedrigkeit der Menschenart, die Liebe ein gar zu schwächlich Band, das so leicht keinen verpflichtet, wieviel stärker bindet da die Furcht vor Strafe die Leute an ihre Pflicht. Ob einer einem seine Neigung schenken will, das hängt von ihm ab, nicht aber, ob er vor jemand Angst habe; gescheiter also, ein Fürst ist nicht auf den guten Willen anderer angewiesen, sondern steht auf sich allein.

Was ich dagegen zu sagen habe, ist dies: daß es undankbare und daß es heuchlerische Menschen gibt, leugne ich nicht, ebensowenig, daß zu Zeiten mit der Furcht sich sehr viel erreichen läßt. Doch das möchte ich betonen, daß ein König, dessen ganze Staatskunst nur darauf hinausläuft, daß man ihn fürchte, ein Herr über Sklaven sein wird; großer Leistungen darf er sich von seinen Untertanen nicht versehen, denn was in Furcht und Zagen geschieht, das sah noch immer danach aus. Ein Fürst hingegen, dem es gegeben ward, Liebe zu erwerben, wird wirklich Herr über die Herzen sein, denn seine Untertanen finden sich nur wohlgeborgen unter seiner Herrschaft, und wie reich ist da die Geschichte an Beispielen großartiger, herrlicher Taten, Taten der Liebe und der treuen Anhänglichkeit. Ich füge hinzu, daß es mit der Mode der Aufstände und Revolutionen in unseren Tagen völlig vorbei zu sein scheint; kein Königreich, außer England, wo der König noch den geringsten Anlaß hätte, von seinen Völkern etwas zu fürchten – auch in England nur dann, wenn er selber den Sturm heraufbeschwört.

Ich schließe also damit, daß ein grausamer Herrscher viel eher mit Verrat rechnen muß denn ein milder. Grausamkeit ist unerträglich, und bald wird der Mensch es müde, immer in Angst zu leben; Güte aber ist allezeit liebenswert, und des Liebens wird niemand müde. Zum Heile der Welt wär's darum wünschenswert, die Fürsten wären gut; allzu nachsichtig brauchten sie darum nicht zu sein, damit die Güte stets eine Tugend an ihnen sei und nie eine Schwäche.

Fürstenspiegel
oder
Unterweisung des Königs für den jungen Herzog
Karl Eugen von Württemberg (1744)[1]

Mit dem Anteil, den ich an Ihrer Mündigkeitserklärung hatte, verbindet sich mein Interesse an einem glücklichen Verlauf Ihrer Regierung. Ich stelle mir geadezu vor, das Gute oder Schlimme, das daraus entspringe, werde sich irgendwie auch auf mich zurückwenden. In diesem Sinn halte ich mich für verpflichtet, Ihnen mit freundschaftlichem Freimut meine Anschauungen über den neuen Stand, in den Sie nun eintreten, auszusprechen.

Ich gehöre garnicht zu den Leuten, die aus Dünkel und Eitelkeit schließlich statt der Ratschläge nur mehr Befehle zu erteilen wissen, ihre Ansichten für unfehlbar halten und vom Freunde wünschen, er solle nur noch genau nach ihrer Weise denken, sich regen und atmen. So lächerlich solche Anmaßung wäre, so gewiß würde ich doch andrerseits eine Schuld auf mich laden, wenn ich es versäumte, Ihnen das zu sagen, was all Ihre Diener und Untertanen zu sagen sich nicht unterfangen werden, ja was sie um ihres persönlichen Vorteils willen vielleicht nicht einmal sagen wollen.

Es ist gewiß, daß jedermann die Augen auf das erste Hervortreten eines Mannes richtet, der ein hohes Amt auf sich nimmt; und gemeiniglich bestimmen gerade die ersten Handlungen das Urteil der Öffentlichkeit. Legen Sie zuvörderst den Grund zu allgemeiner Achtung, so werden Sie das Vertrauen der Öf-

---

[1] Karl Eugen (geb. 1728), der älteste Sohn Herzog Karl Alexanders († 1737) und der Herzogin Maria Auguste, weilte seit dem 16. Dezember 1741 zur Vollendung seiner Erziehung in Berlin. Er war auf Betreiben des Königs durch kaiserliches Dekret vom 7. Januar 1744 für volljährig erklärt worden. Mit einem eigenhändigen Schreiben vom 6. Februar 1744 stellte Friedrich dem scheidenden Herzog den »Fürstenspiegel« zu.

fentlichkeit gewinnen, wonach meines Erachtens ein Fürst vor allem trachten sollte.

Überall werden Sie Personen finden, die Ihnen schmeicheln und nur beflissen sind, Ihr Vertrauen zu erwerben, um Ihre Gunst zu mißbrauchen und Sie selbst zu beherrschen. Sie werden auch, hauptsächlich unter den Verwaltungsbeamten, noch eine andere Art Leute finden; die sind gesonnen, Ihnen die Kenntnis der Geschäfte sorgsam vorzuenthalten, um sie nach eigenem Gefallen zu leiten. Um Sie von der Arbeit abzuschrekken, werden sie dafür sorgen, daß die leichtesten Dinge Ihnen Schwierigkeiten bereiten. In ihnen allen werden Sie die wohlüberlegte Absicht finden, Sie dauernd unter Vormundschaft zu halten und zwar unter Wahrung der schönsten Formen, auf eine Weise, die für Sie noch höchst schmeichelhaft zu sein scheint.

Sie werden fragen: was soll ich dagegen tun? Sie müssen sich mit allen Finanzangelegenheiten vertraut machen, einen Sekretär aussuchen, der als kleiner oder mittlerer Beamter in dem Fach gearbeitet hat, und müssen ihm gute Belohnung dafür versprechen, daß er Sie in allem, was Sie berührt, unterweise. Die Finanzen sind der Nerv des Landes; wissen Sie darüber genau Bescheid, so werden Sie mit dem übrigen jederzeit fertig werden.

An vielen Höfen Deutschlands habe ich eine Unsitte wahrgenommen: die Minister der Fürsten führten den Titel »Kaiserlicher Minister«, und das sicherte ihnen Straflosigkeit zu. Sie werden selber fühlen, wie nachteilig es für Sie sein würde, wenn Sie das duldeten.

Ich muß Sie ferner vorbereiten, daß Sie in der Verwaltung zwei Räte antreffen werden, vor denen Sie auf der Hut sein mögen: der eine heißt Bilfinger, der andere Hardenberg.[2] Nun ist es Ihre Sache, sie zu prüfen und zuzusehen, wieweit Sie ihnen trauen können.

---

2 Der Philosoph und Konsistorialpräsident Georg Bernhard Bilfinger († 1750) und der Minister Friedrich August von Hardenberg († 1768)

Seien Sie fest in Ihren Entschließungen! Erwägen Sie zuvor das Für und Wider; sobald Sie aber Ihren Willen einmal kundgegeben haben, ändern Sie um alles in der Welt nichts mehr daran! Sonst wird ein jeder Ihrer Autorität spotten, und Sie würden für einen Mann gehalten werden, auf den man nicht bauen kann.

Da eine vormundschaftliche Regierung voranging, wird es Ihrem Hof an Intrigen nicht fehlen. Strafen Sie die Anstifter der ersten strenge; dann wird jeder sich hüten, dem bösen Beispiel zu folgen. Güte am unrechten Ort ist nichts anderes als Schwäche, gleichwie Strenge ohne zwingenden Grund ein schwerer Frevel ist. Das Ausarten nach beiden Richtungen muß vermieden werden, wiewohl es bloß das Gebrechen eines sehr edlen Herzens ist, wenn die Milde ausartet.

Denken Sie nur nicht, das Land Württemberg sei für Sie geschaffen worden! Glauben Sie vielmehr, daß die Vorsehung Sie zur Welt kommen ließ, damit Sie dies Volk glücklich machen. Legen Sie stets mehr Wert auf dessen Wohlfahrt als auf Ihre Zerstreuungen. Wenn Sie, in Ihrem zarten Alter, Ihre Wünsche dem Wohl Ihrer Untertanen aufzuopfern vermögen, so werden Sie nicht nur die Freude, Sie werden auch die Bewunderung der Welt erregen.

Sie sind für Ihr Land das Haupt der bürgerlichen Religion, die aus der Rechtschaffenheit und allen moralischen Tugenden besteht. Zu Ihrer Aufgabe gehört es, daß Sie helfen, diese Tugenden zu verwirklichen und namentlich die Menschlichkeit, die Hauptugend jedes denkenden Wesens.

Die geistliche Religion überlassen Sie dem höchsten Wesen.[3] Auf diesem Felde sind wir alle blind, durch unterschiedliches Wähnen in die Irre geraten. Wer unter uns ist so verwegen, daß er entscheiden wollte, welcher der rechte Weg sei? Nehmen Sie sich denn in acht vor dem religiösen Fanatismus, der zu Verfol-

---

3 Durch den Übertritt des Herzogs Karl Alexander war das württembergische Fürstenhaus katholisch geworden.

gungen führt. Wenn armselige Sterbliche dem höchsten Wesen irgend wohlgefallen können, so geschieht es durch Wohltaten, die sie den Mitmenschen erweisen, und nicht durch Gewalttaten, die sie gegen starrköpfige Geister verüben. Wenn die wahre Religion, die Menschlichkeit, Sie nicht zum rechten Verhalten bestimmen sollte, so muß mindestens die Politik es tun; denn all Ihre Untertanen sind Protestanten. Toleranz wird Ihnen Verehrung, Verfolgungen würden nur Abscheu erwecken.

Die Lage Ihres Landes, das an Frankreich und die Staaten des Hauses Österreich grenzt, macht Ihnen eine maßvolle und gleichmäßige Haltung gegen diese zwei mächtigen Nachbaren zur Pflicht. Lassen Sie keinerlei Vorliebe für einen von beiden erkennen, auf daß sie Ihnen nicht Parteilichkeit vorwerfen können. Denn ihre Geschicke sind veränderlich, und beide Staaten würden nicht ermangeln, abwechselnd Sie entgelten zu lassen, was sie glauben, Ihnen mit Grund vorwerfen zu können.

Lassen Sie niemals vom Reich und von seinem Oberhaupt. Eine Sicherheit gegenüber dem Ehrgeiz und der Macht Ihrer Nachbaren gibt es für Sie nur, solange das System des Reiches erhalten bleibt. Seien Sie stets der Feind dessen, der es umstürzen will, denn in Wahrheit hieße das, gleichzeitig auch Ihren Sturz wollen. Mißachten Sie nicht das Haupt des Reichs[4] in seinem Unglück und halten Sie zu ihm, solange Sie es können, ohne in sein Mißgeschick verwickelt zu werden.

Machen Sie sich Ihre Jugend zunutze, ohne sie zu mißbrauchen. Lassen Sie ein paar Jahre dem Vergnügen gewidmet sein. Dann denken Sie ans Heiraten. Das erste Jugendfeuer ist der Ehe nicht günstig; da glaubt die Beständigkeit, die auf drei Jahre zurückblicken kann, sie sei steinalt geworden. Wenn Sie eine Prinzessin aus allzu hohem Haus nehmen, so bildet sie sich ein, Ihnen eine Gnade anzutun, indem sie Ihre Gemahlin wird. Das ergäbe für Sie einen alles verschlingenden Aufwand, und Sie hätten keinen Vorteil davon, als daß Sie der Sklave

---

4 Kaiser Karl VII.

Ihres Schwiegervaters sein dürften. Wählen Sie eine Gattin von annähernd gleicher Standeshöhe, so sind Sie glücklicher. Sie werden ruhiger leben, und die Eifersucht, wozu fürstliche Personen höheren Ranges ihrer Ehehälfte immer Anlaß geben, wird Ihnen nicht zu schaffen machen.

Ehren Sie in Ihrer Mutter die Urheberin Ihres Lebens. Je mehr Aufmerksamkeiten Sie ihr widmen, um so höher sind Sie zu achten. Wenn Sie etwa kleine Händel mit ihr haben sollten, so nehmen Sie allemal das Unrecht auf sich. Die Dankbarkeit gegen die Eltern hat keine Grenzen; man wird getadelt, wenn man hierin zuwenig tut, niemals aber, wenn man zuviel tut.

Auf gleichgültige Dinge, die dem Gutdünken des einzelnen überlassen bleiben, will ich nicht näher eingehen. Die innige Freundschaft, die ich für Sie fühle, wird mich immer so aufrichtigen Anteil an Ihnen nehmen lassen, daß ich es mit einer Freude ohnegleichen hören werde, wenn Ihre Untertanen Ihnen Beifall spenden und Sie segnen. Und jede Gelegenheit, Ihnen nützlich zu sein, werde ich mit äußerster Bereitwilligkeit ergreifen. Mit einem Wort, mein lieber Herzog, es gibt kein Glück, das ich Ihnen nicht wünschte, und keines, dessen Sie nicht würdig wären.

# Denkwürdigkeiten zur Geschichte des Hauses Brandenburg

## Vorrede von 1748

Nichts sollte einem das Schreiben so verleiden wie die Flut der Bücher, die Europa überschwemmt. Der Mißbrauch, den man mit der geistvollen Erfindung der Buchdruckerei treibt, verleiht nur unseren Dummheiten ewiges Leben, und der Nachwelt wird er bitterböse Urteile an die Hand geben: was unsere Werke doch für eine leichte Ware seien! In der Tat, es hat den Anschein, als seien wir zu Ende mit allen denkbaren Stoffen von der Zeder bis zum Ysop;[1] dreihundert Schriftsteller – wer weiß, vielleicht tausend, haben Erinnerungen und Beiträge zur Geschichte Frankreichs verfaßt. So winzig kein Freistaat, er hat eine umfangreiche Darstellung seiner Geschichte gefunden; hat man doch selbst die Insekten mit einem Werke von acht gewichtigen Bänden in Quarto beehrt,[2] deren Einbände zum mindesten in den Büchereien der Liebhaber sich recht stattlich ausnehmen. Sogar von Beleidigungen, die neidisches Gelehrtengezänk zutage gefördert hat, gibt es umfangreiche Sammlungen, angefangen bei feinen Nadelstichen bis zu plumpen Beschimpfungen. Und so muß man zugeben und anerkennen: unser Jahrhundert läßt es sich sauer werden, das Menschengeschlecht zu unterrichten.

Sollte man nun nicht meinen, wer derartige Betrachtungen anstellt, werde selber nie eine Feder anrühren? Und doch vermochte die allgemeine Schreibwut, diese herrschende Landseuche, auch mich, unter die Schriftsteller zu gehen! Ja, man darf nie sich selber über den Weg trauen; wir sind Sophisten, sobald unsere Leidenschaften in Frage kommen. Genug, ein

---

[1] Könige, Kap. IV, Vers 33.
[2] Anspielung auf Réaumurs »*Mémoires pour servir à l'histoire des insectes*« (1734/42).

böser Geist oder dergleichen gibt mir den Gedanken ein, die Geschichte des Hauses Brandenburg sei noch nicht geschrieben! Und alsbald ist meine Einbildungskraft entzündet. Ich erbitte und erwirke die Vergünstigung, mich in den königlichen Archiven zu unterrichten, meine Forschungen führen mich zu neuen Quellen, und siehe da, auf einmal bin ich, ich mag wollen oder nicht, Geschichtsschreiber. Da die beschauliche Tätigkeit im Arbeitszimmer mich ins Haus bannte, so fragte mich ein Freund nach dem Grunde solcher Zurückgezogenheit und setzte mir so arg zu, daß ich in meiner Not alles bekannte. Er las meinen Versuch und wußte mich dahin zu bringen, daß ich ihn der Königlichen Akademie der Wissenschaften vorlegte.

Für die urkundliche Richtigkeit der Tatsachen, die mein kleines Werk anführt, kann ich mich verbürgen. Archive, Chroniken, auch Schriftsteller, die ihrerseits schon über mein Gebiet gearbeitet haben, das sind meine Quellen gewesen. Not getan hätte freilich ein geschickterer Baumeister, um aus dem Stoffe etwas zu machen, und dann auch ein Kritiker, der nicht mit der gleichen Wärme wie Herr von Maupertuis jegliche wissenschaftliche Arbeit ermuntert.[3] Nun ist es am Leser, über mein Werk zu richten. So blind macht mich meine Eigenliebe nicht, daß ich überzeugt wäre: was ich ihm gebe, sei gut.

Zur Einführung

*(1751)*

Die Geschichte gilt als die Schule der Fürsten. Sie gibt ihnen ein bleibendes Bild der Regierung der Herrscher, die Väter des Vaterlandes waren, sowie der Tyrannen, die es verheerten. Sie

---

3 Nach Verlesung des bis 1640 reichenden Anfangs der »Denkwürdigkeiten« in der Akademie am 1. Juni 1747 hatte ihr Präsident Maupertuis darauf geantwortet und seine Antwort in dem 1748 erschienenen Jahresbericht der Akademie abgedruckt.

zeigt ihnen die Ursachen für der Reiche Wachstum wie für ihren Niedergang. Sie bringt dabei eine solche Fülle von Charaktergestalten ans Licht, daß Ähnlichkeiten mit Fürsten unserer Tage sich ohne weiteres aufdrängen; und wenn sie über die Toten ihr Urteil spricht, richtet sie stillschweigend über die Lebenden mit. Ihre Vorwürfe über die Laster derer, die nicht mehr sind, geben den Lebenden eine Lehre der Tugend, als wollte sie ihnen enthüllen, welches Urteil die Nachwelt über sie fällen wird.

So sehr das Studium der Geschichte die eigenste Sache der Fürsten ist, ihren Wert hat sie nicht minder für den Bürger. Da sie die Kette der Begebenheiten aller Jahrhunderte bis auf unsere Tage darstellt, so gibt sie dem Rechtsgelehrten, dem Staatsmann und dem Krieger, der sie zu Rate zieht, Aufschluß über den Zusammenhang der Vergangenheit mit der Gegenwart. Lob und Ehre aller, die ihrem Lande treu gedient haben, finden sie in der Geschichte, ebenso den Fluch, der auf dem Namen derer lastet, die das Vertrauen ihrer Mitbürger getäuscht haben. So gewinnen sie hier eine Erfahrung, wie sie sonst das Leben erst später zur Reife bringt. Wer den Umkreis seiner Anschauungen und Begriffe nur auf seine vier Wände einschränkt, wer seine Kenntnisse nicht erweitern mag über den Bereich seiner häuslichen Pflichten, der verkümmert und verblödet in gröbster Unwissenheit. Wer aber in den Tagen der Vergangenheit sich heimisch zu machen weiß, die ganze Welt mit seinem Geiste umspannt, der trägt in Wahrheit Eroberungen über die Unwissenheit und den Irrtum davon. Das heißt in allen Zeitaltern gelebt haben, ein Bürger aller Orte und Länder werden!

Die Weltgeschichte reicht uns die Hand, damit wir uns zurechtfinden in der Fülle von Begebenheiten in aller Herren Ländern. Methodisch geleitet sie uns vom grauen Altertum her durch die Folge der Zeiten und gliedert sie in Hauptepochen, die dem Gedächtnis einen Anhalt bieten. Aber auch jede Einzeldarstellung hat ihren Wert, insofern sie die Folge der Geschehnisse im Schoße eines einzelnen Reichs eingehend schildert, immer in der Beschränkung auf dies Sondergebiet. Bieten uns weltgeschichtliche Darstellungen ein gewaltiges Gemälde mit einer wunderbaren Gestaltenfülle, wobei manche Gestalt ganz im deckenden Schatten der anderen bleibt, sodaß sie fast verschwindet, so hebt die Einzeldarstellung nur eine Figur aus dem Gemälde heraus, führt sie in großen Maßen aus, bedenkt sie mit allem Reiz von Licht und Schatten, der sie erst zur Geltung bringt, und setzt die Welt in den Stand, sie mit der Gründlichkeit zu betrachten, die sie verdient.

Ein Mensch, der sich nicht vom Himmel gefallen wähnt, der die Weltgeschichte nicht von seinem Geburtstage an datiert, muß zu wissen verlangen, was sich wohl zu allen Zeiten und in allen Landen begeben hat. Gesetzt auch, seine Gleichgültigkeit früge garnichts nach dem Lose so vieler großer Völker, die das Spiel des Schicksals waren, wenigstens für die Geschichte seines eignen Landes wird er etwas übrig haben und sich an der Betrachtung der Geschehnisse erbauen, die seine Voreltern so nahe angingen. Mag ein Engländer nichts wissen vom Leben der Könige auf den persischen Thronen, mag er sich nicht auskennen in der endlosen Schar von Päpsten, die der Kirche Gebieter waren, keiner wird es ihm verübeln. Nicht so nachsichtig wird man urteilen, hat er keine Kenntnis vom Ursprung seines Parlaments, von Brauch und Recht seines Inselreichs, von den verschiedenen Königsgeschlechtern, die in England geherrscht haben.

Alle gesitteten Völker Europas fanden ihre Geschichtsschreiber, nur die Preußen nicht. Zu solchen zähle ich nicht einen Hartknoch, einen Pufendorf.[4] Sie waren fleißige Arbeiter, die Tatsachen zusammentrugen. Doch ihre Werke sind eher geschichtliche Nachschlagebücher als eigentliche historische

---

4 Christoph Hartknoch († 1687), Verfasser der Schrift »*De Marchia Brandenburgica*« (1678); Samuel von Pufendorf († 1694), Verfasser des Werkes »*De rebus gestis Friderici Wilhelmi magni electoris Brandenburgici commentariorum libri 19*« (1695), das in deutscher Übersetzung von Uhse 1710 erschien; diese hat König Friedrich benutzt.

Darstellungen. Ebensowenig rechne ich hierher Lockelius,[5] der nur eine weitläuftige Chronik zustande gebracht hat, in der man jegliche fesselnde Einzelheit mit hundert Seiten Langerweile teuer erkaufen muß. Schreiber dieser Gattung sind eben nur Handlanger: emsig, aber wahllos schleppen sie einen Haufen von Bausteinen zusammen, die so lange unverwertet liegen bleiben, bis ein Baumeister ihnen die rechte Gestalt verleiht. Was derart zusammengestoppelt ward, ergibt nun und nimmer eine Geschichte, ebensowenig wie ein Haufen Drucklettern schon ein Buch darstellt, es komme denn Ordnung in das Ungefähr, daß es sich gliedere zu Worten, Sätzen und Satzgefügen. Die ungeduldige Jugend und Leute von Geschmack, die mit ihrer Zeit haushalten, machen sich nur mit Widerstreben an diese ungeheuren Wälzer; Leser, die sich gern mit einem Hefte abfinden, entsetzen sich vor einem Folianten. Aus diesen Gründen wurden die genannten Schriftsteller nur wenig gelesen, blieb die Geschichte Brandenburgs und Preußens so gut wie unbekannt.

Seit der Regierung Friedrichs I. machte sich das Bedürfnis nach einem Schriftsteller fühlbar, der diese Geschichte in eine annehmbare Gestalt brächte. Aus Holland ward Teissier berufen und mit der Aufgabe betraut.[6] Leider gab der statt einer geschichtlichen Darstellung einen Panegyrikus. Er wußte wohl nicht, daß Wahrheit so zum Wesen der Geschichte gehört wie zum menschlichen Leibe die Seele.

So fand ich eine leere, wüste Stätte und versuchte, darauf einen Bau zu errichten, einmal, um ein nützlich Ding zu schaffen, sodann, um der Nation das Geschichtswerk zu geben, das ihr fehlte. Die Tatsachen schöpfte ich aus den besten Quellen,

---

5 Elias Lockelius, Verfasser der nur handschriftlich vorliegenden und bis 1680 reichenden Chronik »Marchia illustrata«.
6 Anton Teissier (1632–1715), aus Frankreich, siedelte 1692 nach Berlin über, Verfasser eines »*Abrégé de l'histoire des électeurs de Brandebourg*« (1705) und der »*Vies des électeurs de Brandebourg, traduit du latin de Jean Cernitius*« (1707).

die mir zugänglich waren. Für die graue Vorzeit griff ich auf Cäsar und Tacitus zurück, für die späteren zog ich die Chronik des Lockelius, Pufendorf und Hartknoch zu Rate. In erster Linie gestaltete ich meine Denkwürdigkeiten an der Hand der Chroniken und der echten Urkunden in den königlichen Archiven. Was ungewiß bleibt, habe ich als ungewiß berichtet. Lücken ließ ich offen, wie ich sie vorfand. Ich machte mir zum Gesetz, die Dinge unparteiisch und mit dem Auge des Philosophen zu betrachten; denn ich bin überzeugt, daß des Geschichtsschreibers vornehmste Pflicht ist, wahr zu sein.

Sollten empfindliche Gemüter sich verletzt fühlen, wenn ich ihre Väter nicht in vorteilhafter Weise schilderte, so kann ich nur das eine erwidern: Lobpreisen lag mir fern, ich wollte Geschichte schreiben! Es tut der Geltung ihres eigenen Wertes keinen Abbruch, wenn man die Fehler ihrer Vorfahren tadelt; das eine verträgt sich sehr wohl mit dem andren. Es ist übrigens nur allzu wahr: ein Werk, das nicht frei von allem Zwang geschrieben ward, kann nur mittelmäßig oder ganz wertlos sein; man frage darum nicht nach den Menschen, die vergänglich sind, sondern nur nach der Wahrheit, die niemals stirbt.

Vielleicht findet der eine oder andere meinen Abriß zu kurz geraten. Ihnen sei zur Antwort, daß es nie in meiner Absicht lag, ein großes, eingehendes Werk zu verfassen. Mag ein Professor, der den Kleinkram liebt, es mir verübeln, daß ich nirgends angebe, aus welchem Stoffe der Rock Albrecht Achills gewesen oder welchen Schnitt der Kragen Johann Ciceros gehabt hat; mag ein Regensburger Pedant den Kopf schütteln, weil ich keine Prozesse, Verhandlungen, keine Verträge und Friedenstraktate abgeschrieben habe, wie man sie sonst wohl in dickleibigen Büchern vorfindet. All diesen Leuten sei gesagt: für sie schreibe ich nicht. Einen Folioband herzustellen, dazu habe ich keine Zeit, kam ich doch schon mit meinem Abriß ins Gedränge. Überhaupt bin und bleibe ich der Meinung, daß eine Sache nur so weit der Niederschrift lohnt, wie sie wert ist, behalten zu werden.

Aus diesem Grunde habe ich die dunklen Anfangszeiten, sowie die Regierung der ersten Herrscher, die uns nur wenig angehen, in großen Sprüngen durchmessen. Es geht mit Geschichtswerken wie mit Gewässern, die erst da Bedeutung gewinnen, wo sie schiffbar werden. Die Geschichte des Hauses Brandenburg wird erst fesselnd mit Johann Sigismund: einmal infolge der Erwerbung des Herzogtums Preußen, sodann durch die Klevische Erbfolge, auf die er durch Heirat Rechtsansprüche hatte. Erst von dem Zeitabschnitt ab gewinnt der Stoff an Fülle, und so gewährte er auch mir die Möglichkeit, mich entsprechend auszudehnen.

Der Dreißigjährige Krieg hat ein ganz anderes Interesse als etwa die Fehden Friedrichs I. mit den Nürnbergern oder die Turniere Albrecht Achills. Dieser Krieg, der seine tiefen Spuren in allen Staaten zurückließ, ist eines jener großen Weltgeschehnisse, die jedem Deutschen, jedem Preußen vertraut sein müssen. Er führt uns auf der einen Seite den Ehrgeiz des Hauses Österreich vor Augen, wie es mit Waffengewalt sein despotisches Regiment im Reiche zu errichten strebt. Auf der anderen Seite erblicken wir den großen Sinn der deutschen Fürsten, die für ihre Freiheit streiten, wobei die Religion denn hüben und drüben den Vorwand abgeben muß. Wir sehen, wie die Politik zweier großer Könige sich der Geschicke Deutschlands annimmt und wie sie das Haus Österreich dahin bringt, im Westfälischen Frieden in die Wiederherstellung des Gleichgewichts zwischen dem Ehrgeiz des Kaisers und der Freiheit der Kurfürsten zu willigen. Begebenheiten von solcher Tragweite, daß sie sich bis auf den heutigen Tag in den wichtigsten Staatsfragen fühlbar machen, verlangten eine ins einzelne dringende Behandlungsweise, und so habe ich ihnen denn auch so viel Platz eingeräumt, wie sich mit der Anlage meines Werkes vertrug.

Soweit es mir andere wichtigere Obliegenheiten erlaubten, habe ich diese neue Ausgabe noch einmal durchgesehen, verbessert und erweitert. Da die erste nach einer wenig sorgfältigen Abschrift hergestellt war, so habe ich versucht, die vorliegende einwandfreier zu gestalten, wie ich es sowohl dem Gegenstand als auch dem Publikum schuldig war, das von jedem, der da schreibt, Achtung zu fordern hat.

Soeben erschien ein chronologischer Abriß der französischen Geschichte,[7] der wirklich für eine Quintessenz ihrer bemerkenswertesten Tatsachen gelten darf. Der feinsinnige Verfasser versteht sich auf die Kunst, selbst die Chronologie gefällig zu gestalten. Man braucht nur den Inhalt dieses Buches zu kennen, um die französische Geschichte vollständig zu beherrschen. Ich schmeichele mir nicht, meinem Versuch die gleichen Reize verliehen zu haben; doch halte ich meine Mühe für belohnt, wenn mein Werk vielleicht für die Jugend von Nutzen sein kann, und wenn es solchen Lesern Zeit erspart, die keine zu verlieren haben.

Wie schwierig es für einen Deutschen ist, in einer fremden Sprache zu schreiben, das sagte ich mir selbst. Gleichwohl entschied ich mich für die französische, weil sie am meisten Schliff und die größte Verbreitung in Europa besitzt und dank den guten Schriftstellern des Zeitalters Ludwigs XIV. gewissermaßen eine feststehende Form erlangt hat. Schließlich ist es heute wohl kaum verwunderlicher, wenn ein Deutscher Französisch schreibt, als es in Ciceros Tagen befremden konnte, wenn ein Römer Griechisch schrieb.

Mehr mag ich über mein Buch nicht sagen, sonst wird noch die Vorrede länger als das Werk. Mag denn der Leser selbst richten, ob erreicht ist, was ich mir vorgesetzt hatte, oder ob ich Mühe und Zeit verloren habe.

---

7 Hénault, *Nouvel abrégé chronologique de l'histoire de france* (1744).

## Geheime Instruktion für den Kabinettsminister Graf Finckenstein

Berlin, 10. Januar 1757.

In der kritischen Lage, in der sich unsere Angelegenheiten befinden, muß ich Ihnen meine Weisungen geben, damit Sie bei allen unglücklichen Zufällen, die im Bereich der Möglichkeit liegen, zu den erforderlichen Entschließungen bevollmächtigt sind.

Sollte der Fall eintreten, was der Himmel verhüte, daß eine meiner Armeen in Sachsen vollständig geschlagen wird, oder daß die Franzosen die Hannoveraner aus ihrem Lande vertreiben, sich dort festsetzen und uns mit einem Einfall in die Altmark bedrohen, oder sollten die Russen durch die Neumark vordringen, so sind die königliche Familie, die obersten Gerichte, die Minister und das Generaldirektorium zu retten. Werden wir in Sachsen in der Gegend von Leipzig geschlagen, dann ist der geeignete Ort für die Übersiedlung der Familie und des Staatsschatzes Küstrin. In diesem Falle müssen die königliche Familie und alle oben Genannten von der ganzen Garnison nach Küstrin eskortiert werden. Wenn die Russen durch die Neumark einbrechen oder uns ein Unglück in der Lausitz zustößt, so muß alles nach Magdeburg gebracht werden. Die letzte Zufluchtsstätte endlich ist Stettin; man soll aber nur im äußersten Notfall dorthin gehen. Die Garnison, die königliche Familie und der Staatsschatz sind unzertrennlich und bleiben stets zusammen, dazu die Krondiamanten und das Silbergerät aus den Staatsgemächern, das in diesem Falle nebst dem goldenen Service unverzüglich in Geld umgeprägt werden muß.

Sollte ich totgeschossen werden, so müssen die Geschäfte ohne die geringste Stockung und Veränderung weitergehen und ohne daß man merkt, daß sie in anderen Händen liegen. In diesem Falle muß man die Vereidigungen und Huldigungen beschleunigen, sowohl hier wie in Ostpreußen und besonders in Schlesien.

Wenn mir das Verhängnis zustieße, in Feindeshand zu fallen, so verbiete ich, die geringste Rücksicht auf meine Person zu nehmen und sich im geringsten an das zu kehren, was ich aus meiner Haft schreiben könnte. Sollte mir ein derartiges Unglück zustoßen, so will ich mich für den Staat opfern, und man soll meinem Bruder[1] gehorchen, der ebenso wie alle meine Minister und Generale mir mit seinem Kopf dafür haftet, daß keine Provinz, kein Lösegeld für mich geboten und daß der Krieg unter Ausnutzung aller Vorteile fortgesetzt wird, ganz als ob ich nie gelebt hätte.

Ich hoffe und ich darf glauben, daß Sie, Graf Finck, es nicht nötig haben werden, von dieser Instruktion Gebrauch zu machen; aber für den Fall eines Unglücks ermächtige ich Sie dazu. Zum Beweise dessen, daß dies nach reiflicher und guter Überlegung mein fester und unerschütterlicher Wille ist, unterzeichne ich sie eigenhändig und versehe sie mit meinem Insiegel.

---

[1] Prinz August Wilhelm.

# Testament des Königs vor der Schlacht bei Leuthen

*(28. November 1757)*

Disposition, was geschehen soll, wenn ich getötet werde

Ich habe meinen Generalen Befehl für alles gegeben, was nach der Schlacht im Falle des glücklichen oder unglücklichen Ausganges geschehen soll. Im übrigen will ich, was meine Person betrifft, in Sanssouci beigesetzt werden, ohne Prunk, ohne Pomp und bei Nacht. Man soll meinen Körper nicht öffnen, sondern mich ohne Umstände dorthin bringen und mich bei Nacht beerdigen.

Was die Geschäfte anlangt, so muß sofort an alle Kommandeure Befehl ergehen, die Truppen auf meinen Bruder[1] zu vereidigen. Wird die Schlacht gewonnen, muß mein Bruder nichtsdestoweniger jemand mit der Notifikation und zugleich mit der Vollmacht zu Friedensverhandlungen nach Frankreich senden.

Das Testament[2] soll geöffnet werden. Ich entbinde meinen Bruder von der Auszahlung aller Legate in barem Gelde, weil der traurige Zustand seiner Angelegenheiten ihn an ihrer Erfüllung verhindert. Ich empfehle ihm meine Flügeladjutanten, besonders Wobersnow, Krusemarck, Oppen und Lentulus.[3] Dies soll als Testament im Felde gelten.[4]

Ich empfehle alle meine Bedienten seiner Fürsorge.

---

1 Prinz August Wilhelm.
2 Vom 11. Januar 1752.
3 Moritz Franz Kasimir von Wobersnow; Hans Friedrich von Krusemarck; Karl Friedrich von Oppen; Freiherr Rupert Scipio Lentulus.
4 Hinweis auf das formlose *testamentum militis* des Römischen Rechtes.

# Schreiben des Königs an Prinz Heinrich von Preußen[1]

Grüssau, 10. August 1758.

Mein lieber Bruder!
Ich bitte Dich um das unverbrüchlichste Stillschweigen über alles, was dieser Brief enthält. Er soll nur Dir allein zur Richtschnur dienen.

Morgen marschiere ich gegen die Russen. Da die Kriegsereignisse die verschiedenartigsten Zufälle zeitigen können, und da es leicht möglich ist, daß ich totgeschossen werde, so habe ich es für meine Pflicht gehalten, Dich von meinen Maßnahmen zu unterrichten, um so mehr, als Du der Vormund meines Neffen[2] mit unbegrenzter Vollmacht bist.

1. Wenn ich totgeschossen werde, so müssen unverzüglich alle meine Armeen meinem Neffen den Eid leisten.

2. Die Operationen müssen mit solcher Tatkraft fortgesetzt werden, daß der Feind keinen Wechsel im Oberbefehl merkt.

3. Mein jetziges Vorhaben besteht darin, die Russen, wenn möglich, vollkommen zu schlagen, Dohna sofort wieder gegen die Schweden zu senden und mit meinem Korps selbst zurückzugehen, sei es nach der Lausitz, wenn der Feind von dorther eindringen sollte, sei es, um mich wieder mit der Armee[3] zu vereinigen und 6 bis 7000 Mann nach Oberschlesien zu deta-

---

1 Der obige Brief an Prinz Heinrich in Sachsen ist geschrieben vor dem Aufbruch des Königs aus Schlesien zum Marsch gegen die Russen. Friedrich vereinigte sich am 21. August 1758 mit dem Korps des Grafen Dohna, das bisher in Pommern gekämpft hatte, und schlug am 25. die Russen bei Zorndorf.
2 Friedrich Wilhelm, der älteste Sohn des am 12. Juni 1758 gestorbenen Prinzen August Wilhelm und präsumptive Thronfolger (vgl. S. 204).
3 Der König hatte 51 Bataillone und 75 Schwadronen in Schlesien zurückgelassen.

chieren, um de Ville,⁴ der es beunruhigt, zu verjagen. Was Dich betrifft, so stelle ich Dir frei, so zu handeln, wie die Gelegenheit sich bietet. Dein Hauptaugenmerk muß auf die Pläne des Feindes gerichtet sein. Sie müssen gestört werden, bevor sie zur Reife gelangen.

Hinsichtlich der Finanzen glaube ich Dich unterrichten zu müssen, daß alle letzthin eingetretenen Schwierigkeiten, und besonders die, welche ich noch kommen sehe, mich zur Annahme der englischen Subsidien gezwungen haben.⁵ Sie sind erst im Monat Oktober zahlbar.

Was die Politik betrifft, so ist eins gewiß: wenn wir diesen Feldzug gut bestehen, wird der Feind, der des Krieges überdrüssig, müde und erschöpft ist, der erste sein, der den Frieden wünscht. Ich hoffe bestimmt, im Laufe des Winters soweit zu gelangen.

Das ist im großen und ganzen alles, was ich Dir über die Staatsgeschäfte sagen kann. Was die Einzelheiten angeht, so wird es Deine Aufgabe sein, Dich unverzüglich über alles zu unterrichten. Zeigt man indes unmittelbar nach meinem Tode Ungeduld und allzu heftiges Verlangen nach dem Frieden, so erreichen wir damit nur, daß er ungünstig ausfällt und daß wir gezwungen sind, die Bedingungen unserer besiegten Feinde anzunehmen.

Ich muß zu alledem meine Marschroute hinzufügen, damit Du weißt, wo ich bin und wo Du mich finden kannst. Am 13. werde ich in Liegnitz sein, am 14. zwischen Lüben und Raudten, am 15. Ruhetag, am 16. nach Grünberg, am 17. bei dem Dorfe, wo ich, wie ich Dir schrieb, über die Oder gehen will.⁶ Am 18. Brückenschlag, am 19. Übergang, am 20. Vereinigung

---

4 Marquis Karl de Ville de Canon, österreichischer Generalfeldzeugmeister.
5 Am 11. April 1758 hatte der König einen Subsidienvertrag mit England geschlossen.
6 Tschicherzig, südlich von Züllichau.

mit Dohna, und in den Tagen vom 20. bis 25. hoffe ich, zwischen Meseritz und Posen eine Schlacht zu liefern.

Das ist alles, was ich Dir bis jetzt sagen kann. Du wirst umgehend von dem Erfolge meiner Operationen Nachricht erhalten.

Friderich.

Ordre an meine Generals dieser Armee,
wie sie sich im Fall zu verhalten haben,
wann ich sollte todt geschossen werden[1]

Im Lager bei Küstrin, 22. August 1758.

Sollte die Bataille gegen die Russen gewonnen werden, wie wir es alle hoffen, so muß der Feind mit aller Vigueur verfolget werden.[2]

Es muß gleich nach meinem Tod die Armee in meines Neveus Eid genommen werden, und da mein Bruder Heinrich Vormund desselben mit einer unbeschränkten Autorität ist, so muß die ganze Armee seine Befehls so respektieren, als die von dem regierenden Herrn.

Ich will, daß nach meinem Tod keine Umstände mit mir gemacht werden. Man soll mir nicht öffnen, sondern stille nach Sanssouci bringen und in meinem Garten begraben lassen.

Dieses ist mein letzter Wille, und hoffe, daß alle meine Generals und die Armee solchem strikte nachleben werden.

Fridrich.

*Nota bene:* Sollte die Bataille verloren gehen, so muß sich die Armee hinter Küstrin setzen, von allen anderen Armeen Secours an sich ziehen und, je eher je lieber, dem Feind von frischem wieder auf den Hals gehen.

---

1 Die Ordre erging in deutscher Sprache.
2 Hier folgen Weisungen für die militärischen Operationen nach der Schlacht.

# Testament vom 8. Januar 1769

Unser Leben führt uns mit raschen Schritten von der Geburt bis zum Tode. In dieser kurzen Zeitspanne ist es die Bestimmung des Menschen, für das Wohl der Gemeinschaft, deren Mitglied er ist, zu arbeiten. Seit dem Tage, da mir die Leitung der Geschäfte zufiel, war es mein ernstes Bemühen, mit allen Kräften, die mir die Natur verliehen, und nach Maßgabe meiner schwachen Einsicht den Staat, den zu regieren ich die Ehre hatte, glücklich und blühend zu machen. Ich habe dem Recht und den Gesetzen zur Herrschaft verholfen, habe Ordnung und Klarheit in die Finanzen gebracht und im Heere die Mannszucht erhalten, die ihm seine Überlegenheit über die anderen Truppen Europas verschaffte. Nachdem ich diese Pflichten gegen den Staat erfüllt habe, hätte ich mir ewige Vorwürfe zu machen, wenn ich die Angelegenheiten meiner Familie vernachlässigte. Zur Abwendung von Zerwürfnissen unter meinen Angehörigen, die wegen meiner Erbschaft entstehen könnten, erkläre ich in dieser feierlichen Urkunde meinen letzten Willen.

1. Gern und ohne Klage gebe ich meinen Lebensodem der wohltätigen Natur zurück, die ihn mir gütig verliehen hat, und meinen Leib den Elementen, aus denen er besteht. Ich habe als Philosoph gelebt und will als solcher begraben werden, ohne Gepränge, ohne feierlichen Pomp. Ich will weder geöffnet noch einbalsamiert werden. Man bestatte mich in Sanssouci auf der Höhe der Terrassen in einer Gruft, die ich mir habe herrichten lassen. Prinz Moritz von Nassau ist in gleicher Weise in einem Wäldchen bei Kleve beigesetzt worden. Sterbe ich in Kriegszeiten oder auf der Reise, soll man mich im ersten besten Orte beisetzen und im Winter nach Sanssouci an die bezeichnete Stätte bringen.

2. Meinem lieben Neffen Friedrich Wilhelm, dem Thronfolger,[1] hinterlasse ich das Königreich Preußen, die Provinzen, Staaten, Schlösser, Festungen, Munition, Zeughäuser, die von mir eroberten oder ererbten Länder, alle Kronjuwelen (die sich in Händen der Königin und seiner Gemahlin[2] befinden), die Gold- und Silberservice, die in Berlin sind, meine Landhäuser, die Bibliothek, das Münzkabinett, die Gemäldegalerie, Gärten usw. Ferner hinterlasse ich ihm den Staatsschatz, so wie er ihn am Tage meines Todes vorfinden wird, als Eigentum des Staates und allein dazu bestimmt, die Völker zu verteidigen oder ihnen Erleichterung zu verschaffen.

3. Sollte ich irgendwelche kleine Schuld hinterlassen, an deren Bezahlung der Tod mich hindert, so soll mein Neffe gehalten sein, sie zu begleichen: dies ist mein Wille.

4. Der Königin, meiner Gemahlin, hinterlasse ich das Einkommen, das sie genießt und das um jährlich 10 000 Taler erhöht werden soll, zwei Tonnen Wein jährlich, freies Holz und das Wildbret für ihre Tafel. Unter dieser Bedingung hat die Königin sich verpflichtet, meinen Neffen zu ihrem Erben zu ernennen. Da ferner kein geeigneter Witwensitz für sie vorhanden ist, so begnüge ich mich, der Form halber Stettin zu bestimmen. Zugleich verlange ich von meinem Neffen, daß er ihr eine angemessene Wohnung im Berliner Schlosse überläßt und ihr mit der Ehrerbietung begegnet, die ihr als Witwe seines Onkels und als einer Fürstin zukommt, deren Tugend sich niemals verleugnet hat.

5. Kommen wir auf den Allodialnachlaß. Ich bin niemals geizig oder reich gewesen; ich habe also nicht über viel zu verfügen. Die Einkünfte des Staates habe ich stets als die Bundeslade betrachtet, die keine profane Hand anzutasten wagt. Die öffentlichen Einkünfte sind niemals für meinen eigenen Bedarf in

---

1 August Wilhelm, der Vater des Prinzen, war am 12. Juni 1758 gestorben.
2 Elisabeth Christine Ulrike, geb. Prinzessin von Braunschweig-Wolfenbüttel, am 21. April 1769 von dem Prinzen von Preußen geschieden; er vermählte sich am 14. Juli 1769 mit Prinzessin Friederike von Hessen-Darmstadt.

Anspruch genommen. Meine persönlichen Ausgaben haben niemals 220 000 Taler im Jahre überschritten. Meine Verwaltung läßt mir also ein ruhiges Gewissen, und ich kann der Öffentlichkeit ohne Furcht Rechenschaft darüber ablegen.

6. Meinen Neffen Friedrich Wilhelm setze ich zum Universalerben meines Allodialvermögens ein, unter der Bedingung, daß er folgende Legate auszahlt:

7. Meiner Schwester in Ansbach eine Dose im Werte von 10 000 Talern, die sich in meiner Schatulle befindet, und eins meiner Porzellanservice aus der Fabrik in Berlin.

8. Meiner Schwester in Braunschweig 50 000 Taler, wörtlich: fünfzigtausend Taler, mein mit Weinlaub verziertes Silberservice in Potsdam und eine schöne Kutsche.

9. Meinem Bruder Heinrich 200 000 Taler, wörtlich: zweihunderttausend Taler, 50 Eimer Ungarwein, einen schönen Kronleuchter aus Bergkristall in Potsdam, den grünen Diamanten, den ich am Finger trage, zwei Handpferde mit Zubehör und ein Gespann von sechs preußischen Pferden.

10. Seiner Gemahlin, der Prinzessin Wilhelmine von Hessen,[3] 6 000 Taler aus den Einkünften, die ich von einem in der Tabakregie angelegten Kapital beziehe.

11. Meiner Schwester, der Königin von Schweden, vermache ich eine meiner goldenen Dosen im Werte von 10 000 Talern, 20 Eimer Ungarwein und ein Gemälde von Pesne im Schloß Sanssouci, das ich von Algarotti[4] erhalten habe.

12. Meiner Schwester Amalie 10 000 Taler, wörtlich: zehntausend Taler, von den Einkünften aus dem in der Tabakregie angelegten Kapital, eine Dose im Werte von 10 000 Talern aus meiner Schatulle, 20 Eimer Ungarwein und das silberne Tafelgeschirr, von dem meine Flügeladjutanten in Potsdam speisen.

---

3 Vermählt am 25. Juni 1752; seit Ende 1766 lebte sie von dem Prinzen getrennt; sie starb 1808.
4 Das von dem Grafen Algarotti († 1764) dem Könige vermachte Gemälde stellt eine Bäuerin am Fenster dar, die den Kopf auf ihren rechten Arm stützt.

13. Meinem lieben Bruder Ferdinand vermache ich 50 000 Taler, wörtlich: fünfzigtausend Taler, 50 Eimer Ungarwein, eine Galakutsche mit Bespannung und allem Zubehör.

14. Seiner Frau, meiner lieben Nichte,[5] 10 000 Taler, wörtlich: zehntausend Taler, von den Einkünften aus meinem in der Tabakregie angelegten Gelde und eine Dose mit Brillanten.

15. Meiner Nichte, der Prinzessin von Oranien,[6] eins von meiner Prozellanservice in Berlin, eine Dose im Werte von 10 000 Talern, 40 Eimer Ungarwein und eine Galakutsche mit einem Gespann preußischer Pferde.

16. Meiner Nichte, der Herzogin von Württemberg,[7] eine Dose im Werte von 6 000 Talern und 20 Eimer Ungarwein, eine offene Chaise mit einem preußischen Gespann.

17. Meinem lieben Neffen, dem Markgrafen von Ansbach,[8] meinen gelben Diamanten, zwei meiner besten Handpferde mit Zubehör und 30 Eimer Ungarwein.

18. Meinem Neffen, dem Erbprinzen von Braunschweig,[9] zwei meiner englischen Pferde mit Zubehör und 10 Eimer Ungarwein.

19. Meinem Neffen Prinz Friedrich von Braunschweig 10 000 Taler.

20. Meinem Neffen Prinz Wilhelm von Braunschweig 10 000 Taler.

21. Meiner Schwedter Nichte, der Gemahlin des Prinzen von Württemberg,[10] 20 000 Taler und eine Dose mit Brillanten.

---

5 Prinzessin Luise, eine Tochter der Markgräfin Sophie von Schwedt, der Schwester des Königs.
6 Wilhelmine, die Tochter des Prinzen August Wilhelm, hatte 1767 den Prinzen Wilhelm V. von Oranien, Erbstatthalter der Niederlande, geheiratet.
7 Elisabeth Friederike Sophie, Gemahlin des Herzogs Karl Eugen und Tochter der Markgräfin Wilhelmine von Bayreuth.
8 Alexander, Sohn der Markgräfin Friederike, seit 1757 regierender Markgraf.
9 Karl Wilhelm Ferdinand, Sohn der Herzogin Charlotte. Die beiden folgenden, Friedrich und Wilhelm, sind seine Brüder.
10 Dorothea, Tochter der Markgräfin Sophie von Schwedt und Gemahlin des Prinzen Friedrich Eugen von Württemberg, der von 1749 bis 1769 in preußischen Diensten stand.

22. Ihrem Gemahl zwei meiner Handpferde mit Zubehör und 20 Eimer Ungarwein.

23. Meiner Nichte, der Prinzessin Philippine von Schwedt,[11] 10 000 Taler.

24. Dem Prinzen Ferdinand von Braunschweig, meinem Schwager, den ich stets geschätzt habe, eine Dose mit Brillanten aus meiner Schatulle und 20 Eimer Ungarwein.

25. Ich empfehle meinem Erben aufs wärmste die tapferen Offiziere, die unter meinem Befehl den Krieg mitgemacht haben. Ich bitte ihn, besonders für die Offiziere meiner Umgebung zu sorgen. Er soll keinen fortschicken und keinen von ihnen, wenn er alt und schwach ist, im Elend umkommen lassen. Er wird in ihnen geschickte Militärs und Leute besitzen, die Beweise von ihrer Intelligenz, Tapferkeit und Treue gegeben haben.

26. Ich empfehle ihm meine Privatsekretäre, ebenso alle, die in meinem Kabinett gearbeitet haben. Sie haben Übung in den Geschäften und können ihn im Anfang seiner Regierung über sehr viele Dinge aufklären, die ihnen bekannt sind und die selbst die Minister nicht wissen.

27. Ich empfehle ihm gleichfalls alle, die in meinen Diensten gestanden haben, ebenso meine Kammerdiener. Ich vermache Zeysing 2 000 Taler für seine große Treue und 500 Taler jedem meiner Garderobediener. Ich hoffe bestimmt, daß mein Erbe ihnen ihr Gehalt läßt, bis sie passend versorgt sind.

28. Jedem Stabsoffizier meines Regiments, des Bataillons Lestwitz[12] und der Gardedukorps vermache ich eine goldene Denkmünze, die auf die von den Truppen unter meiner Führung errungenen Erfolge und Siege geprägt worden ist. Jedem Soldaten dieser vier Bataillone vermache ich zwei Taler pro Kopf und ebensoviel jedem Gardedukorps.

---

11 Tochter der Schwester des Königs, der Markgräfin Sophie; sie heiratete 1773 den Landgrafen Friedrich II. von Hessen-Kassel.
12 Das frühere Grenadier-Garde-Bataillon Retzow.

29. Füge ich vor meinem Tode diesem Testament ein eigenhändig geschriebenes und unterzeichnetes Kodizill bei, so soll es die gleiche Kraft haben wie diese feierliche Urkunde.

30. Wenn jemand von denen, die ich bedacht habe, vor mir stirbt, so ist das Legat null und nichtig.

31. Wenn ich während des Krieges sterbe, soll mein Generalerbe gehalten sein, erst nach Wiederherstellung des Friedens meine Erbschaft auszuzahlen. Im Verlaufe des Krieges aber soll niemand das Recht haben, an den Nachlaß Forderungen zu stellen.

32. Ich empfehle meinem Nachfolger, sein eigen Blut in seinen Onkeln, Tanten und allen Blutsverwandten zu achten. Der Zufall, der über dem Menschengeschick waltet, entscheidet die Erstgeburt. Aber deshalb, weil man König ist, ist man noch nicht besser als die anderen. Ich empfehle allen meinen Verwandten, in Frieden miteinander zu leben. Möchten sie, wenn es einmal gilt, ihre persönlichen Interessen dem Wohle des Vaterlandes und dem Vorteil des Staates zu opfern verstehen.

Bis zum letzten Atemzug werden meine Wünsche dem Glücke des Staates gelten. Möchte er stets mit Gerechtigkeit, Weisheit und Stärke regiert werden! Möchte er durch die Milde der Gesetze der glücklichste, in seinen Finanzen der bestverwaltete und durch ein Heer, das nur nach Ehre und edlem Waffenruhm trachtet, der am tapfersten verteidigte sein! Möchte er blühen bis ans Ende der Zeiten!

33. Zu meinem Testamentsvollstrecker ernenne ich den regierenden Herzog Karl von Braunschweig, von dessen Freundschaft, Aufrichtigkeit und Redlichkeit ich mir verspreche, daß er die Vollziehung meines letzten Willens auf sich nehmen wird.

Berlin, 8. Januar 1769.

Friderich.

# Abriß der preußischen Regierung und der Grundsätze, auf denen sie beruht, nebst einigen politischen Betrachtungen (1776)

Um eine allgemeine Vorstellung von der preußischen Regierung zu erhalten, muß man alle ihre Zweige im einzelnen prüfen und sie dann miteinander verknüpfen.

## Finanzen

Ich beginne mit den Finanzen. Sie gleichen den Nerven im menschlichen Körper, die alle Glieder in Bewegung setzen.

Seit dem Siebenjährigen Kriege haben die Staatseinnahmen einen ungeheuren Zuwachs erfahren, und zwar: um 1 200 000 Taler durch die Erwerbung von Westpreußen,[1] 1 Million durch die Tabakregie, 100 000 durch die Bank, 50 000 durch Holzverkauf, 400 000 durch Akzisen und Zölle, 130 000 aus der Saline von Schönebeck, 56 000 durch die Lotterie, mehr als 200 000 Taler durch die neuen Pachtverträge der Domänen, 100 000 durch das Holz. Somit beläuft sich die Gesamteinnahme gegenwärtig auf 21 700 000 Taler. Daraus werden die Staatsausgaben bestritten und ein Heer von 187 000 Mann unterhalten.

Nach Abzug der Ausgaben bleibt alle Jahre ein Überschuß von 5 700 000 Talern. Davon sind bisher jährlich 2 Millionen in den Staatsschatz gelegt und 3 700 000 Taler anderweitig verwandt worden, teils zu Festungsbauten, teils zu Meliorationen im Lande, zur Vergütung erlittener Schäden, zu Subsidien an Rußland[2] und zu Häuserbauten. In Kriegszeiten hingegen sind

---

1 Im Jahre 1772.
2 Während des Türkenkrieges 1768–1774 auf Grund des Allianzvertrages mit Rußland vom 11. April 1764.

diese 5 700 000 Taler zur Bestreitung der außerordentlichen Feldzugskosten bestimmt. Sie betragen jedes Jahr 11 Millionen, sodaß nach Abzug der 5 700 000 jährlich noch ein Rest von 5 300 000 zu decken bleibt. Diese Summe soll aus dem Staatsschatz genommen werden. Er enthält 19 300 000 Taler, nebst dem sogenannten Kleinen Staatsschatz von 4 300 000 Talern, der für die Mobilmachung bestimmt ist. Ferner liegen noch 4 200 000 Taler in Breslau bereit zum Ankauf von Fourage für ein Heer von 60 000 Mann, und 900 000 in der Bank, um Fourage für sechs Wochen in Magdeburg zu beschaffen. Außerdem soll die Generalkriegskasse 11 Millionen in Vorrat haben, damit den Regimentern in Kriegszeiten der Sold vorausbezahlt werden kann. 4 Millionen sind schon vorhanden, die anderen werden es in drei Jahren sein. Zu bemerken ist jedoch: wenn das Geld für alle außerordentlichen Ausgaben aus dem Staatsschatz genommen wird, kann der Krieg nur vier Feldzüge dauern. Daraus folgt mit Notwendigkeit, daß man Sachsen besetzen und den Staatsschatz nach Möglichkeit schonen muß. Er soll eigentlich nur dazu dienen, den Ausfall der Einnahmen aus den vom Feinde überschwemmten Provinzen wettzumachen. So liegen die Dinge, und daraus ergibt sich, daß die größte Sparsamkeit geübt werden muß, um beim Friedensschluß den letzten Taler in der Tasche zu behalten.

Die zwei Millionen, die alle Jahre in den Staatsschatz fließen und aus dem Umlauf verschwinden, sind anscheinend eine recht beträchtliche Summe. Ihre Zurücklegung wird aber durch die günstige Handelsbilanz unseres Staates gerechtfertigt. Der Überschuß, den diese ergibt, beträgt 4 400 000, sodaß der Geldumlauf jährlich eine Zunahme von 2 400 000 Talern aufweist. Beim Tode des verstorbenen Königs war die Handelsbilanz für Preußen ungünstig. Damals verlor die Monarchie infolge der Mehreinfuhr jährlich 500 000 Taler. Durch Errichtung vieler Manufakturen und vor allem durch die Erwerbung Schlesiens ist es mir gelungen, sie auf den angegebenen Fuß zu bringen. Darum darf man die Manufakturen auch nie aus den Augen verlieren. Durch sie kann die Handelsbilanz bei unserem gegenwärtigen Länderbesitz noch um einige hunderttausend Taler gehoben werden. Die Hauptsache ist aber, daß die jetzt bestehende Ordnung in der Verwaltung der öffentlichen Gelder und die Aussicht über alle Kassen erhalten bleibt. Geschieht das nicht, so zahlt das Volk viel, und der Herrscher wird bestohlen.

## Magazine

In Berlin befindet sich ein Magazin von 36 000 Wispel Korn, mit dem man ein Heer von 60 000 Mann ein Jahr lang ernähren kann. Ein ähnliches Magazin für die gleiche Truppenzahl ist in Schlesien vorhanden, außerdem ein Fonds von 2 Millionen zum Ankauf von Getreide aus Polen, aus dem 120 000 Wispel beschafft werden können. Dadurch ist das Land vor Hungersnot geschützt, und in Kriegszeiten ist bei Benutzung der vorhandenen Vorräte Getreide für drei Feldzüge vorhanden.

## Die Wartenbergsche Kasse[3]

Wartenberg macht alle Jahre 440 000 Taler Ersparnisse. Sie werden zum Teil für Waffen zur Vermehrung seines Depots, zum Teil für die Artillerie verwendet. Die Kanonen für die neue Festung in Schlesien (Silberberg) sind bereits gegossen. Gegenwärtig sind noch 400 Reservegeschütze für den Krieg in Arbeit.

---

3 Generalmajor Friedrich Wilhelm von Wartenberg leitete die Bekleidungs-, Ausrüstungs- und Ersatzangelegenheiten. Er war der Nachfolger von Massow.

## Die Armee

Die geographische Lage Preußens zwingt uns, ein starkes Heer zu halten, denn wir haben Österreich, Rußland, Frankreich und Schweden zu Nachbarn. Die Kriegsstärke beträgt 220 000 Mann, die Freibataillone und die Kavallerievermehrung inbegriffen. Davon kann man 180 000 Mann ins Feld stellen. Müssen aber drei Armeen aufgestellt werden, so springt es in die Augen, daß wir im Vergleich zu unseren Nachbarn nicht zuviel Truppen haben.

Ich glaube, die Disziplin muß so erhalten werden, wie sie ist, desgleichen die jetzigen Exerziervorschriften, solange die Art der Kriegführung sich nicht ändert. Tritt darin ein Wechsel ein, so bleibt keine andere Wahl, als sich den Umständen anzupassen und entsprechende Änderungen vorzunehmen. Will man aber Gleiches oder Besseres leisten als die Feinde, so muß es durch Ordnung und Disziplin geschehen. Durch Aufmunterung und Auszeichnung muß unter den Offizieren ein edler Wetteifer erregt werden, ihre Gegner zu übertreffen. Kümmert sich der Herrscher nicht selbst um das Heerwesen und geht er nicht mit gutem Beispiel voran, so ist alles verloren. Zieht man die mäßigen Hofschranzen den Offizieren vor, so wird jedermann ihren Müßiggang dem beschwerlichen Waffenhandwerk vorziehen. Während unsere Offiziere jetzt aus dem Adel hervorgehen, wird man dann zu Bürgerlichen greifen müssen, und das wäre der erste Schritt zum Niedergang und Verfall der Armee.

Wir haben gegenwärtig nur 70 Inländer pro Kompagnie. An diesem Prinzip muß festgehalten werden, um den Bauernstand zu schonen. Vermehrt er sich, so kann er in Kriegszeiten, wenn Not am Mann ist, Rekruten liefern. Die Festungen sind in gutem Zustande, mit Ausnahme von Stettin, dessen Befestigungsplan aber fertig vorliegt. Magdeburg müßte ringsum mit Minenanlagen versehen werden. Unser schwächster Punkt ist das Ingenieurwesen. Wir brauchen noch 30 gute Ingenieuroffiziere, aber die Schwierigkeit liegt darin, sie zu finden. Die Mineure sind gut. Die Anzahl der Quartiermeister müßte gleichfalls vermehrt werden; denn wenn drei Armeen aufgestellt werden, so erfordert ihr Dienst geschicktere Männer, als wir besitzen.

Unsere Bevölkerung beläuft sich auf 5 200 000 Seelen, darunter gegen 90 000 Soldaten. Dies Verhältnis ist leidlich. Es dürfen aber aus den Kantons nicht über 840 Mann für das Regiment Infanterie und nicht über 400 Mann für das Regiment Kavallerie genommen werden.

Politik

Es gehört zu den Grundregeln der Staatskunst, ein Bündnis mit dem unter seinen Nachbarn zu suchen, der dem Staate die gefährlichsten Schläge versetzen kann. Deshalb hat Preußen mit Rußland eine Allianz geschlossen,[4] weil Rußland uns in Ostpreußen den Rücken deckt und wir, solange dieses Bündnis dauert, keine Einfälle Schwedens in Pommern zu befürchten haben. Die Zeiten können wechseln, und die Wandelbarkeit der politischen Verhältnisse kann uns zum Abschluß anderer Bündnisse zwingen. Wir werden aber bei anderen Mächten nie die Vorteile finden, die ein Bund mit Rußland bietet. Die französischen Truppen taugen nichts, und die Franzosen pflegen ihre Verbündeten nur lau zu unterstützen. Die Engländer sind gewohnt, Subsidien zu zahlen, und opfern ihre Verbündeten beim Friedensschluß, um ihre eigenen Interessen zu fördern.[5] Von Österreich will ich gar nicht reden. Es gehört fast ins Reich der Unmöglichkeit, mit ihm feste Bande zu knüpfen.

4 Das 1764 auf 8 Jahre geschlossene Bündnis wurde im Jahre 1769 bis 1780 verlängert.
5 Anspielung auf den Sonderfrieden, den England 1762 mit Frankreich zu Fontainebleau schloß und der durch den Pariser Frieden 1763 definitiv bestätigt wurde.

Fragt man sich, welche Erwerbungen für Preußen politisch ratsam wären, so bietet Sachsen unbestritten die größten Vorteile. Das preußische Gebiet würde durch Einverleibung Sachsens abgerundet, und die Gebirge zwischen Sachsen und Böhmen, die man befestigen müßte, gäben einen natürlichen Grenzwall ab. Es ist schwer vorauszusehen, wie sich diese Erwerbung ausführen ließe. Das sicherste wäre, Böhmen und Mähren zu erobern und Sachsen dagegen einzutauschen. Man könnte auch die rheinischen Besitzungen, sowie Jülich oder Berg dafür hingeben oder noch einen andern Tausch machen. Jedenfalls ist die Erwerbung Sachsens unumgänglich notwendig, damit Preußen die ihm fehlende Geschlossenheit erhält. Denn ist einmal Krieg, so kann der Feind ohne den geringsten Widerstand schnurstracks auf Berlin rücken.

Ich rede nicht von unseren Erbansprüchen auf Ansbach, Jülich, Berg und Mecklenburg, weil sie bekannt sind und man den Eintritt des Erbfalls abwarten muß.

Da Preußen arm ist, muß man sich besonders vor der Einmischung in solche Kriege hüten, bei denen nichts zu gewinnen ist. Sonst erschöpft man sich umsonst und kann eine sich später bietende günstige Gelegenheit nicht ausnutzen. Alle weitab liegenden Erwerbungen fallen dem Staate zur Last. Ein Dorf an der Grenze ist mehr wert als ein Fürstentum, das sechzig Meilen entfernt liegt. Es ist dringend notwendig, seine ehrgeizigen Pläne so sorgfältig wie möglich verborgen zu halten und wenn möglich den Neid Europas gegen andere Mächte wachzurufen, um dann unbemerkt und unauffällig seinen Schlag zu führen. Der Fall kann eintreten. Österreich, das seine Maske fallen ließ,[6] zieht sich wegen seiner ehrgeizigen Absichten den Neid und die Eifersucht der Großmächte auf langehin zu. Geheimhaltung ist eine Kardinaltugend für die Politik wie für die Kriegskunst.

---

6 Seit Josephs II. Mitregentschaft 1765.

Rechtspflege

Preußen besitzt eine recht weise Gesetzgebung. Ich halte es für unnötig, daran zu bessern. Alle drei Jahre aber muß eine Visitation der Gerichtshöfe in den Provinzen erfolgen. Die Aufführung der Richter und der Advokaten ist zu prüfen. Sie sind zu bestrafen, sobald man sie auf Pflichtwidrigkeiten ertappt. Da jedoch die Parteien und die Advokaten die besten Gesetze zu umgehen suchen, so muß alle zwanzig Jahre eine Prüfung stattfinden, durch welche Schliche und Kniffe sie die Prozesse zu verschleppen suchen. Dem ist (wie es jetzt geschehen)[7] ein Riegel vorzuschieben, damit die Prozesse nicht in die Länge gezogen werden, worunter die Parteien schwer zu leiden haben.


Die Einheit der Regierung

Da Preußen arm ist und keine Hilfsquellen besitzt, so muß der Herrscher stets über einen wohlausgestatteten Staatsschatz verfügen, um wenigstens einige Feldzüge bestreiten zu können. Sein einziger Notbehelf ist eine Anleihe von 5 Millionen Talern bei der »Landschaft« und die Erhebung von ungefähr 4 Millionen Talern auf den Kredit der Bank. Das ist aber auch alles. In Friedenszeiten kann er zwar über 5 700 000 Taler verfügen, aber diese Summe soll größtenteils in den Staatsschatz fließen oder zu öffentlichen Zwecken verwandt werden, wie Festungsbauten, Meliorationen, Manufakturen, Kanäle, Urbarmachungen, Ersetzung der Holzhäuser in den Städten durch Steinbauten – alles zur Verbesserung der wirtschaftlichen Lage des Staates. Aus diesen Gründen muß der König von Preußen sparsam sein und auf größte Ordnung in den Ge-

---

[7] Durch die Verordnungen vom 15. Januar und 11. September 1776.

schäften halten. Ein zweiter Grund ist ebenso wichtig. Gibt der König das Beispiel der Verschwendung, so wollen seine Untertanen es ihm nachtun und richten sich bei ihrer Armut zugrunde. Zur Erhaltung der guten Sitten ist es vor allem notwendig, daß einzig und allein das Verdienst und nicht der Wohlstand ausgezeichnet wird. In Frankreich hat die Nichtbeachtung dieses Grundsatzes die Sitten der Nation verdorben. Früher kannte sie nur den Weg der Ehre, um Ruhm zu erwerben. Jetzt glaubt sie, um zu Ehren zu kommen, brauche man nur reich zu sein.

Jeder Krieg ist ein Abgrund, der Menschen verschlingt. Man muß also auf eine möglichst hohe Bevölkerungszahl setzen. Daraus entspringt noch der weitere Vorteil, daß die Felder besser bebaut und die Besitzer wohlhabender werden.

Ich glaube nicht, daß Preußen sich je zur Bildung einer Kriegsmarine entschließen darf. Die Gründe sind folgende. Mehrere Staaten Europas haben große Flotten: England, Frankreich, Spanien, Dänemark und Rußland. Ihnen werden wir niemals gleichkommen können. Da wir also mit wenigen Schiffen immer hinter den anderen Nationen zurückbleiben würden, so wäre die Ausgabe unnütz. Hinzu kommt, daß wir, um die Kosten für eine Flotte aufzubringen, Landtruppen entlassen müßten, da Preußen nicht volkreich genug ist, um Mannschaften für das Landheer und Matrosen für die Schiffe zu stellen. Außerdem führen Seeschlachten nur selten eine Entscheidung herbei. Daraus ziehe ich den Schluß, daß man besser tut, das erste Landheer in Europa zu halten als die schlechteste Flotte unter den Seemächten.

Die Politik soll möglichst weit in die Zukunft blicken. Man muß sich über die europäische Lage ein Urteil bilden und danach seine Bündnisse schließen oder die Pläne seiner Feinde durchkreuzen. Man glaube nicht, daß die Staatskunst imstande sei, Ereignisse herbeizuführen. Sobald aber Ereignisse eintreten, muß sie sie ergreifen und ausnutzen. Deshalb muß auch Ordnung in den Finanzen herrschen und Geld vorrätig sein, damit die Regierung zu handeln bereit ist, sobald die Staatsraison es gebietet.

Der Krieg selbst muß nach den Grundsätzen der Politik geführt werden, um seinen Feinden die blutigsten Schläge zu versetzen. Derart verfuhr Prinz Eugen, der sich durch den Marsch und die Schlacht bei Turin,[8] durch die Schlachten von Höchstädt und Belgrad[9] einen unsterblichen Namen gemacht hat. Nicht alle großen Feldzugspläne gelingen. Sind sie aber groß angelegt, so erwachsen stets größere Vorteile aus ihnen als aus kleinen Entwürfen, die sich auf die Wegnahme eines Grenznestes beschränken. So lieferte der Marschall von Sachsen die Schlacht bei Rocoux[10] nur, um im folgenden Winter sein Unternehmen auf Brüssel ausführen zu können, und das gelang ihm.

Nach allem Gesagten ist es klar, wie eng Politik, Heerwesen und Finanzen zusammenhängen. Man darf sie deshalb nie trennen und muß sie wie ein Dreigespann Stirn an Stirn lenken. Werden sie derart nach den Regeln der gesunden Politik geleitet, so erwachsen daraus die größten Vorteile für den Staat. In Frankreich hat man für jeden Verwaltungszweig einen eigenen König, den Minister, der die Finanzen, das Kriegswesen oder die auswärtigen Angelegenheiten beherrscht. Aber der gemeinsame Mittelpunkt fehlt, und so streben diese Zweige jeder für sich auseinander. Jeder Minister befaßt sich nur mit den Einzelheiten seines Ressorts, niemand gibt ihm ein festes Ziel, und jedes Zusammenarbeiten fehlt.

Träte in Preußen Ähnliches ein, so wäre der Staat verloren. Große Monarchien gehen trotz eingerissener Mißbräuche ihren Weg von selber und erhalten sich durch ihre eigene Schwerkraft und ihre innere Stärke. Kleine Staaten aber werden rasch zermalmt, sobald nicht alles bei ihnen Kraft, Nerv und Lebensfrische ist.

8   7. September 1706.
9   13. August 1704 und 16. August 1717.
10  11. Oktober 1746.

Das sind einige Betrachtungen und meine Gedanken über die Regierung Preußens. Solange das Land keine größere Geschlossenheit und bessere Grenzen besitzt, müssen seine Herrscher stets mit gespanntem Ohr auf der Wacht[11] gegen ihre Nachbarn stehen und jeden Augenblick bereit sein, die verderblichen Absichten ihrer Feinde abzuwehren.

---

11 Wie Friedrich schreibt: *toujours en vedette*.

# Betrachtungen über den politischen Zustand Europas

*(9. Mai 1782)*

Seit den Verbindungen, die der Kaiser mit Rußland eingegangen ist, hat Preußen auf das Bündnis mit der Kaiserin Katharina nicht mehr zu zählen.[1] Sie glaubt vielleicht, sie könne es gleichzeitig mit zwei Mächten[2] halten, die durch ihre widerstreitenden Interessen zu Feinden wurden; das ist aber unmöglich. Der Kaiser begnügt sich nicht damit, daß er die Kaiserin von Rußland in seine Netze gezogen hat. Um die Verbindung auch für die Zukunft zu sichern, hat er mit Hilfe der Württemberger den jungen Hof gänzlich unter seinen Einfluß gebracht.[3] Mag der Großfürst durch diese Kabale völlig in Fesseln gelegt sein oder nicht, dem Kaiser ist das gleichgültig, weil er zu gegebener Zeit in Rußland eine Revolution erregen kann, wodurch die Großfürstin auf den Thron gelangen würde, die ihm nach dem, was ganz Wien sich erzählt, in Liebe verbunden ist.

Indem ich nun dem Verhalten des Kaisers Schritt für Schritt nachgehe, entdecke ich darin viel kluge Voraussicht. Er wird ruhig bleiben und keinen großen Schlag tun, ehe er Ordnung in seine Finanzen gebracht hat. Man sieht es ja, wie er beflissen ist, aus allem Geld zu ziehen: er streicht die Zivilpensionen, hebt in seinen Staaten die Klöster auf, kurz, er sucht alle erfind-

---

1 Im Mai 1781 hatte Kaiser Joseph II. ein Verteidigungsbündnis mit Katharina II. geschlossen. Die preußisch-russische Allianz dauerte nach dem Buchstaben noch bis 1788 fort.
2 Österreich und Preußen.
3 Marie Feodorowna, die Gemahlin des Großfürsten Paul, war eine württembergische Prinzessin. Ihre jüngste Schwester, Prinzessin Elisabeth, war auf Betreiben Josephs II. mit seinem Neffen, Erzherzog Franz, dem nachmaligen Kaiser Franz I. von Österreich, verlobt. Ende 1781 hatte das großfürstliche Paar den Wiener Hof besucht. Großfürst Paul war ein großer Anhänger Preußens.

lichen Mittel auszunutzen, um seine Kassen zu füllen, seine Schulden zu begleichen und sich eine furchtgebietende Stellung zu schaffen, wie seit Ludwigs XIV. besten Tagen kein europäischer Fürst sie besaß. Er hat dies Werk eben erst begonnen, zur Durchführung braucht er ein paar Jahre; also wird er seine Gelegenheit abwarten. Auch wenn man weder Wahrsager noch Prophet ist, läßt sich's leicht prophezeien, daß er sich vorgenommen hat, die preußische Monarchie vollständig zu zertrümmern, um widerstandslos seine despotische Herrschaft in Deutschland aufzurichten. Er wird ruhig meinen Tod abwarten, bevor er Hand ans Werk legt: darum lautet die einzige Weisung an seinen Berliner Gesandten, er solle achthaben auf meinen Gesundheitszustand und ihm hierüber zuverlässige Nachrichten senden.

Sobald ich nicht mehr sein werde und seine Fonds genugsam angewachsen sind, daß er einen langen, kostspieligen Krieg unternehmen kann, wird er Rußland gegen Preußen aufzustacheln suchen, indem er die Streitigkeiten vergiftet, die immer wieder mit der Stadt Danzig[4] und um die Besitzungen etlicher Polen an der Netze oder im Kulmer Land[5] aufleben. Was ihn selbst angeht, so wird er die Grenzen Schlesiens schikanieren, entweder mit neuen Zöllen oder mit Streitigkeiten, die zwischen dem Grenzerpack und den schlesischen Kaufleuten leicht anzustiften sind. Mit den Sachsen wird er, vielleicht beim Tod des Markgrafen von Bayreuth,[6] Zank um das Lausitzer Lehen[7] anfangen, und da er Rußlands sicher ist, wird er sich

---

4 Auf Grund der Verträge über die Erste Teilung Polens hatte der König den Danziger Hafen in Besitz genommen und einen preußischen Zoll eingeführt, dessen Anerkennung Danzig verweigerte.
5 Wie der Weichselzoll bildete die Festsetzung des Grenzzugs von Westpreußen eine ständige Streitfrage mit Polen.
6 Markgraf Alexander von Ansbach-Bayreuth († 1806) war kinderlos. Österreich fürchtete den Heimfall der Markgrafentümer an Preußen.
7 Im Frieden von Prag (1635) hatte Österreich die Lausitz als böhmisches Mannslehen an Kursachsen abgetreten. Sachsen gehörte seit dem Bayerischen Erbfolgekrieg zu Österreichs Gegnern.

der Erbfolge Preußens widersetzen. Mit einem Wort: wenn er bloß einen Vorwand braucht, um Händel zu erregen, so wird er ihn leichtlich finden, und unser unglückliches Land wird einerseits von den Russen in Ostpreußen angegriffen werden, andrerseits von den Österreichern, in Schlesien oder in der Lausitz und Sachsen, mit der Absicht, geradenwegs auf Berlin vorzudringen.

Das wäre die Darstellung der Gefahren, von denen wir bedroht werden. Sie sind so gewaltig und von solcher Bedeutung, daß die größte Geistesanspannung erforderlich ist und alle Quellen der Vorstellungskraft erschöpft werden müssen, wenn wir die Mittel finden wollen, diesem Orkan standzuhalten oder das Ungewitter noch rechtzeitig zu beschwören. Wiewohl man auf seine Verbündeten nicht mehr als auf sich selbst rechnen soll, so müssen wir doch Bündnisse herbeizuführen suchen, um wenigstens eine Art von Gleichheit zu erreichen und ein Gegengewicht gegen die Übermacht der Feinde, damit man ihnen auf allen Seiten mindestens Kräfte entgegenstellen kann, die den feindlichen nicht gar zu sehr nachstehen.

Ich will zunächst untersuchen, was von Deutschland zu erhoffen ist. Da sehe ich den Kurfürsten von Mainz[8] an das Haus Österreich verkauft, das Kurfürstentum Köln im Begriff, in die Hände eines Erzherzogs zu fallen;[9] das trierische ist außerstande, eine Rolle zu spielen. Bayer und Pfälzer sind Sklaven des Prokonsuls Lehrbach,[10] der sie regiert, wie der Römer Popilius den König Antiochus von Syrien.[11] Der Herzog von Württemberg,[12] sehe ich, geht nach Wien, um das Fürstindiplom für seine Geliebte[13] zu erlangen und den Kurfürstenhut

---

8 Friedrich Karl Joseph.
9 Im Sommer 1780 war Erzherzog Maximilian, der jüngste Bruder Josephs II., zum Koadjutor von Köln und von Münster gewählt worden.
10 Der österreichische Gesandte am pfälzisch-bayerischen Hofe.
11 Antiochus IV. (175–163) mußte das von ihm fast ganz eroberte Ägypten auf Verlangen des römischen Gesandten Popilius Laenas räumen.
12 Herzog Karl Eugen.
13 Franziska von Hohenheim.

zu fordern. Es bleibt also in ganz Deutschland keiner als der Kurfürst von Sachsen,[14] auf den man rechnen könnte, und ferner nur der Kurfürst von Hannover,[15] sowie Braunschweig und Hessen, die allenfalls für einen Bund mit Preußen empfänglich wären.

Wende ich mich nach Polen, so höre ich bloß von Intrigen, die der Wiener Hof dort betreibt, um eine Partei zusammenzubringen. Seine Absicht ist dabei unzweifelhaft, nach der Kriegserklärung mit Hilfe dieser Partei Feindseligkeiten gegen unsere Provinzen zu begehen. Wir müssen also notwendigermaßen darauf bedacht sein, uns innerhalb der polnischen Republik Anhänger zu gewinnen, um entweder die Pläne unserer Feinde zu durchkreuzen oder, was noch vorzuziehen wäre, ihnen offen entgegenzutreten.

Wenn wir uns Frankreich zukehren, so finden wir da einen schwachen König,[16] der in ein paar Jahren sich gewöhnt haben wird, das Joch seiner Gemahlin[17] geruhig zu tragen, finden Minister, die der bloße Gedanke einer wirklichen Regierung erzittern läßt, und eine österreichische Partei, die, um den Wert des Bündnisses zu steigern, erklärt: alle Erfolge der Franzosen im gegenwärtigen Krieg[18] seien der glücklichen Verbindung zuzuschreiben, die den Kaiser mit ihrem König einige und ihnen die Möglichkeit gebe, alle Kräfte gegen den ständigen Feind des Gallierreiches[19] aufzuwenden. Wollte die Kaiserin von Rußland sich darauf versteifen, ihren schönen Plan des griechischen Kaiserreichs[20] bald ins Werk zu setzen, so wäre

14 Friedrich August.
15 Georg III.
16 Ludwig XVI. (1774–1793).
17 Maria Antoinette, die jüngste Schwester Kaiser Josephs II.
18 Zwischen England und seinen Kolonien in Amerika (1775–1783), mit denen sich die Franzosen 1778 verbündet hatten.
19 England.
20 Das alte griechische Kaiserreich mit der Hauptstadt Konstantinopel sollte als russische Sekundogenitur unter Konstantin, dem zweiten, 1779 geborenen Sohne des Großfürsten Paul, begründet werden.

das der einzige Fall, in dem der Kaiser – da er sich gegen die Pforte erklären müßte – den Franzosen einen stichhaltigen Vorwand zum Bruch des Bündnisses mit dem Wiener Hof liefern würde. Solange jedoch dies Ereignis nicht eintrifft, dürfen wir uns nicht einbilden, wir könnten zuverlässige Verbindungen mit Frankreich eingehen.

Bleibt England. Seit Bute außer Spiel gesetzt ist,[21] gehören Verbindungen zwischen England und Preußen wieder ins Reich der Möglichkeiten, da das neue Londoner Ministerium rechtschaffen und uns gewogen ist. Das bedeutet freilich bloß ein günstiges Vorurteil. Wir müssen die Untersuchung weiter ausdehnen und vor allem erst erfahren, ob England nach dem Friedensschluß[22] imstande sein wird, seinen Verbündeten beizustehen, oder ob der Staat durch seine Erschöpfung, gleichsam durch politische Lähmung, zu völliger Untätigkeit verdammt wird. Sollte England nicht gänzlich entkräftet sein, so könnte es uns die Unterstützung durch hannöversche, hessische und braunschweigische Truppen verschaffen. Die könnten dann den Unternehmungen entgegengestellt werden, die Österreich mit Hilfe des Kurfürsten von Köln vielleicht gegen den preußischen Besitz am Rhein und in Westfalen richten würde. Andrerseits wird Frankreich nach dem Ende dieses Krieges ebenfalls eine sparsame Finanzwirtschaft nötig haben, um die übermäßigen Kosten auszugleichen, die ihm der Krieg verursacht hat.

Der Krieg, den ich voraussehe, wird also in der Hauptsache zwischen Preußen einerseits, Österreich und Rußland andrerseits zu führen sein, vorausgesetzt, daß nicht mittlerweile günstige Ereignisse eintreten, die unsere Lage vorteilhafter gestalten, sei es, daß Frankreich und Österreich sich entzweien, sei es, daß der Kaiserin von Rußland die Augen aufgehen, der Kai-

21 Am 20. März 1782 war das alte Ministerium unter Lord North gestürzt. In ihm erblickte König Friedrich den Fortsetzer und das Werkzeug Lord Butes, dem er den Sonderfrieden von 1762 nicht verzeihen konnte.
22 Mit den Kolonien in Amerika.

ser oder die Großfürstin stirbt oder irgend etwas Ähnliches sich begibt.

Auf unverhoffte Vorgänge darf man aber niemals zählen. Ohne auf Glücksfügungen zu bauen, wollen wir lediglich mit den Hilfsmitteln rechnen, wie kluge Staatskunst sie uns zu bieten vermag, um uns wieder in gute Verfassung zu bringen. Ich gebe hier ein paar Ideen. Wenn das österreichische Delirium auch nach dem allgemeinen Friedensschluß fortfahren sollte, in Versailles die Köpfe zu verwirren, so müßten wir auf diese Leute[23] verzichten, immerhin aber ohne völlig mit ihnen zu brechen. Wir könnten ihnen sogar Artigkeiten sagen, auch wenn wir bei unserem Bedürfnis nach Bundesgenossen gezwungen sein sollten, uns an England zu wenden. Die Allianz mit England wäre auf alle Fälle nur ein Notbehelf; doch könnte man immerhin einige Vorteile in Deutschland daraus ziehen. Warum sollten wir dann nicht auf einen Dreibund zwischen uns, den Türken und den Engländern hinarbeiten? Liegen wir mit Rußland und Österreich im Krieg, so können wir uns keine günstigere Diversion erhoffen, als von seiten der Türken. Diese Nation ist uns wohlgeneigt, und ich glaube, in Ermangelung eines Besseren fänden wir da eine Unterstützung, die keineswegs zu verachten wäre.

Jedenfalls ist es noch nicht an der Zeit, zu handeln, sofern man nicht von den bösen Absichten der Kaiserin überzeugt ist. Handeln wir zu geschwind, so arbeiten wir nur für den Kaiser und liefern ihm einen Vorwand, uns die Kaiserin vollends zu entfremden; das wäre ein äußerst unkluges Vorgehen. Um jedoch für den Notfall Fürsorge zu treffen, habe ich das Erforderliche eingeleitet, unserer Korrespondenz nach Konstantinopel einen neuen Weg zu bahnen: unsere wichtigen Briefe werden über Warschau an den Pascha von Chozim gelangen, der sie auf Befehl der Pforte nach Konstantinopel befördert.

---

23 Die Franzosen.

Wir würden zuviel aufs Spiel setzen, wenn wir Depeschen von solcher Bedeutung über Wien und Ungarn gehen ließen.

Dies sind im großen Ganzen meine Gedanken über die Zukunft. Ich will freilich nichts versäumen, will keine Mühen noch mein bißchen Scharfsinn sparen, um diese unheilvollen Weissagungen von unseren Häuptern abzuwenden. Wenn aber nach meinem Tod mein Herr Neffe[24] in seiner Schlaffheit einschlummert, sorglos in den Tag hineinlebt, wenn er verschwenderisch, wie er ist, das Staatsvermögen verschleudert und nicht alle Fähigkeiten seiner Seele neu aufleben läßt, so wird Herr Joseph – ich sehe es voraus – ihn über den Löffel barbieren, und binnen dreißig Jahren wird weder von Preußen noch vom Haus Brandenburg mehr die Rede sein: der Kaiser wird alles verschlungen haben und sich schließlich ganz Deutschland untertan machen, dessen souveräne Fürsten er allesamt ihrer Macht berauben will, um daraus eine Monarchie wie die französische zu formen. Alle meine Wünsche gehen dahin, daß die Ereignisse meine Prophezeiungen Lügen strafen, meine Nachfolger als verständige Leute ihre Pflicht erfüllen und das Geschick den größeren Teil des dräuenden Unheils von uns wende.

---

24 Der nachmalige König Friedrich Wilhelm II.

# MILITÄRISCHE SCHRIFTEN

# Die Talente des Heerführers

Ein vollkommener Feldherr besteht nur in der Idee, wie die Republik Platos, das Gravitationszentrum der Philosophen und der Stein der Weisen. Vollkommenheit ist den Menschen in nichts beschieden. Allein das Bewußtsein unsrer Unvollkommenheit darf uns nicht abhalten, Ideale aufzustellen, damit edle, von Ehrgefühl und Wetteifer beseelte Geister ihnen nahe kommen, wenn sie sie auch nicht ganz erreichen können.

Überhaupt sind es die großen Beispiele und Muster, die die Menschen bilden. Wenn schon Helden wie Eugen, Condé, Turenne oder Cäsar unsre Bewunderung erregen, wieviel mehr muß uns dann erst ein Bild ergreifen, das ihre verschiedenen Vollkommenheiten vereinigt darstellt! Wie vieler gegensätzlicher Tugenden bedarf es doch für einen Feldherrn!

Vor allem setze ich voraus, daß er ein Ehrenmann und ein guter Staatsbürger sei, Eigenschaften, ohne die alle Gewandtheit und Feldherrngaben mehr schädlich als nützlich sind. Ferner verlangt man von ihm Verstellungskunst und dabei doch den Anschein von Natürlichkeit, Sanftmut und Strenge, stets Mißtrauen und unerschütterliche Ruhe. Er soll seine Soldaten aus Menschlichkeit schonen und doch zuweilen verschwenderisch mit ihrem Leben umgehen, soll mit dem Kopfe arbeiten und doch tatkräftig handeln, verschlossen und gründlich sein, über alles Bescheid wissen, nie eine Sache über einer andern vergessen und die kleinen Details, von denen so oft Großes abhängt, nicht vernachlässigen, noch als zu gering ansehen.

Alle diese Eigenschaften empfehle ich wegen ihrer Wichtigkeit, und zwar aus folgenden Gründen:

Die Kunst, seine Gedanken zu verbergen, oder die Verstellungskunst ist für jeden, der große Geschäfte zu leiten hat, unentbehrlich. Die ganze Armee liest aus der Miene des Heerführers, wie seine Sache steht. Sie prüft die Ursachen seiner guten und schlechten Laune, seine Gebärden; mit einem Worte: nichts entgeht ihr. Ist er nachdenklich, so sagen die Offiziere: »Sicherlich hat unser General etwas Großes vor.« Sieht er traurig oder verdrießlich aus: »Ach!« heißt es dann, »die Dinge stehen übel.« Und ihre Einbildungskraft, die sich in leeren Mutmaßungen ergeht, sieht alles schlimmer, als es ist. Solche Gerüchte entmutigen; sie laufen durch die ganze Armee und dringen aus Eurem in das feindliche Lager. Darum muß der Heerführer wie ein Schauspieler sein und die Miene aufsetzen, die ihm die Rolle, die er spielen will, vorschreibt. Kann er das nicht über sich bringen, so muß er lieber eine Krankheit vorschützen oder sich irgend einen Scheingrund ausdenken, um die Öffentlichkeit irrezuführen. Trifft eine schlimme Nachricht ein, so stellt er sich, als mache er sich garnichts daraus, und prahlt mit der Zahl und Größe seiner Hilfsmittel. Er verachtet den Feind öffentlich und respektiert ihn im geheimen.

Hat im Kleinkrieg irgend eins seiner Streifkorps eine Schlappe erlitten, so untersucht er die Ursachen davon und findet allemal heraus, daß das falsche Benehmen oder die Unwissenheit des Führers daran schuld war. Er erklärt öffentlich, daß die Schuld an der erlittenen Schlappe nicht der mangelnden Tapferkeit der Truppen zuzuschreiben sei, untersucht die Fehler des Offiziers und gibt dadurch den andren eine Lehre. Derart erzieht er seine Offiziere und raubt den Truppen das Vertrauen auf ihre eigene Kraft nicht.[1]

Milde und Strenge sind bei den Soldaten abwechselnd angebracht. Der Heerführer muß populär sein. Er muß mit den Soldaten reden, wenn er an ihren Zelten vorbeikommt, oder auf dem Marsche. Bisweilen sieht er nach, was sie zu kochen haben, kümmert sich um ihre kleinen Bedürfnisse, tut sein möglichstes, um ihnen das Leben zu erleichtern, und erspart ihnen

---

1 Zusatz von 1752: »Und zieht selbst Vorteil aus seinen eigenen Fehlern.«

unnötige Anstrengungen. Dagegen muß er mit der ganzen Strenge des Gesetzes gegen Meuterer und Plünderer verfahren, keinen Widerspruch dulden, und wenn Exempel statuiert werden müssen, die Deserteure aufs strengste bestrafen. Kurz, alles, was den Dienst betrifft, muß mit Ernst und Nachdruck geschehen; alles übrige kann mit Nachsicht behandelt werden. Was die Offiziere betrifft, so lobt er die wackeren Taten, die sie vollbracht haben, ist leutselig gegen sie und erweist ihnen Gefälligkeiten. In allem jedoch, was ihre Pflicht angeht, muß er unnachsichtig sein und sie mit Gewalt dazu anhalten, falls sie sich vernachlässigen. Der Heerführer tut gut daran, mit den einsichtsvollsten Generalen seiner Armee öfters vom Kriege zu sprechen. Er bringt sie auf allgemeine Fragen, hört ihre Meinungen an, und äußern sie dann in der freien Unterhaltung eine verständige Ansicht, so muß er sie benutzen, ohne sich anmerken zu lassen, daß er die Sache gut findet. Ist sie nachher aber ausgeführt und gelungen, so muß er im Beisein vieler Offiziere sagen: »Den Erfolg dieser Sache verdanke ich dem und dem.« Dadurch schmeichelt er der Eigenliebe der andren, erweckt ihr Interesse an den allgemeinen Dingen, und durch seine Bescheidenheit macht er sich keine Neider, sondern gewinnt Freunde.

Die Normannen geben ihren Kindern eine Lebensregel mit: »Sei mißtrauisch!« – »Gegen wen?« »Gegen jedermann.« Im Kriege gilt das Mißtrauen beständig dem Feinde. Nur ein Tor traut ihm. Zuweilen aber schläfert Euch das Gefühl der Sicherheit ein. Ich verlange also von einem Heerführer, daß er auf die Pläne seiner Feinde stets ein wachsames Auge habe. Er ist die Schildwache seiner Armee. Er muß sehen, hören, vorausschauen und allem Unheil, das ihr widerfahren könnte, vorbeugen. Gerade nach den größten Erfolgen muß man dem Feind am meisten mißtrauen. Man hält ihn dann zumeist für entmutigt und verfällt bei all seinen Unternehmungen in Lethargie. Oft hält ein geschickter Feind Euch mit falschen Friedensvorschlägen hin. Fallt nicht leichtfertig in diese Schlinge und bedenkt, daß seine Absichten nicht ehrlich sein können!

Stets muß man sich die Lage überlegen, in der man sich befindet, und sich fragen: »Welche Pläne würde ich fassen, wenn ich an des Feindes Stelle wäre?« Hat man sich dann mehrere solcher Pläne ausgedacht, so muß man über die Mittel nachsinnen, wie man sie zum Scheitern bringen könnte. Man muß dann vor allem sofort die etwaigen Mängel der eigenen Stellung, der Anordnung der Truppen, der Depots oder der Detachierungen verbessern. Und zwar muß das rasch geschehen; denn im Kriege können wenige Stunden entscheidend sein: da lernt man den Wert des Augenblicks schätzen. Aber das alles darf Euch nicht einschüchtern; denn die Kühnheit muß mit Vorsicht gepaart sein, und da sich der Erfolg eines Unternehmens niemals mathematisch beweisen läßt, so genügt es, wenn man es richtig anlegt. Den Ausgang muß man dann dem Schicksal überlassen. Alles läuft also darauf hinaus, daß man voraussieht, welchen Schaden der Feind einem tun kann. Dem muß man vorbeugen und ihm selber so viel Besorgnis einflößen, daß diese Besorgnis und Eure fortwährenden Unternehmungen ihn zur Defensive zwingen.

Wollt Ihr Euch die Liebe Eurer Soldaten erwerben, so überanstrengt oder exponiert sie niemals, ohne daß sie selbst einsehen, daß es notwendig ist. Seid ihr Vater und nicht ihr Henker. Bei Belagerungen schont man die Soldaten durch Laufgräben und in der Schlacht dadurch, daß man den Feind an seiner schwachen Stelle packt und rasch zu Werke geht. Je lebhafter die Angriffe sind, um so weniger Leute kosten sie. Indem Ihr die Schlachten kurz macht, verringert Ihr die Zeit, in der Ihr Verluste erleiden könnt. Derart geführt, bekommt der Soldat Zutrauen zu Euch und setzt sich freudig der Gefahr aus.

Die Hauptarbeit des Heerführers ist die Tätigkeit am grünen Tisch. Er muß Projekte entwerfen, Gedanken verknüpfen, auf seinen Vorteil sinnen, seine Hauptstellungen wählen, die Absichten des Feindes voraussehen, ihnen zuvorkommen und den Gegner unaufhörlich beunruhigen. Aber das genügt noch nicht. Er muß auch tätig sein, muß befehlen und ausführen und stets mit eigenen Augen sehen. Er muß also seine Lager selbst wählen, seine Feldwachen aussetzen und oft rund um das Lager reiten, um sich mit der Umgebung vertraut zu machen; dann wird ihm bei einem unvermuteten Angriff nichts neu sein. Er muß sich das Gelände so gut eingeprägt haben, daß er seine Befehle nach allen Seiten geben kann, als ob er an Ort und Stelle wäre, und daß nichts geschehen darf, woran er nicht im voraus gedacht hätte. Dann werden auch seine Anordnungen stets richtig sein. Er muß daher über alles, was das Lager im einzelnen betrifft, nachdenken und es wiederholt besichtigen; denn öfters kommen die guten Gedanken über eine Sache erst nach mehrfacher Überlegung. Seid also tätig und unermüdlich und legt alle geistige und körperliche Trägheit ab, sonst werdet Ihr nie den großen Feldherren gleichkommen, die uns zum Vorbild dienen.

Ein alter Schriftsteller hat gesagt, man wäre kein Mann, wenn man nicht zu schweigen wüßte. Der Mangel an Verschwiegenheit, im bürgerlichen Leben nur ein geringer Fehler, wird beim Feldherrn zum größten Laster; denn wenn er auch die schönsten Pläne von der Welt entworfen hat, sie aber ausplaudert, so erfährt sie der Feind und erstickt sie im Keime. Die erste Vorsichtsmaßregel ist, daß man allen Detachementsführern oder Festungskommandanten Chiffernschlüssel gibt, damit ein aufgefangener Brief nicht Eure ganzen Pläne verrät. Im Kriege verbirgt man sogar seine wirklichen Absichten, und da manche Unternehmung viele und mannigfache Vorbereitungen erfordert, so trifft man sie unter allerlei Vorwänden, um Die irrezuführen, die ihren Zweck ergründen wollen. Daher gibt man oft seine Befehle und Dispositionen erst spät am Vorabend des Tages, an dem man sie ausführen will. Um seine Pläne sicherer zu verbergen, darf man sich auch nicht zu oft der gleichen List bedienen, sondern muß damit wechseln und oft neue erfinden. Denn ein Heerführer ist von fünfzigtausend Neugierigen umgeben, die seine Absichten erraten wollen, und von Feinden, denen an ihrer Ergründung noch weit mehr liegt.

Der Heerführer muß alle seine Pläne mit Umsicht abwägen. Er sei langsam in seinen Überlegungen, aber rasch von Entschluß in der Schlacht und in unerwarteten Fällen. Er muß wissen, daß es immer noch besser ist, einen schlechten Entschluß zu fassen und ihn auf der Stelle auszuführen, als unentschlossen zu bleiben.

Auch darf der Heerführer seine Person nicht leichtsinnig aufs Spiel setzen, vor allem aber sich nie in die Gefahr bringen, vom Feinde gefangen zu werden.[2]

---

2 Zusatz von 1752: »Aus diesem Grunde darf der Führer einer Armee sich bei einer Attacke niemals an die Spitze seiner Kavallerie setzen.«

# Kriegslisten

Im Kriege bedient man sich abwechselnd der Löwen- und der Fuchshaut. Oft gelingt die List, wo die Gewalt scheitern würde. Man muß also durchaus beide in Anwendung bringen. Der Gewalt kann man oft mit Gewalt begegnen, aber der List muß oft auch die Gewalt weichen. Sie ist eine Sehne mehr auf dem Bogen.

Unendlich ist die Zahl der Kriegslisten, und ich gedenke nicht, sie hier alle anzuführen. Der Zweck ist aber stets der gleiche: den Feind zu falschen Schritten zu verleiten, die man von ihm getan sehen möchte. Die List dient also dazu, die eigenen Absichten zu verhüllen und dem Feinde ganz andre vorzuspiegeln. Sind die Gruppen im Begriff, sich zusammenzuziehen, so läßt man sie bisweilen Gegenmärsche machen, um den Feind zu beunruhigen und ihm den Ort zu verbergen, wo man seine Truppen wirklich versammeln und gleich darauf durchbrechen will. In einem Lande, wo Festungen vorhanden sind, lagert man an einem Orte, der zwei oder drei Plätze gleichzeitig bedroht. Wirft der Feind in alle zugleich Truppen, so schwächt er sich. Diesen Augenblick benutzt man, um über ihn herzufallen. Wirft er sich aber nach einer Seite, so wendet man sich nach der andern, wohin er keine Hilfe gesandt hat, und belagert den Platz. Wollt Ihr Euch eines wichtigen Passes bemächtigen oder über einen Fluß gehen, so entfernt Ihr Euch von dem Orte, den Ihr passieren wollt, und lockt den Feind nach Eurer Seite. Habt Ihr dann alles im voraus disponiert und seid Ihr dem Feinde um einen Marsch voraus, so wendet Ihr Euch unversehens nach dem Orte, wohin Ihr eigentlich wolltet, und bemächtigt Euch seiner.

Wollt Ihr dem Feind eine Schlacht liefern, er aber scheint ihr ausweichen zu wollen, so laßt Ihr aussprengen, Eure Armee habe sich geschwächt, oder Ihr spielt den Furchtsamen, eine Rolle, die wir vor der Schlacht bei Hohenfriedberg spielen mußten. Ich ließ nämlich Wege anlegen, als ob ich beim Anmarsch des Prinzen von Lothringen in vier Kolonnen nach Breslau marschieren wollte. Seine Eigenliebe erleichterte mir die Täuschung. Er rückte in die Ebene hinab und wurde geschlagen.

Bisweilen zieht man sein Lager eng zusammen, damit es schwächer aussieht, und schickt kleine Detachements ab, die man für beträchtlich ausgibt, damit der Feind Eure Schwäche verachtet und sich seines Vorteils begibt. Hätte ich im Jahre 1745 die Absicht gehabt, Königgrätz und Pardubitz zu nehmen, so hätte ich nur zwei Märsche durch die Grafschaft Glatz gegen Mähren zu machen brauchen. Dann wäre der Prinz von Lothringen gewiß herbeigeeilt, weil diese Demonstration ihn um Mähren besorgt gemacht hätte, woher er seine Lebensmittel bezog, und er hätte Böhmen verlassen. Denn der Feind wird immer besorgt sein, wenn man Festungen und Orte bedroht, die seine Verbindung mit der Hauptstadt sichern oder in denen er sein Magazin hat.

Hat man dagegen nicht die Absicht, eine Schlacht zu liefern, so gibt man sich für stärker aus, als man ist, und tut weiter nichts, als feste Haltung zu zeigen. Die Österreicher sind darin rechte Meister, und bei ihnen muß man in die Schule gehen, um dergleichen zu lernen. Eure feste Haltung erweckt den Anschein, als wolltet Ihr gern mit dem Feinde handgemein werden. Ihr laßt die verwegensten Pläne aussprengen. Oft glaubt der Feind dann, er möchte kein leichtes Spiel mit Euch haben, und hält sich gleichfalls in der Defensive.

Diese Kriegsweise besteht zum Teil in der Kunst, gute Stellungen zu wählen und sie nur im äußersten Notfall zu verlassen. Alsdann geht Euer zweites Treffen zuerst zurück, und das erste folgt ihm unvermerkt. Da Ihr Defileen vor Euch habt, so hat der Feind keine Gelegenheit, Euren Rückzug auszunutzen.

Beim Rückzuge selbst wählt man zweideutige Stellungen, die dem Feinde zu denken geben. Seine Besorgnis macht ihn furchtsam, Ihr aber gelangt indirekt zu Eurem Ziele.

Eine andre Kriegslist besteht darin, daß man beim Feind mehrere Kolonnenspitzen präsentiert. Nimmt er den Scheinangriff für den rechten, so ist er verloren. Durch List nötigt man den Feind auch zu Detachierungen und geht ihm zu Leibe, sobald er seine Detachements abgesandt hat. Eine der besten Kriegslisten ist die, daß man den Feind einschläfert, wenn die Zeit der Winterquartiere kommt, wo die Truppen sich auseinanderziehen. Man geht dann zurück, um nachher desto besser vorzudringen.

## Spione und ihre Anwendung und wie man sich Nachrichten vom Feinde verschafft

Wüßte man die Absichten des Feindes stets voraus, so wäre man ihm auch mit einer schwächeren Armee überlegen. Alle Heerführer suchen sich diesen Vorteil zu verschaffen, aber es gelingt ihnen nicht immer. Es gibt vier Arten von Spionen: kleine Leute, die sich zu diesem Handwerk hergeben, doppelte Spione, Spione in wichtiger Stellung und endlich solche, die man zu diesem leidigen Geschäft zwingt.

Die kleinen Leute, nämlich Bürger, die man ins feindliche Lager schickt, Bauern, Priester usw. können zu weiter nichts gebraucht werden, als zur Feststellung des feindlichen Lagerplatzes. Ihre Berichte sind zumeist so wirr und unverständlich, daß man dadurch ungewisser wird, als wenn man in der größten Unwissenheit über den Feind geblieben wäre. Auch die Aussagen der Überläufer taugen gewöhnlich nicht mehr. Der Soldat weiß wohl, was bei seinem Regiment vorgeht, weiter aber auch nichts, und die Husaren, die stets vor der Armee herumstreifen, wissen oft nicht einmal, wo sie ihr Lager hat. Trotzdem nimmt man ihre Aussagen zu Protokoll; das ist noch das einzige Mittel, um Nutzen daraus zu ziehen.

Der doppelten Spione bedient man sich, um dem Feinde falsche Nachrichten aufzubinden. In Schmiedeberg war ein Italiener, der den Österreichern als Spion diente. Wir machten ihm weis, wir würden uns beim Anmarsch des Feindes auf Breslau zurückziehen. Er brachte dem Prinzen von Lothringen diese Nachricht, und er wurde betrogen.

Prinz Eugen hatte lange Zeit den Postmeister von Versailles in seinem Solde. Dieser Elende öffnete alle Sendungen des Hofes an die Generale und sandte Abschriften an den Prinzen, der sie meist eher bekam als die französischen Heerführer. Der

Marschall von Luxemburg hatte einen Sekretär König Wilhelms gewonnen, der ihm von allem Nachricht gab. Der König kam dahinter und zog allen erdenklichen Vorteil aus dieser heiklen Sache. Er zwang den Verräter nämlich, an Luxemburg zu schreiben, daß die Alliierten am nächsten Tage eine große Fouragierung vornehmen würden. Die Franzosen wurden infolgedessen bei Steenkerken[1] überrumpelt und wären fast gänzlich geschlagen worden, hätten sie nicht ausnehmend tapfer gefochten.

Für uns wäre es schwer, in einem Krieg gegen Österreich solche Spione zu halten. Nicht, als ob sich bei den Österreichern weniger Leute bestechen ließen als bei andern Nationen, sondern weil ihre leichten Truppen ihre Armee wie eine Wolke umgeben und niemand durchlassen, ohne ihn zu visitieren. Ich bin daher auf den Gedanken gekommen, ein paar von ihren Husarenoffizieren zu bestechen, vermittels deren man den Briefwechsel unterhalten könnte, da es nämlich Brauch ist, daß die Husaren, wenn sie miteinander herumplänkeln, bisweilen Waffenstillstand schließen und miteinander sprechen. Dabei könnten dann leicht Briefe übergeben werden.

Will man dem Feind falsche Nachrichten zukommen lassen oder Nachrichten von ihm erhalten, so läßt man einen zuverlässigen Soldaten zu ihm überlaufen. Er berichtet dort, was man will, oder streut auch heimlich Zettel im feindlichen Lager aus, um die Truppen zum Desertieren zu ermuntern. Dann kehrt er auf einem Umweg ins eigne Lager zurück.

Hat man in Feindesland gar kein andres Mittel, sich Nachrichten vom Gegner zu verschaffen, so bleibt noch eins übrig, das man ergreifen kann, obschon es hart und grausam ist. Man nimmt einen bemittelten Bürger, der Haus und Hof, Frau und Kinder hat, und gibt ihm einen gescheiten Menschen bei, den man als Knecht verkleidet, der aber die Landessprache verstehen muß. Der Bürger muß ihn als Kutscher mitnehmen und

---

[1] Am 3. August 1692.

sich ins feindliche Lager begeben, unter dem Vorwande, sich über die erlittene Unbill zu beschweren. Zugleich bedroht man ihn: wenn er Euren Mann nach genügendem Aufenthalt im feindlichen Lager nicht zurückbringe, werde man seine Frau und Kinder niederhauen und sein Haus plündern und anstekken. Dies Mittel habe ich anwenden müssen, als wir im Lager bei Chlum standen, und ich hatte Erfolg damit.

Hinzugefügt sei noch, daß man die Spione freigebig, ja verschwenderisch bezahlen muß. Ein Mensch, der den Strick wagt, um Euch zu dienen, verdient schon, dafür belohnt zu werden.

# PHILOSOPHISCHE SCHRIFTEN

# Über den Nutzen der Künste und Wissenschaften im Staate (1772)[1]

Wenig aufgeklärte und wahrheitsliebende Leute haben den Künsten und Wissenschaften den Krieg zu erklären gewagt. War ihnen die Verlästerung dessen gestattet, was der Menschheit zur höchsten Ehre gereicht, so muß die Verteidigung erst recht gestattet sein. Sie ist die Pflicht aller, die die menschliche Gesellschaft lieben und ein dankbares Herz für das besitzen, was sie den Wissenschaften schulden. Unglücklicherweise machen widersinnige Behauptungen den Menschen oft größeren Eindruck als Wahrheiten. Es gilt also, ihnen die Augen zu öffnen und die Urheber solchen Aberwitzes zu beschämen – nicht durch Schmähungen, sondern durch triftige Gründe. Ich scheue mich, vor der Akademie zu sagen, daß jemand so frech gewesen ist, in Frage zu stellen, ob die Wissenschaften der menschlichen Gesellschaft nützlich oder schädlich sind. Darüber dürfte doch niemand im Zweifel sein! Wenn wir einen Vorzug vor den Tieren besitzen, so liegt er sicherlich nicht in unsern körperlichen Eigenschaften, sondern in dem größeren Verstande, den die Natur uns verliehen hat. Auch die Menschen untereinander scheidet der Geist und das Wissen. Woher käme wohl sonst der unendliche Abstand zwischen einem kultivierten und einem barbarischen Volke, wenn nicht daher, daß das eine aufgeklärt ist, das andere aber in Verdummung und Stumpfsinn dahinlebt?

Die Völker, die sich solcher Überlegenheit erfreuten, waren dankbar gegen die, die ihnen diesen Vorzug verschafften. Da-

---

[1] Die Abhandlung wurde am 27. Januar 1772 in der Berliner Akademie verlesen. Sie richtet sich gegen die bekannte, 1750 von der Akademie zu Dijon preisgekrönte Abhandlung von Jean Jacques Rousseau: »*Le progrès des arts et des sciences a-t-il contribué à améliorer ou à corrompre les moeurs?*«

her stammt der gerechte Ruhm jener Leuchten der Welt, jener Weisen, deren gelehrte Arbeiten ihre Landsleute und ihr Zeitalter aufgeklärt haben.

Der Mensch stellt an sich wenig vor. Er wird mit mehr oder minder entwicklungsfähigen Anlagen geboren, die der Ausbildung bedürfen. Seine Kenntnisse müssen vermehrt werden, damit seine Begriffe sich erweitern können. Sein Gedächtnis ist zu bereichern, damit der Vorrat die Einbildungskraft mit Stoff versieht, den sie verarbeiten kann, und sein Urteil ist zu schärfen, damit es seine eignen Leistungen abschätzen lernt. Der gewaltigste Geist gleicht ohne Kenntnisse einem rohen Diamanten, der erst unter den Händen eines geschickten Steinschleifers seinen Wert erhält. Wieviel Geist geht derart für die menschliche Gesellschaft verloren, und wie viele große Männer jedes Schlages werden im Keime erstickt, sei es durch Unwissenheit, sei es durch die elenden Verhältnisse, in die sie gesetzt sind!

Das wahre Wohl des Staates, sein Vorteil und Glanz erfordern also, daß die Volksgenossen so unterrichtet und aufgeklärt wie möglich sind. Dadurch erhält der Staat in jedem Berufe zahlreiche geschickte Untertanen, die zur tüchtigen Verwaltung der verschiedenen Ämter, die man ihnen anvertrauen muß, wohl imstande sind.

Der Zufall der Geburt hat viele in eine Lebenslage gebracht, in der sie nicht ermessen können, welch unendlichen Schaden mehr oder weniger alle europäischen Staaten durch die Mißgriffe von Unwissenden erleiden, und so werden ihnen diese Übelstände vielleicht nicht so fühlbar, als wenn sie deren Augenzeugen wären. Es ließe sich eine Menge solcher Beispiele anführen, wenn die Art und der Umfang dieser Rede uns nicht in die richtigen Schranken verweise. Nur die Faulheit, die sich zu unterrichten verschmäht, nur die anspruchsvolle Unwissenheit, die alles mit Beschlag belegt und zu allem unfähig ist, konnte irgend einen Narren[2] zu der durch elende Aberwitzig-

2 Jean Jacques Rousseau.

keiten gestützten Behauptung verführen, die Wissenschaften wären verderblich, verfeinerten nur die Laster und verderbten die Sitten. Solche Verkehrtheiten springen in die Augen! In welcher Form man sie auch vorbringe, fest steht, daß die Bildung den Geist veredelt, anstatt ihn zu erniedrigen. Was verdirbt die Sitten? Böse Beispiele sind es. Wie Seuchen in großen Städten schlimmere Verheerungen anrichten als in Dörfern, so macht auch die Ansteckung des Lasters in volkreichen Städten größere Fortschritte als auf dem Lande, wo die tägliche Arbeit und ein abgeschlosseneres Leben die Sitten einfach und rein erhält.

Es hat falsche Staatsmänner gegeben, die in kleinlichen Begriffen befangen waren und ohne gründliches Eingehen auf den Gegenstand glaubten, es sei leichter, ein unwissendes und verdummtes Volk zu regieren als eine aufgeklärte Nation. Das ist wirklich eine überwältigende Behauptung! Die Erfahrung beweist vielmehr, daß ein Volk desto eigensinniger und starrköpfiger ist, je dümmer es ist, und daß es weit schwerer hält, seinen Starrsinn zu brechen, als ein leidlich gebildetes Volk von einer gerechten Sache zu überzeugen. Das wäre ein schönes Land, wo die Talente ewig unterdrückt blieben und nur ein Einziger weniger beschränkt wäre als die andren! Solch ein von Unwissenden bevölkerter Staat gliche dem verlorenen Paradiese der Bibel, das nur von Tieren bewohnt war.

Dem erlauchten Hörerkreis der Akademie braucht zwar nicht erst bewiesen zu werden, daß Künste und Wissenschaften ebenso nützlich, wie für die Völker, die sie besitzen, ruhmvoll sind. Aber es ist doch vielleicht nicht unangebracht, eine Gattung weniger aufgeklärter Leute davon zu überzeugen, um sie gegen die Einflüsse zu schützen, die schändliche Sophisten auf ihren Geist ausüben könnten. Mögen diese doch einen kanadischen Wilden mit dem Bürger eines zivilisierten europäischen Staates vergleichen! Der ganze Vorteil wird jedenfalls bei dem letzteren liegen! Wie kann man die rohe Natur einer vervollkommneten, den Mangel an Existenzmitteln dem auskömmlichen Leben, Grobheit der Höflichkeit, Sicherheit des Eigentums, die man unter dem Schutze der Gesetze genießt, dem Recht des Stärkeren und der Räuberei vorziehen, die Habe und Wohlfahrt der Familien zerstört?

Die Gesellschaft, die von einer Volksgemeinschaft gebildet wird, kann weder der Künste noch der Wissenschaften entbehren. Durch die Wasserbaukunst werden die Gegenden längs der Flüsse vor deren Austreten und vor Überschwemmungen bewahrt. Ohne sie würden fruchtbare Gebiete sich in ungesunde Sümpfe verwandeln und viele Familien ihren Unterhalt einbüßen. Die höher gelegenen Gegenden bedürfen des Feldmessers, der die Äcker abmißt und einteilt. Die durch Erfahrung bestätigten physikalischen Kenntnisse tragen zur Vervollkommnung des Ackerbaues und besonders der Gärtnerei bei. Die Botanik, die sich dem Studium der Heilkräuter widmet, die Chemie, die die Säfte aus ihnen zu ziehen weiß, belebt wenigstens unsre Hoffnung während der Krankheit, selbst wenn sie uns nicht zu heilen vermögen. Die Anatomie führt und leitet die Hand des Wundarztes bei den schmerzhaften, aber notwendigen Operationen, die unser Dasein durch Entfernung des erkrankten Körperteils retten. Die Mechanik dient zu vielerlei. Soll eine Last gehoben oder fortgeschafft werden, sie setzt sie in Bewegung. Soll das Erdinnere durchwühlt werden, um Metalle zu fördern, sie trocknet die Stollen durch klug erfundene Maschinen aus und befreit den Bergmann von dem überflüssigen Wasser, das ihn töten oder seine Arbeit verhindern würde. Gilt es, Mühlen zum Zermahlen unsres bekanntesten und notwendigsten Nahrungsmittels zu errichten, so werden sie durch die Mechanik vervollkommnet. Ebenso erleichtert die Mechanik die Arbeit durch Verbesserung der verschiedenen Werkzeuge, die der Arbeiter benutzt. Alle Maschinen gehören in ihr Fach, und wie viele Maschinen aller Art sind erforderlich! Die Schiffsbaukunst gehört vielleicht zu den größten Errungenschaften des Denkvermögens. Aber wie vieler Kenntnisse bedarf nicht auch der Steuermann, um das Schiff zu lenken und den Fluten und Winden zu trotzen! Er muß in der Astronomie Bescheid wissen, gute Seekarten und genaue Kenntnis der Geographie besitzen. Er muß Fertigkeit im Rechnen haben, um die zurückgelegte Entfernung und den Ort, wo er sich befindet, zu bestimmen, wobei er künftig eine Hilfe an den in England kürzlich vervollkommneten Instrumenten finden wird.

Künste und Wissenschaften reichen sich die Hand. Ihnen danken wir alles. Sie sind die Wohltäter des Menschengeschlechts. Der Bürger großer Städte genießt sie, ohne in seiner stolzen Bequemlichkeit zu wissen, wie vieler durchwachter Nächte und Anstrengungen es bedarf, um seine Bedürfnisse zu befriedigen und seinen oft wunderlichen Neigungen zu genügen.

Wie viele Kenntnisse erheischt nicht der Krieg, der zuweilen notwendig ist, aber oft auch zu leichtsinnig unternommen wird! Schon die Erfindung des Schießpulvers hat die Kriegführung so völlig verändert, daß die größten Helden des Altertums, wenn sie heute auf die Welt zurückkehrten, sich zur Behauptung ihres rechtmäßig erworbenen Ruhmes mit unsren Entdeckungen vertraut machen müßten. In der heutigen Zeit muß ein Kriegsmann Mathematik, Befestigungskunst, Hydraulik und Mechanik studieren, um Festungswerke anlegen und künstliche Überschwemmungen herbeiführen zu können, um die Kraft des Pulvers zu kennen, den Wurf der Bomben zu berechnen, die Wirkung der Minen zu bestimmen, den Transport der Kriegsmaschinen erleichtern zu können. Er muß mit der Lagerkunst, der Taktik, der Mechanik des Exerzierens vertraut sein, muß genaue Kenntnis des Geländes und der Geographie besitzen. Seine Feldzugspläne müssen, obwohl er auf Mutmaßungen beschränkt ist, einem mathematischen Beweise gleichen. Er muß die Geschichte aller früheren Kriege im Kopfe haben, damit seine Phantasie aus ihr wie aus einer fruchtbaren Quelle schöpfen kann.

Aber nicht allein die Heerführer müssen ihre Zuflucht zu

den Archiven der Vergangenheit nehmen. Auch der Beamte, der Jurist könnten ihre Pflicht nicht erfüllen, wenn sie den Teil der Geschichte, der die Gesetzgebung betrifft, nicht gründlich beherrschen. Es genügt nicht, daß sie den Geist der Gesetze ihres Vaterlandes studiert haben, sie müssen auch den der andren Völker kennen und wissen, bei welchen Anlässen die Gesetze eingeführt oder abgeschafft wurden.

Selbst die Träger der Staatsgewalt und die, welche unter ihnen die Regierung leiten, können das Geschichtsstudium nicht entbehren. Die Geschichte ist ihr Brevier, ein Gemälde, das ihnen die feinsten Schattierungen der Charaktere und Handlungen der Machthaber, ihre Tugenden und Laster, ihr Glück und Unglück und ihre Hilfsmittel zeigt. In der Geschichte ihres Vaterlandes, auf die sie ihr Hauptaugenmerk richten müssen, finden sie den Ursprung seiner guten und schlechten Einrichtungen und eine Kette von zusammenhängenden Ereignissen, die sie bis an die Gegenwart führt. In ihr finden sie die Gründe, die die Völker vereinigt und ihre Bande wieder zerrissen haben, Beispiele, die nachzuahmen oder zu vermeiden sind. Aber welch ein Gegenstand des Nachdenkens ist für einen Herrscher erst die Musterung all der Fürsten, die ihm die Geschichte vorführt! Unter ihnen befinden sich notwendig solche, deren Charaktere oder Handlungen mit den seinen verwandt sind, und im Urteil der Nachwelt sieht er wie in einem Spiegel das Urteil, das seiner selbst harrt, sobald mit seinem Hinscheiden die Furcht, die er einflößte, völlig verschwunden ist.

Sind die Historiker die Lehrer der Staatsmänner, so sind die Logiker die Zerschmetterer der Irrtümer und des Aberglaubens. Sie haben die Hirngespinste geistlicher und weltlicher Marktschreier bekämpft und zerstört. Ohne sie würden wir vielleicht noch heute, gleich unsren Vorfahren, erdichteten Göttern Menschenopfer darbringen und das Werk unsrer eignen Hände anbeten. Wir würden gezwungen sein, zu glauben, und wagten nicht nachzudenken, und so dürften wir vielleicht noch immer nicht unsre Vernunft dazu brauchen, die für unser Schicksal wichtigsten Fragen zu prüfen. Wir würden noch immer wie unsre Väter den Freipaß für das Paradies und Ablaß für Verbrechen mit Gold aufwiegen. Die Wüstlinge würden Hab und Gut drangeben, um nicht ins Fegefeuer zu kommen. Wir würden noch Scheiterhaufen für Andersdenkende errichten. Leere Gebräuche würden den Zwang zur Tugend ersetzen, und tonsurierte Betrüger würden uns im Namen der Gottheit zu den abscheulichsten Schandtaten antreiben. Wenn der Fanatismus zum Teil noch besteht, so kommt das daher, weil er in den Zeiten der Unwissenheit zu tiefe Wurzeln geschlagen hat, und weil der Vorteil gewisser Gesellschaften in grauen, schwarzen, braunen und weißen Kutten es erheischt, das Übel stets wieder zu beleben und seine Ausbrüche zu vermehren, nur damit sie das Ansehen nicht einbüßen, das sie noch im Geiste des Volkes besitzen.

Wir geben zu, daß die Logik das Begriffsvermögen des Pöbels übersteigt. Diese zahlreiche Menschengattung läßt sich immer zu allerletzt die Augen öffnen. Aber wenn sie auch in allen Ländern den Schatz des Aberglaubens behütet, so darf man doch sagen, daß man ihr den Wahn von Zauberern, Besessenen, Goldmachern und andre, ebenso kindische Albernheiten ausgetrieben hat. Das verdanken wir der tieferen Naturerkenntnis.

Die Physik hat sich mit der Analyse und mit der Erfahrung verbündet. Man hat kräftig in die Dunkelheiten hineingeleuchtet, die den Gelehrten des Altertums so viele Wahrheiten verbargen. Wenn wir auch nicht zur Kenntnis der geheimen Urgründe gelangen können, die der große Weltenbaumeister sich selbst vorbehalten hat, so fanden sich doch mächtige Geister, die die ewigen Gesetze der Schwerkraft und der Bewegung entdeckt haben. Der Kanzler Bacon, der Vorläufer der neuen Philosophie, oder besser gesagt der Mann, der ihre Fortschritte ahnte und vorhersagte, hat Newton auf die Pfade seiner wunderbaren Entdeckungen geführt. Newton löste Descartes ab, der die alten Irrtümer beseitigte, um sie durch eigne zu ersetzen. Seitdem hat man die Luft gewogen,[3] den Himmel ausgemessen, den Lauf der Gestirne mit unendlicher Genauigkeit berechnet,[4] die Finsternisse vorhergesagt, eine unbekannte Eigenschaft der Materie, die Elektrizität, entdeckt, deren Wirkungen die Vorstellungskraft in Erstaunen setzen. Ohne Zweifel wird man binnen kurzem auch die Wiederkehr der Kometen ebenso vorausbestimmen können wie die Finsternisse. Doch eins danken wir schon dem gelehrten Bayle: er hat den Schrecken verscheucht, den das Erscheinen des Kometen bei den Unwissenden hervorrief.[5] Gestehen wir es nur: so sehr unsre menschliche Schwäche uns auch demütigt, so sehr stärken die Leistungen jener großen Männer unsren Mut und lassen uns die Würde unsres Seins empfinden.

Schelme und Betrüger sind also die einzigen, die sich den Fortschritten der Wissenschaften widersetzen und es sich zur Aufgabe machen können, sie zu verlästern; denn sie sind die einzigen, denen die Wissenschaft schaden kann.

In dem philosophischen Zeitalter, in dem wir leben, hat man nicht nur die hohen Wissenschaften verleumden wollen; es fanden sich auch Leute von so mürrischem Wesen, oder vielmehr so allen Gefühls und Geschmacks bar, daß sie den schönen Künsten den Krieg erklärt haben. Nach ihrer Meinung ist ein Redner ein Mensch, der mehr darauf ausgeht, schön zu sprechen als richtig zu denken. Ein Dichter ist ihnen ein Narr, der sich mit Silbenzählen abgibt, ein Geschichtsschreiber ein Zusammenstoppler von Lügen. Leute, die ihre Schriften lesen, sind Zeitvergeuder und ihre Bewunderer oberflächliche Geister. Sie möchten all die alten Dichtungen, die geistreichen, sinnbildlichen Fabeln, die soviel Wahrheit enthalten, in den Bann tun. Sie wollen nicht begreifen, daß, wenn Amphion

---

3 Torricelli.
4 Newton.
5 Anspielung auf die 1682 von Bayle veröffentlichte Schrift über den großen Kometen von 1680.

die Mauern Thebens mit den Klängen seiner Leier erbaute, das bedeuten soll, daß die Künste die Sitten wilder Völker milderten und die Entstehung gesellschaftlicher Zustände herbeiführten.

Es gehört eine sehr fühllose Seele dazu, dem Menschengeschlecht den Trost und Beistand rauben zu wollen, den ihm die schönen Wissenschaften in den Bitternissen des Lebens gewähren. Man befreie uns von unsrem elenden Schicksal oder gestatte uns, es zu versüßen. Nicht ich will den gallsüchtigen Feinden der schönen Wissenschaften antworten, sondern ich berufe mich auf die Worte des philosophischen Konsuls, des Vaters des Vaterlandes und der Beredsamkeit. »Die Wissenschaften«, sagt Cicero,[6] »bilden die Jugend und erheitern das Alter. Sie verleihen Glanz im Glück und bieten Zuflucht und Trost im Unglück. Sie erfreuen daheim und belästigen uns nicht außer dem Hause. Sie durchwachen mit uns die Nächte, begleiten uns auf Reisen und wohnen mit uns auf dem Lande. Ja, wären wir auch selbst unfähig, sie zu erlangen oder ihren Zauber recht zu genießen, wir müßten sie doch stets bewundern, wenn wir sie nur bei andren gewahren.«

Möchten die, die so gern eifern, Achtung vor dem lernen, was Achtung verdient, und statt ebenso ehrenhafte wie nützliche Beschäftigungen zu bekritteln, ihre Galle lieber über den Müßiggang ergießen, der aller Laster Anfang ist. Wie hätte wohl Griechenland in den denkwürdigen Zeiten, da es einen Sokrates, Plato, Aristides, Alexander, Perikles, Thukydides, Euripides und Xenophon hervorbrachte, den hellen Glanz ausgestrahlt, der noch jetzt unsre Augen blendet, wenn Wissenschaften und Künste für die menschliche Gesellschaft nicht notwendig und unentbehrlich wären und ihre Pflege weder Nutzen noch Annehmlichkeit noch Ruhm brächte? Gewöhnliche Handlungen entschwinden dem Gedächtnis, aber die

---

6 *Pro Archia poeta*, Kap. 7.

Taten, Entdeckungen und Fortschritte der Großen hinterlassen bleibenden Eindruck.

Nicht anders war es bei den Römern. Ihr großes Zeitalter war dasjenige, wo der stoische Cato mit der Freiheit unterging, wo Cicero den Verres niederschmetterte und sein Buch von den Pflichten, seine Tuskulanen, sein unsterbliches Werk über die Natur der Götter schrieb, wo Varro seine »Origines« und sein Gedicht über den Bürgerkrieg verfaßte,[7] wo Cäsar durch seine Milde das Gehässige seiner Gewaltherrschaft auslöschte, wo Virgil seine Äneis vortrug und Horaz seine Oden dichtete, wo Livius die Namen aller großen Männer, die die Republik ausgezeichnet hatten, der Nachwelt überlieferte. Fragte sich ein jeder, zu welcher Zeit er in Athen oder Rom hätte leben mögen, und er wird ohne Zweifel jene glänzenden Epochen wählen.

Auf jene glorreichen Zeiten folgte eine abscheuliche Barbarei. Wilde Völker überschwemmten fast ganz Europa. Sie führten Laster und Unwissenheit mit sich, die dem übertriebensten Aberglauben die Wege ebneten. Erst nach elf Jahrhunderten der Verdummung konnte die Menschheit sich von jenem Roste reinigen, und in dieser Zeit der Wiedergeburt der Wissenschaften machte man viel mehr Aufhebens von den guten Schriftstellern, die Italien zuerst zierten, als von Leo X., der sie beschützte. Franz I. war neidisch auf ihren Ruhm und wollte ihn teilen. Er machte vergebliche Versuche, die fremden Gewächse in ein Erdreich zu verpflanzen, das für sie noch nicht vorbereitet war. Erst gegen Ende der Regierung Ludwigs XIII. und unter Ludwig XIV. begann für Frankreich das schöne Zeitalter, wo alle Künste und Wissenschaften in gleichem Schritt der höchsten Stufe der Vollendung entgegenstrebten, die zu erreichen der Menschheit verstattet ist. Seitdem verbreiteten sich

---

[7] Varro hat weder ein Gedicht über den Bürgerkrieg noch ein Werk »Origines« verfaßt. Das letztere, heute verlorene Werk, stammt von Cato. Aber Varro war einer der berühmtesten Gelehrten seiner Zeit, insbesondere ein großer Altertumsforscher.

die verschiedenen Künste überall. Dänemark hatte bereits einen Tycho de Brahe erzeugt, Preußen einen Kopernikus, und Deutschland rühmte sich, einen Leibniz hervorgebracht zu haben. Auch Schweden hätte die Liste seiner großen Männer vermehrt, wären nicht die fortwährenden Kriege, in die die Nation damals verstrickt war, dem Fortschritt der Künste schädlich gewesen.

Alle aufgeklärten Fürsten haben Die beschützt, deren gelehrte Arbeiten dem menschlichen Geiste zur Ehre gereichen. In unsren Tagen ist es so weit gekommen, daß eine Regierung in Europa, die die Ermunterung der Wissenschaften im geringsten verabsäumte, binnen kurzem um ein Jahrhundert hinter ihren Nachbarn zurückstehen würde; Polen liefert ein handgreifliches Beispiel dafür. Wir sehen eine große Kaiserin[8] es sich zur Ehrensache machen, Kenntnisse in ihren weiten Staaten einzuführen und zu verbreiten. Alles, was dazu beitragen kann, wird von ihr als äußerst wichtig behandelt.

Wer fühlte sich nicht bewegt und gerührt, wenn er vernimmt, wie man in Schweden das Gedächtnis eines großen Mannes ehrt? Ein junger König, der den Wert der Wissenschaften kennt, läßt dort gegenwärtig Descartes ein Grabmal errichten, um im Namen seiner Vorgänger die Dankesschuld abzutragen, die sie seinen Talenten schuldeten.[9] Welche süße Genugtuung ist es für die Minerva,[10] die diesem jungen Telemach das Leben geschenkt und ihn selbst unterrichtet hat, in ihm ihren Geist, ihre Kenntnisse und ihr Herz wiederzufinden! Mit Recht darf sie sich ihres Werkes freuen und sich selbst Beifall zollen. Ist es unserm Herzen auch nicht erlaubt, alles, was unser Gefühl uns im Hinblick auf sie einflößt, verschwenderisch auszuschütten,

---

8 Katharina II. von Rußland.
9 Descartes war auf Einladung der Königin Christine 1649 nach Schweden gegangen, wo er 1650 starb, nachdem er noch einen Plan für die Stockholmer Akademie entworfen hatte.
10 Königin Ulrike von Schweden, die Schwester Friedrichs des Großen und Mutter König Gustavs III. Sie weilte seit Ende des Jahres 1771 zum Besuch am Berliner Hofe und wohnte der Akademiesitzung bei.

so wird es doch dieser und jeder existierenden Akademie erlaubt sein, ihr die aufrichtigsten Huldigungen darzubringen und sie dankerfüllt unter die kleine Zahl aufgeklärter Fürstinnen aufzunehmen, die die Wissenschaften geliebt und beschützt haben.

# Über die Unschädlichkeit des Irrtums des Geistes (1738)[1]

Ich halte mich für verpflichtet, Ihnen Rechenschaft über meine Muße und die Anwendung meiner Zeit zu geben. Sie kennen meine Neigung zur Philosophie. Es ist meine Leidenschaft und begleitet mich treulich auf all meinen Wegen. Einige Freunde kennen diese meine herrschende Neigung und unterhalten sich oft mit mir über spekulative Fragen der Physik, Metaphysik oder Moral, sei es, weil sie selbst Vergnügen daran finden, sei es, um sich nach meinem Geschmack zu richten. Gewöhnlich sind unsere Unterhaltungen ziemlich bedeutungslos, da sie sich um bekannte Dinge drehen oder ihr Gegenstand unter dem Niveau der hohen Gelehrsamkeit liegt.

Mehr Beachtung scheint mir die Unterhaltung zu verdienen, die ich gestern abend mit Philant hatte. Das Thema ist von allgemeinem Interesse, und die Meinungen darüber sind geteilt. Sogleich dachte ich an Sie. Ihnen glaubte ich diesen Bericht schuldig zu sein. Sofort nach dem Spaziergang begab ich mich in mein Zimmer und brachte die noch frischen Ideen, deren mein Kopf voll war, so gut es ging, zu Papier. Ich bitte Sie, lieber Freund, mir Ihre Meinung darüber zu sagen. Bin ich so glücklich, mit Ihnen übereinzustimmen, so wird Ihre Aufrichtigkeit der Lohn meiner Mühe sein. Ich werde mich für reichlich belohnt halten, wenn meine Arbeit Ihnen nicht mißfällt.

---

1 Zu dieser Abhandlung wurde Friedrich durch Voltaires Schrift »*Éléments de la philosophie de Newton*« angeregt. Wie er am 30. September 1738 an Voltaire schreibt, beabsichtigte er zu beweisen, »daß philosophische oder religiöse Meinungsverschiedenheiten niemals die Bande der Freundschaft und Menschlichkeit bei den Menschen lockern dürfen. Daher mußte ich beweisen, daß der Irrtum unschuldig war, und das habe ich getan.«

Gestern war das schönste Wetter von der Welt. Die Sonne strahlte heller denn je. Der Himmel war so heiter, daß man weithin kein Wölkchen erblickte. Ich hatte den ganzen Morgen lang studiert, und zur Erholung machte ich einen Spaziergang mit Philant. Ziemlich lange unterhielten wir uns über das Glück, das die Menschen genießen, und über die Fühllosigkeit der meisten gegen die sanften Freuden heitren Sonnenscheins und reiner, stiller Luft. Wir kamen von einer Betrachtung in die andre und merkten schließlich, daß das Gespräch unsern Spaziergang sehr in die Länge gezogen hatte. Es war Zeit, heimzukehren, wenn wir noch vor Einbruch der Dunkelheit nach Hause kommen wollten. Philant merkte es zuerst und neckte mich damit. Ich verteidigte mich mit den Worten, seine Unterhaltung erschiene mir so angenehm, daß ich in seiner Gesellschaft die Minuten nicht zählte und geglaubt hätte, es wäre früh genug, an unsere Rückkehr zu denken, wenn wir die Sonne sinken sähen.

»Wie? Die Sonne sinken sehen?« wiederholte er. »Sie sind Kopernikaner und richten sich doch nach dem Volksmund und nach den Irrtümern Tycho de Brahes?«

»Nur ruhig Blut«, antwortete ich. »Sie sind zu hitzig. Erstens kam es hier beim vertraulichen Gespräch nicht auf Philosophie an, und wenn ich gegen Kopernikus gesündigt habe, so ist mein Fehler mir ebenso leicht zu verzeihen wie Josua, da er die Sonne stillstehen hieß. Er mußte doch über die Geheimnisse der Natur Bescheid wissen, da er ja von Gott erleuchtet war. In jenem Augenblick sprach Josua wie das Volk. Ich aber rede mit einem aufgeklärten Manne, der mich versteht, mag ich nun so oder so mich ausdrücken. Weil Sie aber hier Tycho de Brahe angreifen, so gestatten Sie mir einen Augenblick, daß ich Sie angreife. Ihr Eifer für Kopernikus scheint sehr lebhaft. Sie schleudern gleich Bannstrahlen gegen alle, die nicht seiner Meinung sind. Ich will glauben, daß er recht hat. Ist das aber ganz sicher? Wer bürgt Ihnen dafür? Hat die Natur, hat ihr Schöpfer Ihnen etwas von der Unfehlbarkeit des Kopernikus offenbart?

Ich für mein Teil sehe nur ein System, d. h. eine zusammenhängende Darstellung der Ansichten des Kopernikus, die sich auf Naturerscheinungen stützen.«

»Und ich«, erwiderte Philant sich ereifernd, »ich sehe die Wahrheit.«

»Die Wahrheit? Was nennen Sie denn Wahrheit?«

»Wirkliche Evidenz dessen, was ist und geschieht.«

»Und Erkenntnis der Wahrheit?« fragte ich weiter.

Er antwortete: »Die Herstellung genauer Beziehungen zwischen dem, was wirklich existiert oder existiert hat, und unsern Ideen, zwischen den vergangenen oder gegenwärtigen Tatsachen und den Begriffen, die wir davon haben.«

»Demzufolge, lieber Philant,« sagte ich, »dürfen wir uns kaum schmeicheln, Wahrheiten zu erkennen. Sie sind fast alle zweifelhaft, und nach der Definition, die Sie mir eben selbst gaben, gibt es höchstens zwei bis drei unumstößliche Wahrheiten. Das Zeugnis der Sinne, fast das sicherste, das wir haben, ist nicht völlig zuverlässig. Unsre Augen täuschen uns. Sie lassen uns in der Ferne einen Turm als rund erscheinen, und bei näherem Herankommen sehen wir, daß er viereckig ist. Bisweilen glauben wir Töne zu hören, die aber nur in unserer Einbildung erklingen und aus einem tonlosen Eindruck auf unser Ohr entstehen. Ebenso unzuverlässig wie die andren Sinne ist der Geruch. Bisweilen glauben wir in Wald und Feld Blumen zu riechen, und doch sind keine da. Und in diesem Augenblick, wo ich mit Ihnen rede, merke ich an dem Blutstropfen auf meiner Hand, daß mich eine Mücke gestochen hat. Die Lebhaftigkeit unsres Gesprächs hat mich gegen den Schmerz unempfindlich gemacht. Das Gefühl hat mich im Stiche gelassen. Wenn nun schon das Zuverlässigste, was wir haben, so zweifelhaft ist, wie können Sie dann mit solcher Gewißheit von den abstrakten Dingen der Philosophie reden?«

»Weil sie evident sind«, erwiderte Philant, »und das Kopernikanische System durch die Erfahrung bestätigt wird. Die Planetenumläufe sind darin mit wunderbarer Genauigkeit bestimmt, die Finsternisse mit staunenswerter Richtigkeit berechnet. Kurz, dies System erklärt die Geheimnisse der Natur vollkommen.«

»Was würden Sie nun aber sagen,« wandte ich ein, »wenn ich Ihnen ein System nenne, das von dem Ihren gewiß sehr verschieden ist, aber bei offenbar falscher Voraussetzung die gleichen Wunder erklärt wie das Kopernikanische?«

»Sie meinen gewiß die Irrtümer der Malabaren?« erwiderte er.

»Gerade von dem Berge der Malabaren wollte ich reden, lieber Philant. Allein, soviel Irrtum in jenem System stecken mag, es erklärt doch die astronomischen Naturerscheinungen vollkommen. Ja, es ist wunderbar, daß jene Astronomen dieselben Bewegungen der Gestirne und die Finsternisse so genau vorhersagen konnten wie Ihr Kopernikus, obwohl sie von einer so widersinnigen Voraussetzung ausgingen, wonach die Sonne weiter nichts tut, als einen großen Berg auf der Insel jener Barbaren zu umkreisen. Der Irrtum der Malabaren ist grob, der des Kopernikus ist vielleicht weniger sinnfällig. Vielleicht entwickelt ein neuer Philosoph von der Höhe seines Ruhmes herab eines Tages ein neues Dogma, und in seinem Dünkel über eine unwichtige Entdeckung, die aber immerhin als Grundlage eines neuen Systems dienen kann, behandelt er die Kopernikaner und Newtonianer als eine Rotte von Stümpern, die zu widerlegen unter seiner Würde ist.«

»Allerdings«, sagte Philant, »haben die neuen Philosophen sich stets das Recht genommen, über die alten zu triumphieren. Descartes schmetterte die Heiligen der Schulweisheit nieder. Newton schlug ihn seinerseits zu Boden und wartet selbst nur auf einen Nachfolger, der ihn ebenso behandelt.«

»Sollte das nicht daran liegen,« erwiderte ich, »daß die Eigenliebe schon hinreicht, um ein neues System zu erbauen? Der hohe Begriff von der eignen Bedeutung erzeugt beim Philosophen ein Gefühl der Unfehlbarkeit. Daraufhin zimmert er sich sein System. Er glaubt zunächst blind an alles, was er beweisen will. Dann sucht er nach Gründen, die seinen Sätzen das Ansehen von Wahrscheinlichkeit geben, und daraus entspringt eine unerschöpfliche Quelle von Irrtümern. Gerade umgekehrt müßte er vorgehen. Mit Hilfe einer Anzahl von Beobachtungen müßte er von Folgerung zu Folgerung schreiten und bloß zusehen, wohin das führt und was daraus hervorgeht. Dann glaubte man ihm nicht so leicht, und indem man den behutsamen Schritten der Vorsicht folgt, lernte man weise zweifeln.«

»Sie müßten Engel zu Philosophen haben,« versetzte Philant lebhaft; »denn welcher Mensch wäre vorurteilslos und völlig unparteiisch!«

»Mithin«, erwiderte ich, »ist der Irrtum unser Erbteil.«

»Behüte Gott!« entgegnete mein Freund. »Wir sind für die Wahrheit geschaffen.«

»Ich will Ihnen gern das Gegenteil beweisen, wenn Sie mich geduldig anhören wollen«, sagte ich. »Und da wir hier nahe beim Hause sind, so lassen Sie uns auf dieser Bank Platz nehmen; denn ich glaube, der Spaziergang hat Sie ermüdet.«

Philant ist nicht gut zu Fuße und war mehr zur Zerstreuung und unwillkürlich, als mit Absicht spazieren gegangen. Er freute sich, jetzt sitzen zu können. Wir ließen uns ruhig nieder, und ich fuhr ungefähr so fort:

»Ich sagte Ihnen, Philant, der Irrtum sei unser Erbteil. Ich muß es Ihnen beweisen. Der Irrtum hat mehr als eine Quelle. Der Schöpfer scheint uns nicht dazu bestimmt zu haben, große Kenntnisse zu besitzen und im Reiche des Wissens große Fortschritte zu machen. Er hat die Wahrheiten in Abgründen verborgen, die unsre schwache Einsicht nicht durchforschen kann, und er hat sie mit einer dichten Dornenhecke umgeben. Der Weg der Wahrheit ist rings von Klüften eingefaßt. Man weiß nicht, welchen Pfad man einschlagen soll, um diese Gefahren zu meiden. Hat man sie dann glücklich überstanden, so gerät man in ein Labyrinth, in dem uns Ariadnes Wunderfaden nichts hilft und aus dem man nicht wieder herausfindet. Die einen laufen einem trügerischen Phantom nach, das sie mit seinem Blendwerk täuscht und ihnen statt guten Geldes falsche Münze gibt. Sie verirren sich gleich den Wanderern, die in der Dunkelheit Irrlichtern folgen, deren Schein sie verlockt. Andre erraten die verborgenen Wahrheiten und wähnen der Natur den Schleier abzureißen. Sie ergehen sich in Mutmaßungen, und man muß gestehen, daß die Philosophen in dem Lande große Eroberungen gemacht haben. Die Wahrheiten liegen uns so fern, daß sie zweifelhaft werden und just durch ihre Entfernung ein zweideutiges Ansehen erhalten. Fast keine Wahrheit ist unbestritten; denn es gibt keine, die nicht zwei Seiten hätte. Von der einen Seite gesehen scheint sie unumstößlich, von der andern ist sie der Irrtum selbst. Man nehme alles zusammen, was die Vernunft dafür und dagegen sagt, überlege, erörtere und erwäge es reiflich, und man wird nicht wissen, wofür man sich entscheiden soll. Das ist so wahr, daß nur die Zahl der Wahrscheinlichkeiten den Meinungen der Menschen Gewicht verleiht. Entgeht ihnen nur eine Wahrscheinlichkeit, die dafür oder dagegen spricht, so ergreifen sie den Irrtum, und da die Vorstellungskraft ihnen das Für und Wider nie mit gleicher Stärke veranschaulichen kann, wird ihre Entscheidung stets durch Schwäche bestimmt, und die Wahrheit entzieht sich ihren Blicken.

Gesetzt, eine Stadt läge in einer Ebene, wäre ziemlich lang und bestände nur aus einer Straße. Gesetzt, ein Reisender, der nie von dieser Stadt gehört hat, käme dahin und sähe sie in ihrer ganzen Länge. Er wird sie für ungeheuer halten, weil er sie nur von einer Seite sieht, und sein Urteil wird grundfalsch sein, da wir ja wissen, daß sie nur aus einer Straße besteht. Ebenso geht es mit den Wahrheiten, weil wir sie nur stückweise betrachten und daraus auf das Ganze schließen. Die einzelnen Teile werden wir richtig beurteilen, aber über die Gesamtheit werden wir merklich irren. Um zur Erkenntnis einer allgemeinen Wahrheit zu gelangen, muß man sich zuvörderst einen

Vorrat von Einzelwahrheiten geschaffen haben, die uns leiten oder als Stufen zur Erreichung der gesuchten zusammengesetzten Wahrheit dienen. Grade das fehlt uns. Ich rede nicht von Mutmaßungen, sondern von offenbaren, sicheren, unwiderruflichen Wahrheiten. Philosophisch genommen, kennen wir garnichts. Wir ahnen gewisse Wahrheiten, machen uns unklare Begriffe davon und bringen je nach unsren Sprachwerkzeugen gewisse Laute hervor, die wir als wissenschaftliche Ausdrücke bezeichnen. Ihr Schall befriedigt unser Ohr. Unser Geist glaubt sie zu erfassen, aber genau genommen bieten sie unsrer Vorstellungskraft nichts als wirre und unklare Begriffe. Unsre Philosophie ist also im Grunde nichts als die Gewohnheit, dunkle, uns unverständliche Ausdrücke zu brauchen, als ein tiefes Nachsinnen über Wirkungen, deren Ursachen uns völlig unbekannt und verborgen bleiben. Die klägliche Zusammenstellung solcher Träumereien wird mit dem schönen Namen ›vortreffliche Philosophie‹ beehrt, und der Verfasser preist sie mit der Prahlerei eines Marktschreiers als die seltenste, dem Menschengeschlecht nützlichste Entdeckung an. Die Wißbegier treibt uns zu näherem Eingehen auf diese Entdeckung, und wir glauben Tatsachen zu finden. Welch unbillige Erwartung! Nein! Die so seltene, so kostbare Entdeckung ist nichts als ein neugeprägtes Wort, das noch barbarischer ist als die alten. Dies Wort drückt nach der Behauptung unsres Marktschreiers eine bisher unbekannte Wahrheit vortrefflich aus und macht sie uns sonnenklar. Man sehe, prüfe und wickle seine Idee aus dem Wortgepränge, das sie umhüllt – und es bleibt nichts. Stets herrscht die gleiche Dunkelheit und Finsternis. Eine Theaterdekoration verschwindet, und das Blendwerk der Täuschung zerrinnt.

Die echte Erkenntnis der Wahrheit muß ganz anders sein als die eben gezeichnete. Man müßte alle Ursachen angeben können, bis zu ihrem Ursprung zurückgehen, ihn kennen und sein Wesen entwickeln. Das fühlte Lukrez wohl, und darum sagte dieser Dichterphilosoph:

*Felix qui potuit rerum cognoscere causas.*[2]
Die Grundstoffe alles Seienden und die Triebfedern der Natur sind entweder zu zahllos oder zu klein, als daß der Philosoph sie wahrnehmen oder erkennen könnte. Daher der ewige Streit über die Atome, über die unendliche Teilbarkeit der Materie, über das Volle und das Leere, über die Bewegung, über die Art der Weltregierung – lauter dornenreiche Fragen, die wir nie lösen werden. Der Mensch scheint sich selbst anzugehören. Mich dünkt, daß ich mein eigener Herr bin, mich erforsche und kenne. Allein ich kenne mich nicht. Noch ist es unentschieden, ob ich eine Maschine bin, ein Automat, den die Hand des Schöpfers bewegt, oder ein freies, vom Schöpfer unabhängiges Wesen. Ich fühle, daß ich die Fähigkeit habe, mich zu bewegen, und weiß doch nicht, was Bewegung ist, ob ein Attribut oder eine Substanz. Der eine Gelehrte schreit mir entgegen: sie ist ein Attribut. Der andre schwört darauf, sie sei eine Substanz. Beide streiten, die Höflinge lachen, die Götter der Erde verachten sie, und das Volk weiß nichts von ihnen und vom Gegenstand ihres Streites. Heißt das nicht, die Vernunft aus ihrem Wirkungskreise reißen, indem man sie mit so unbegreiflichen abstrakten Dingen beschäftigt? Mir scheint, unser Geist ist zu so grenzenlosem Wissen nicht fähig. Wir sind wie Leute, die an einer Küste entlang segeln. Sie bilden sich ein, das Ufer bewege sich, nicht aber ihr Schiff, und doch ist es gerade umgekehrt: das Ufer steht fest, sie aber werden vom Winde getrieben. Stets verführt uns unsre Eigenliebe. Alle Dinge, die wir nicht begreifen können, nennen wir dunkel, und alles heißt unverständlich, sobald es außer unsrer Sphäre liegt. Aber es ist nur die Beschränktheit unsres Verstandes, die uns zu tieferer Erkenntnis unfähig macht.

Unleugbar gibt es ewige Wahrheiten. Allein, um sie zu begreifen, um auch ihre kleinsten Ursachen zu erforschen, müßte

---

[2] Glücklich preis' ich den Mann, der den Grund der Dinge erkannt hat. (Der Vers stammt nicht von Lukrez, sondern von Virgil, Georgica II, 490.)

unser Gedächtnis millionenfach größer sein, müßte man sich ganz der Erkenntnis einer einzigen Wahrheit widmen, müßte so alt werden wie Methusalem, ja noch älter, müßte beständig spekulieren und Erfahrungen sammeln, müßte schließlich eine geistige Anspannung haben, deren wir nicht fähig sind. Urteilen Sie nun, ob der Schöpfer die Absicht hatte, uns zu weisen Geschöpfen zu machen. Denn diese Hindernisse scheinen doch aus seinem Willen hervorzugehen, und die Erfahrung lehrt, daß wir wenig Fassungsvermögen, wenig Streben besitzen, daß unser Geist zur Erkenntnis der Wahrheit nicht durchdringt, daß unser Gedächtnis nicht weit und zuverlässig genug ist, um all die Weisheit zu fassen, die ein so schönes und mühseliges Forschen erfordert.

Es gibt aber noch ein andres Hindernis für die Erkenntnis der Wahrheit. Ja, die Menschen haben es sich selbst in den Weg gelegt, als wäre dieser an sich nicht schon schwierig genug. Das Hindernis liegt in den Vorurteilen unsrer Erziehung. Die überwiegende Mehrheit der Menschen hat offenbar falsche Grundsätze. Ihre Physik ist sehr mangelhaft, ihre Metaphysik taugt garnichts, ihre Moral besteht aus schmutzigem Eigennutz und grenzenlosem Hängen an den irdischen Gütern. Was sie große Tugend nennen, ist kluger Vorbedacht für die Zukunft und Sorge für die künftige Wohlfahrt ihrer Familie. Sie werden sich leicht sagen können, daß die Logik dieser Art Menschen zu ihrer Philosophie paßt. Sie ist denn auch erbärmlich. Ihre ganze Dialektik besteht darin, daß sie allein das Wort führen, über alles selbst entscheiden und keinen Einwand dulden. Diese kleinen Hausgesetzgeber sind von Anfang an darauf erpicht, ihren Sprößlingen ihre eignen Ideen einzuprägen. Eltern und Verwandte streben nach Verewigung ihrer Irrtümer. Kaum verläßt das Kind seine Wiege, so ist man schon bemüht, ihm einen Begriff vom Knecht Ruprecht und vom Werwolf zu geben. Auf diese schönen Lehren folgen dann gewöhnlich andre von gleichem Werte. Die Schule trägt das ihre dazu bei. Man wird von den Visionen Platos zu denen des Aristoteles geführt.

Dann wird man mit einemmal in die Geheimnisse der Descartesschen Wirbeltheorie eingeweiht. So verläßt man die Schule. Das Gedächtnis ist mit Worten belastet, der Geist voller abergläubischer Vorurteile und voller Ehrfurcht vor alten Hirngespinsten. Das vernünftige Alter kommt. Entweder schüttelt man das Joch des Irrtums ab oder man überbietet die Eltern noch. Waren sie einäugig, so wird man selbst blind. Haben sie gewisse Dinge geglaubt, weil sie sich einbildeten, sie zu glauben, so glaubt man sie nun aus Starrsinn. Dazu kommt noch das Beispiel so vieler, die zäh an einer Meinung hängen. Ihr Beifall besitzt für uns hinreichende Autorität; ihre große Zahl fällt in die Wagschale. Der im Volk verbreitete Irrtum macht Proselyten und feiert Triumphe. Schließlich werden die eingewurzelten Vorurteile durch die Zeitdauer riesengroß. Denken Sie sich einen jungen Baum, dessen dünner Stamm sich vor der Gewalt der Winde biegt. Er wächst und erstarkt, bietet mit seinem stolzen Wipfel den Wolken Trotz und setzt der Axt des Holzfällers einen unerschütterlichen Stamm entgegen. ›Wie!‹ sagt man. ›So hat mein Vater gedacht, und seit sechzig, siebzig Jahren denke ich ebenso. Mit welchem Rechte kannst du verlangen, daß ich mein Denken jetzt ändere? Soll ich etwa wieder zum Schüler werden und mich von dir gängeln lassen? Laß ab! Ich will lieber auf der allgemeinen Heerstraße dahinschleichen, als mich mit dir wie ein neuer Ikarus in die Lüfte schwingen. Denke an seinen Sturz! Das ist der Lohn für die neuen Lehren, die Strafe, die deiner harrt!‹ Oft tritt zum Vorurteil noch Starrsinn, und eine gewisse Barbarei, die man falschen Eifer nennt, stellt unfehlbar ihre tyrannischen Grundsätze auf.

Das sind die Wirkungen der vorgefaßten Meinungen der Kindheit. Bei der Aufnahmefähigkeit des Gehirns in jenem zarten Alter schlagen sie um so tiefer Wurzel. Die ersten Eindrücke sind die lebhaftesten. Alle Urteilskraft erscheint dagegen nur schwach.

Sie sehen also, lieber Philant, der Irrtum ist das Erbteil der Menschheit. Nach allen meinen Ausführungen werden Sie gewiß begreifen, daß man von seinen Ansichten sehr aufgeblasen sein muß, um sich über den Irrtum erhaben zu wähnen, und daß man selbst sehr fest im Sattel sitzen muß, will man es wagen, andre aus dem Sattel zu heben.«

»Zu meinem großen Erstaunen«, erwiderte Philant, »beginne ich einzusehen, daß die meisten Irrtümer bei den einmal darin Befangenen unausrottbar sind. Ich habe Ihnen aufmerksam und mit Vergnügen zugehört und, wenn ich nicht irre, die Ursachen des Irrtums, die Sie mir angaben, wohl behalten. Es waren das, wie Sie sagten, der weite Abstand der Wahrheit von unsern Augen, das geringe Wissen, die Schwachheit und Unzulänglichkeit unsres Verstandes und die Vorurteile der Erziehung.«

»Vortrefflich, Philant! Sie haben ein ganz göttliches Gedächtnis. Gefiele es Gott und der Natur je, einen Sterblichen zu bilden, der ihre erhabenen Wahrheiten zu fassen vermag, so wären Sie es gewiß, Sie, der ein so umfassendes Gedächtnis mit so lebhaftem Geist und sicherem Urteil vereint.«

»Bitte, keine Komplimente!« erwiderte Philant. »Mir liegt mehr an philosophischen Gedankengängen als an Ihren Lobsprüchen. Es kommt hier garnicht darauf an, mir eine Lobrede zu halten, sondern für den Dünkel aller Gelehrten ehrlich Buße zu tun und unsre Unwissenheit in Demut zu bekennen.«

»Ich werde Ihnen wacker beistehen, Philant, wenn es gilt, unsre tiefe und krasse Unwissenheit aufzudecken. Ich gestehe sie gern ein, ja ich gehe bis zum Pyrrhonismus[3] und finde, wir tun sehr gut daran, wenn wir den sogenannten Erfahrungswahrheiten mehr Zweifel als Glauben entgegenbringen. Sie sind da auf gutem Wege, Philant. Der Skeptizismus steht Ihnen nicht übel an. Pyrrhon hätte im Lykeion[4] nicht anders geredet als Sie. Ich muß Ihnen gestehen, daß ich ein ziemlicher Anhän-

---

[3] Pyrrhon, griechischer Philosoph, Begründer der älteren skeptischen Schule (um 360–270 v. Chr.). Pyrrhonismus gleichbedeutend mit Skepsis.
[4] Die Lehrstätte des Aristoteles in Athen.

ger der Akademie[5] bin. Ich betrachte die Dinge von allen Seiten. Ich zweifle und bleibe unentschieden: so allein kann man sich vor Irrtum bewahren. Bei diesem Skeptizismus mache ich zwar keine Riesenschritte, wie Okeanos bei Homer, der Wahrheit entgegen, aber er behütet mich doch vor den Schlingen der Vorurteile.«

»Und warum fürchten Sie den Irrtum,« erwiderte Philant, »da Sie ihn ja so gut verteidigen?«

»Ach!« versetzte ich, »manch holder Irrtum verdient den Vorzug vor der Wahrheit. Die Irrtümer erfüllen uns mit angenehmen Vorstellungen, überhäufen uns mit Gütern, die wir nicht besitzen und niemals genießen werden. Sie sind unsre Stütze im Unglück. Ja selbst im Tode, wenn wir schon im Begriff sind, alle Güter und das Leben selbst zu verlieren, eröffnen sie uns die Aussicht auf Güter, die den Vorzug vor denen verdienen, die wir aufgeben. Sie tauchen uns in Ströme von Seligkeiten, die uns den Tod selbst noch versüßen, ja ihn liebenswert machen könnten, wenn das möglich wäre. Dabei fällt mir die Geschichte eines Geisteskranken ein, die mir erzählt wurde. Vielleicht wird sie Sie für meine lange, lehrhafte Erörterung schadlos halten.«

»Mein Stillschweigen«, entgegnete Philant, »zeigt Ihnen zur Genüge, daß ich Ihnen mit Vergnügen zuhöre. Ich bin begierig, Ihre Geschichte zu erfahren.«

»Ich will Ihre Neugier befriedigen, Philant. Aber Sie dürfen es dann nicht bereuen, mich zum Plaudern gereizt zu haben. Im Irrenhause zu Paris war also ein Mann von vornehmer Geburt, der alle seine Verwandten durch seine Geisteszerrüttung in tiefe Betrübnis versetzte. Er dachte über alles vernünftig, ausgenommen über seine Seligkeit. Er glaubte sich in Gesellschaft von lauter Cherubimen, Seraphimen und Erzengeln,

---

5 Ursprünglich die Lehrstätte des Plato, dann die von ihm gestiftete Schule. Hier ist die sogenannte mittlere Akademie gemeint, die eine skeptische Tendenz verfolgte, wenn auch nicht mit der Entschiedenheit Pyrrhons.

sang den ganzen Tag im Konzert dieser unsterblichen Geister und wurde mit beseligenden Visionen beehrt. Das Paradies war sein Aufenthalt, die Engel seine Gefährten, das himmlische Manna seine Speise. Dieser glückliche Narr genoß im Irrenhause ein vollkommenes Glück – bis zu seinem Unglück ein Arzt oder Wundarzt die Geisteskranken besuchte. Der Arzt erbot sich der Familie gegenüber, den Seligen zu heilen. Sie können sich denken, daß man ihm alles mögliche versprach, wenn er seine ganze Kunst aufböte und womöglich Wunder täte. Genug! Um es kurz zu machen: es gelang dem Arzte durch Aderlässe oder andre Mittel, den Kranken wieder in den Vollbesitz seines gesunden Verstandes zu bringen. Er war tief erstaunt, sich nicht mehr im Himmel, sondern an einem Orte zu finden, der dem Gefängnis sehr ähnlich sah, und in einer Gesellschaft, die nichts Engelhaftes hatte. Er war wütend auf den Arzt. ›Ich fühlte mich wohl im Himmel‹, sagte er zu ihm. ›Sie hatten kein Recht, mich herunterzuholen. Zu Ihrer Strafe wünsche ich Ihnen, Sie würden verdammt und kämen leibhaftig in die Hölle‹. Sie sehen daraus, Philant, daß es beseligende Irrtümer gibt. Es wird mir nicht schwer fallen, Ihnen zu zeigen, daß sie auch unschuldig sind.«

»Das soll mir recht sein«, erwiderte er. »Da wir spät zu Nacht essen, haben wir noch mindestens drei Stunden vor uns.«

»Soviel«, entgegnete ich, »brauche ich nicht für das, was ich Ihnen zu sagen habe. Ich werde mit meiner Zeit und mit Ihrer Geduld sparsam umgehen. Sie gaben mir vorhin zu, daß der Irrtum bei den darin Befangenen unfreiwillig sei. Sie wähnen sich im Besitz der Wahrheit und täuschen sich doch. Sie sind in der Tat entschuldbar; denn nach ihrer Meinung haben sie die Wahrheit. Sie gehen ehrlich zu Werke, aber der Schein trügt sie; sie halten den Schatten für den Körper selbst. Bedenken Sie bitte ferner, daß sie aus einem löblichen Beweggrund in Irrtum versunken sind. Sie suchten die Wahrheit, verirrten sich aber auf dem Wege, und wenn sie sie auch nicht fanden, so besaßen sie doch wenigstens den guten Willen. Sie hatten keine, oder was noch schlimmer ist, schlechte Führer. Sie suchten den Weg zur Wahrheit, aber ihre Kräfte versagten vor dem Ziele. Kann man einen Menschen verurteilen, der beim Durchschwimmen eines sehr breiten Stromes ertrinkt, weil er nicht die Kraft gehabt hat, ans andre Ufer zu kommen? Wenn man nicht ganz fühllos ist, wird man Mitleid mit seinem traurigen Geschick haben. Man wird einen Mann beklagen, der so mutig und eines so kühnen und edlen Vorsatzes fähig war, aber von der Natur nicht genug unterstützt wurde. Seine Kühnheit scheint ein besseres Schicksal verdient zu haben, und seine Asche wird mit Tränen benetzt werden. Jeder denkende Mensch muß sich anstrengen, die Wahrheit zu erkennen. Solche Anstrengungen sind unsrer würdig, auch wenn sie unsre Kräfte übersteigen. Es ist schon schlimm genug, daß die Wahrheit für uns unerforschlich ist. Wir dürfen das Elend nicht noch durch Verachtung derer mehren, die bei der Entdeckung dieser neuen Welt Schiffbruch erleiden. Sie sind hochherzige Argonauten, die sich für das Wohl ihrer Mitbürger Gefahren aussetzen. In den Ländern der Einbildung umherzuirren ist in der Tat eine harte Arbeit. Das Klima ist uns unzuträglich, wir kennen die Sprache der Einwohner nicht und verstehen uns nicht darauf, durch den Flugsand jener Gefilde zu schreiten.

»Glauben Sie mir, Philant, wir müssen duldsam gegen den Irrtum sein. Er ist ein feines Gift, das unvermerkt in unser Herz dringt. Ich, der ich mit Ihnen rede, bin nicht sicher, eine Ausnahme zu bilden. Verfallen wir nie in den lächerlichen Dünkel jener unfehlbaren Gelehrten, deren Worte als Orakelsprüche zu gelten haben. Seien wir nachsichtig auch gegen die handgreiflichsten Irrtümer und rücksichtsvoll gegen die Ansichten derer, mit denen wir zusammen leben. Warum sollen wir die holden Bande, die uns vereinen, einer Meinung zuliebe zerreißen, von der wir selbst nicht recht überzeugt sind? Spielen wir uns nicht als Kämpen für eine unbekannte Wahrheit auf, und überlassen wir es der Einbildungskraft eines jeden, sich aus seinen Ideen einen Roman zu spinnen. Die Zeiten der fabelhaften Recken, die Wundertaten und Schwärmereien der fahrenden Ritter sind vorüber. Einen Don Quichotte bewundert man noch bei Cervantes, aber ein Pharamund, Roland, Amadis und Gandalin[6] würden sich dem Gelächter aller Vernünftigen aussetzen, und die Ritter, die in ihre Fußtapfen träten, würde das gleiche Schicksal ereilen.

»Zu bemerken ist noch: um die Irrtümer der Welt auszurotten, müßte man das ganze Menschengeschlecht vertilgen. Für das Glück der Gesellschaft macht es wenig aus, wie wir über spekulative Fragen denken, aber viel, wie wir handeln. Ob Sie Anhänger des Systems Tycho de Brahes oder des der Malabaren sind, ich verzeihe es Ihnen gern, wenn Sie nur menschlich sind. Wären Sie aber der orthodoxeste aller Weltweisen und dabei von grausamem, hartem und barbarischem Charakter, so würde ich Sie stets verabscheuen.«

»Ich bin vollkommen Ihrer Meinung«, sagte Philant.

Bei diesen Worten hörten wir nicht weit von uns ein dumpfes Gemurmel, als ob jemand Schmähworte vor sich hinbrummte. Wir drehten uns um und erblickten im hellen Mondschein zu unsrem Erstaunen den Hauskaplan, der nur ein paar Schritte von uns entfernt war und wahrscheinlich den größten Teil unsrer Unterhaltung gehört hatte.

»Sieh da! Mein Vater!« rief ich. »Wie kommt's, daß wir Sie hier so spät antreffen?«

»Heute ist Sonnabend«, erwiderte er. »Ich war dabei, meine Predigt für morgen vorzubereiten. Da hörte ich mitten drin ein paar Worte von Ihrem Gespräch, die mich veranlaßten, auch den Rest anzuhören. Wollte Gott, ich hätte zum Heil meiner Seele nichts davon vernommen! Sie haben meinen gerechten

---

6 Gandalin ist der Schildknappe des Amadis von Gallien in dem gleichnamigen Ritterroman, Pharamund, der sagenhafte erste König der Franken, Held des einst berühmten gleichnamigen Romans von La Calprenède († 1661), einer sagenhaften Geschichte Frankreichs.

Zorn erregt, haben meine frommen Ohren beleidigt, die heiligen Gefäße unsrer unaussprechlichen Wahrheiten. Unheilige, schlechte Christen, die ihr seid, ihr wollt Menschlichkeit, Erbarmen und Demut der Macht der Religion und der Heiligkeit unsres Glaubens vorziehen! Wohlan, ihr werdet verdammt und in Kesseln voll siedenden Öles gemartert werden, die für die Verdammten bestimmt sind – euresgleichen.«

»Verzeihung, mein Vater!« erwiderte ich. »Wir haben keine religiösen Fragen berührt. Wir sprachen nur von höchst gleichgültigen philosophischen Problemen. Und falls Sie nicht Tycho de Brahe oder Kopernikus zu Kirchenvätern erheben wollen, sehe ich nicht ein, worüber Sie sich zu beklagen hätten.«

»Schon gut!« sagte er. »Ich werde Sie morgen abkanzeln. Gott weiß, wie glatt ich Sie zum Teufel schicken werde.«

Wir wollten ihm antworten, aber er verließ uns unwirsch und brummte im Fortgehen ein paar Worte, die wir nicht recht verstehen konnten. Ich hielt es für einen frommen Seufzer, aber Philant glaubte ein paar rhetorische Verwünschungen aus irgend einem Psalm Davids gehört zu haben.

Wir gingen ins Haus, sehr zerknirscht ob des Abenteuers, das wir gehabt hatten, und sehr verlegen, welche Maßregeln wir ergreifen sollten. Mich dünkte, ich hätte nichts gesagt, was irgendwen hätte beleidigen können. Was ich zugunsten des Irrtums behauptet hatte, war der gesunden Vernunft und folglich den Grundsätzen unsres allerheiligsten Glaubens gemäß; denn er befiehlt uns selbst Duldung gegen die Fehler unsrer Nächsten und verbietet uns, den Schwachen Ärgernis zu bereiten und sie zu verletzen. Ich fühlte mich bei meinen Ansichten also rein und fürchtete nichts als die Denkweise der Frömmler. Man weiß ja, wie weit ihr Glaubenseifer geht und wie leicht sie imstande sind, andre gegen die Unschuld einzunehmen, wenn sie Abscheu gegen jemand gefaßt haben und ihn in Verruf bringen möchten. Philant beruhigte mich, so gut er konnte, und wir trennten uns nach dem Abendessen, jeder in tiefem Sinnen, vermutlich über den Gegenstand unsrer Unterhaltung und den unglücklichen Zwischenfall mit dem Pfaffen. Ich ging ungesäumt in mein Zimmer und brachte während des größten Teiles der Nacht zu Papier, was ich von unsrer Unterredung behalten hatte.

# Vorrede zu Voltaires *Henriade* (1739)[1]

Ganz Europa kennt das Heldengedicht »Die Henriade«. Durch zahlreiche Ausgaben ist es bei allen Völkern verbreitet, die Bücher haben und Kultur genug besitzen, um etwas Geschmack an der Literatur zu finden.

Voltaire ist unter allen Schriftstellern vielleicht der einzige, der die Vollendung seiner Kunst dem Eigennutz und der Eigenliebe vorgezogen und seine Fehler unermüdlich verbessert hat. Von der ersten Auflage, in der die »Henriade« als »*Poème de la Ligue*«[2] erschien, bis auf die heutige Ausgabe hat der Verfasser sich in unermüdlichem Fleiße bis zu der Vollendung emporgeschwungen, die den großen Genies und den Meistern der Kunst gewöhnlich mehr vorschwebt als erreichbar ist.

Die heutige Ausgabe ist bedeutend erweitert – ein deutliches Zeichen für die Fruchtbarkeit des Verfassers. Sein Genie gleicht einer unerschöpflichen Quelle, und nie wird in seiner Hoffnung betrogen, wer sich neue Schönheiten und Vollkommenheiten aus der vorzüglichen Feder Voltaires verspricht.

Zahllose Schwierigkeiten hatte dieser Fürst der französischen Dichtkunst bei der Abfassung seines Epos zu überwinden. Zunächst hatte er die vorgefaßte Meinung ganz Europas und seiner eignen Landsleute gegen sich. Die Franzosen glaubten, ein Heldengedicht könnte in ihrer Sprache nie gelingen. Er hatte das traurige Beispiel seiner Vorläufer vor Augen, die auf diesem schwierigen Wege sämtlich gestrauchelt waren. Er hatte

---

[1] Die obige Vorrede ist im August 1739 verfaßt. Sie war für eine Prachtausgabe der »Henriade« bestimmt, die Friedrich zu veranstalten beabsichtigte und für die u. a. Knobelsdorff Vignetten zeichnen sollte. Vgl. auch die »Gedächtnisrede auf Voltaire«.

[2] »*La Ligue*«, Paris 1723.

ferner den abergläubischen Respekt der gelehrten Welt vor Virgil und Homer zu überwinden. Vor allem aber besaß er eine schwache Gesundheit, eine zarte Konstitution, die jedem anderen, für den Ruhm seines Volkes minder Begeisterten die Arbeitskraft geraubt hätte. Trotz all dieser Hindernisse hat Voltaire sein Vorhaben durchgeführt, obwohl unter Verzicht auf eine glänzende Laufbahn und oft auch auf Kosten seiner Ruhe.

Ein so umfassendes Genie, ein so scharfer Geist, ein so emsiger Arbeiter, wie Voltaire, hätte sich gewiß den Weg zu den höchsten Ämtern erschlossen, hätte er nur den Kreis der von ihm gepflegten Wissenschaften verlassen, um sich Geschäften zu widmen, die der Eigennutz und Ehrgeiz der Menschen »ernste Beschäftigungen« zu nennen beliebt. Jedoch er folgte lieber dem unwiderstehlichen Drang seines Genius als den Vorteilen, die er dem Schicksal gewiß abgerungen hätte. Seine Erfolge haben seine Erwartungen vollauf gerechtfertigt. Er ehrt die Wissenschaften ebenso, wie sie ihn ehren. In der »Henriade« tritt er zwar nur als Dichter hervor. Aber er ist auch ein tiefer Philosoph, ein gelehrter Historiker.

Die Künste und Wissenschaften sind ungeheure Länder. Sie alle zu erobern, wie Cäsar oder Alexander die Welt erobert haben, ist uns schier unmöglich. Schon zur Unterwerfung eines kleinen Gebietes ist viel Talent, viel Streben nötig, und so gehen die meisten denn auch bei der Eroberung jener Länder den Gang der Schildkröte. Es gibt aber auch in den Wissenschaften Reiche, die unter eine Unzahl kleiner Herrscher aufgeteilt sind, genau wie in der Welt. Diese großen Herrscherbünde haben sogenannte Akademien gebildet. Aber wie sich in Ländern mit aristokratischer Verfassung oft Leute mit überlegenem Geiste finden, die sich über die anderen hinausgeschwungen haben, so haben auch die aufgeklärten Zeitalter Menschen hervorgebracht, die in sich das Wissen vereinigten, das vierzig denkenden Köpfen[3] Beschäftigung genug gegeben hätte. So zu ihrer

---

3 Die französische Akademie zählt vierzig Mitglieder.

Zeit Leibniz und Fontenelle,[4] so heute Voltaire. Es gibt keine Wissenschaft, die nicht in sein Arbeitsgebiet fiele: von der höheren Mathematik bis zur Poesie hat er sie alle durch die Kraft seines Genius unterjocht.

Wer die Welt kennt und Voltaires Werke gelesen hat, wird leicht begreifen, daß der Neid ihn nicht verschonen konnte. Große Begabung im Verein mit europäischem Rufe pflegt die Halbgelehrten, die Zwitter von Gelehrsamkeit und Unwissenheit, zu empören. Da die armen Schelme selbst talentlos sind, so schlagen sie dreist auf die los, denen sie sich überlegen wähnen, und verfolgen hartnäckig die strahlenden Geister, deren Licht sie verdunkelt. Und so haben denn alle finsteren Mächte, Bosheit und Verleumdung, Undank und Haß, sich gegen Voltaire verschworen. Keine Art von Verfolgung blieb ihm erspart. Machthaber, die ihn im Interesse ihres eignen Ruhmes hätten schützen sollen, haben ihn feig im Stich gelassen und ihn dem Haß seiner verbrecherischen Feinde preisgegeben.

Trotz einiger zwanzig Wissenschaften, die Voltaires Schaffen zersplittern, trotz seines häufigen Krankseins und des Kummers, den ihm unwürdige Neider bereiten, hat er seine »Henriade« zu einem Grad der Vollkommenheit gebracht, den meines Wissens wohl nie eine Dichtung erreicht hat. Die Führung der Handlung, die Stoffverteilung sind so weise durchdacht, wie nur möglich. Der Verfasser hat sich die Vorwürfe zunutze gemacht, die gegen Homer und Virgil erhoben worden sind. Die einzelnen Gesänge der Ilias haben wenig oder gar keinen Zusammenhang; man hat sie deshalb Rhapsodien genannt. In der »Henriade« sind alle Gesänge aufs innigste miteinander verknüpft. Ein und dieselbe Handlung zerfällt durch den zeitlichen Verlauf in zehn Hauptereignisse. Der Schluß ist natürlich: Heinrichs IV. Übertritt[5] und sein Einzug in Paris setzen den Bürgerkriegen der Ligue, die Frankreich zerrütteten, ein

---

4 Bernard le Bovier de Fontenelle (1657 bis 1757).
5 Zum Katholizismus (1593).

Ende. Darin ist der Franzose dem Lateiner weit überlegen, der seine Äneis nicht so fesselnd schließt, wie er sie begonnen hat. Am Ende verflackert das schöne Feuer, das den Leser im Anfang jener Dichtung entzückte. Man möchte sagen, Virgil habe die ersten Gesänge in der Blüte der Jugend verfaßt, aber die letzten im Alter, wo das Hinschwinden der Einbildungskraft und das allmähliche Verlöschen des geistigen Feuers den Kriegern das Heldentum und den Dichtern die Eingebung raubt.

Voltaire ahmt zwar hier und da Virgil und Homer nach, aber doch stets in selbständiger Weise. Man merkt dabei, daß das kritische Urteil des Franzosen dem lateinischen und griechischen Dichter unendlich überlegen ist. Man vergleiche das Hinabsteigen des Odysseus in die Unterwelt[6] mit dem VII. Gesang der »Henriade«, und man wird sehen, daß den letzteren eine Fülle von Schönheiten ziert, die Voltaire ganz allein sich verdankt. Schon der Gedanke, Henrich IV. im Traume all das sehen und hören zu lassen, was er im Himmel und in der Hölle erblickt und was ihm im Schicksalstempel geweissagt wird, wiegt die ganze Ilias auf. Denn der Traum Heinrichs IV. führt alles, was er erlebt, auf die Regeln der Wahrscheinlichkeit zurück, wogegen die Unterweltsszene der Odyssee all der Reize bar ist, die Homers genialer Fiktion den Schein der Wahrheit hätten geben können. Auch stehen alle Episoden in der »Henriade« am rechten Fleck. Der Verfasser hat seine Kunst so geschickt verborgen, daß sie nicht zu sehen ist und als natürlich erscheint. Ja, man möchte sagen, all die Schönheiten, die seine fruchtbare Phantasie hervorgebracht hat und die das ganze Gedicht Seite für Seite zieren, fügen sich ganz notwendig ein. Nirgends findet man die kleinlichen Details, in die so viele Schriftsteller versinken, bei denen Trockenheit und Schwulst an Stelle des Genies treten. Die pathetischen Szenen weiß Voltaire packend zu gestalten. Er besitzt die große Kunst, die Her-

---

6 Odyssee, XI. Gesang.

zen zu rühren. Solche ergreifenden Stellen sind Colignys Tod,[7] Valois' Ermordung,[8] der Kampf des jungen d'Ailly, Heinrichs IV. Abschied von der schönen Gabrielle d'Estrées und der Tod des tapfern Chevalier d'Aumale.[9] Jedesmal, wenn man das liest, ist man ergriffen. Mit einem Worte: der Verfasser verweilt nur bei den fesselndsten Stellen und geht leicht über alles hinweg, was sein Gedicht in die Länge ziehen würde. In der »Henriade« ist nichts zu viel und nichts zu wenig.

Die Wunder, die der Verfasser benutzt, können keinen vernünftigen Leser stören. Alles kommt durch das Religionssystem der Wahrscheinlichkeit nahe. Solche Macht besitzen Poesie und Beredsamkeit. Sie vermögen selbst Gegenstände ehrwürdig zu machen, die es an und für sich nicht sind, und sie so glaubhaft zu gestalten, daß sie den Leser verführen.

Alle Allegorien in diesem Gedicht sind neu. Die Politik, die im Vatikan haust, der Tempel der Liebe, die wahre Religion, die Tugenden, die Zwietracht, die Laster – alles lebt, alles regt sich unter Voltaires Griffel. Lauter Bilder, die nach dem Urteil der Kenner den geschickten Pinsel Poussins und der Caracci[10] übertreffen.

Es bleibt mir nur noch ein Wort über die Poesie des Stiles – das, worin sich der Dichter als solcher erweist. Nie war die französische Sprache so kraftvoll wie in der »Henriade«. Überall herrscht Adel. Mit unendlichem Feuer erhebt sich der Dichter zum Erhabenen, und steigt er herab, so geschieht es mit Anmut und Würde. Welche Lebhaftigkeit in der Darstellung, welche Kraft in den Charakteren und Schilderungen, welche Vornehmheit in den Einzelheiten! Der Kampf des jun-

---

7 In der Bartholomäusnacht am 23. August 1572 (II. Gesang, Vers 207).
8 König Heinrich III., der letzte des Hauses Valois, wurde am 1. August 1589 von dem fanatischen Mönche Jakob Clément ermordet (V. Gesang, Vers 279).
9 VIII. Gesang, Vers 207; IX, 339; X, 148.
10 Nicolas Poussin († 1665); Lodovico Caracci († 1619); Annibale Caracci († 1609).

gen Turenne[11] wird zu allen Zeiten die Bewunderung der Leser herausfordern. Hier, in der Schilderung des Degenkampfes, bei den Stößen, Paraden, Gegenstößen und Treffern fand Voltaire das Haupthindernis in seiner Sprache. Trotzdem hat er die Schwierigkeit glänzend überwunden. Er versetzt den Leser auf das Schlachtfeld, und man glaubt mehr, einem Kampfe beizuwohnen, als dessen Beschreibung in Versen zu lesen.

Die gesunde Moral, die Schönheit der Gefühle findet in diesem Gedicht ihren wünschenswertesten Ausdruck. Heinrichs IV. besonnene Tapferkeit, sein Edelmut, seine Menschlichkeit sollten allen Königen und Helden zum Vorbild dienen. Wie oft verfahren sie hart und roh gegen die, die das Schicksal der Staaten oder das Kriegsglück in ihre Hand gegeben hat! Ihnen sei im Vorübergehen gesagt: wahre Größe liegt nicht in der Unbeugsamkeit und Tyrannei, sondern in den Gefühlen, die der Verfasser so edel kennzeichnet:

Freundschaft, du Himmelsgabe, großer Seelen Lust,
Freundschaft, nie heimisch in der Herrscher Brust –
Zum Unglück der erlauchten Undankbaren.[12]

Zu den Meisterstücken der »Henriade« gehört der Charakter Philipps von Mornay.[13] Ein ganz neuer Charakter: ein philosophischer Krieger, ein menschlicher Soldat, ein Hofmann, wahr und ohne Schmeichelei. Ein solcher Ausbund seltener Tugend verdient unsern Beifall. Und so bildet er denn auch für den Dichter einen reichen Quell edler Gefühle. Wie gern sehe ich diesen Philipp von Mornay, den treuen, stoischen Freund, an der Seite seines jungen, tapfern Herrn, wie er überall den

---

11 Henri de la Tour d'Auvergne, Vicomte de Turenne, der Vater des berühmten Feldherrn (X. Gesang, Vers 107).
12 VIII. Gesang, Vers 322–324.
13 Philipp de Mornay Duplessís († 1623), Führer der Protestanten und Freund Heinrichs IV.

Tod abwehrt und ihn doch nie austeilt.[14] Welcher Abstand zwischen diesem weisen Philosophen und den heutigen Sitten! Ja, für das Wohl der Menschheit ist es tief zu beklagen, daß ein so schöner Charakter nur in der Phantasie existiert.

Übrigens atmet die ganze »Henriade« nichts als Menschlichkeit. Unablässig hebt Voltaire diese Tugend hervor, die den Fürsten so nötig, ja ihre einzige Tugend ist. Er zeigt uns einen siegreichen König, der den Besiegten vergibt. Er führt den Helden bis vor die Mauern von Paris, aber statt die rebellische Stadt zu plündern, gibt er den von furchtbarer Hungersnot heimgesuchten Einwohnern die nötigen Lebensmittel. Umgekehrt braucht der Dichter die grellsten Farben für die scheußliche Metzelei der Bartholomäusnacht und die unerhörte Grausamkeit Karls IX., der mit eigener Hand gegen seine kalvinistischen Untertanen wütete. Die düstre Politik Philipps II., die Ränke und Kunstgriffe Sixtus' V., die schlaffe Untätigkeit Valois' und die Sünden, die Heinrich IV. aus Liebe begeht, werden beim rechten Namen genannt. Der Dichter umrankt alle seine Schilderungen mit kurzen, trefflicheren Bemerkungen, die das Urteil der Jugend bilden und den rechten Begriff von Tugend und Laster geben müssen. Immer wieder mahnt Voltaire die Völker zur Treue gegen Gesetz und Herrscher. Er verewigt den Namen des Präsidenten Harlay,[15] dessen unerschütterliche Treue gegen seinen Herrn solchen Lohn wohl verdiente. Ein gleiches gilt von den Räten Brisson, Larcher, Tardif, die von den Rebellen umgebracht wurden. Hier macht der Dichter folgende Bemerkung:

> »Unsterblichkeit sich euer Ruf erwirbt:
> Mit Ruhm stirbt, wer für seinen König stirbt.«[16]

---

14 VIII. Gesang, Vers 180–204.
15 Achille de Harlay, Präsident des Pariser Parlaments (IV. Gesang, Vers 439).
16 IV. Gesang, Vers 467. 468.

Potiers Rede vor den Rebellen[17] ist gleich schön durch die Richtigkeit der Empfindungen wie durch die Kraft der Beredsamkeit. Der Dichter läßt einen ernsten Beamten vor der Ratsversammlung der Ligue reden. Mutig tritt er den Plänen der Rebellen entgegen, die einen König aus ihrer Mitte wählen wollen. Er mahnt sie, sich ihrem rechtmäßigen Gebieter[18] zu unterwerfen, dessen Herrschaft sie sich entziehen wollen, verurteilt alle Mannstugend der Aufständischen, all ihre kriegerische Tapferkeit, die sich gegen ihren König richtet und dadurch zum Verbrechen wird. Aber was ich auch über diese Rede sage, ich reiche doch nicht an sie heran. Man muß sie aufmerksam lesen. Ich will ja auch nur die Leser auf die Schönheiten hinweisen, die sie übersehen könnten.

Ich gehe zu dem Religionskrieg über, der den Gegenstand der »Henriade« bildet. Der Dichter mußte natürlich die Mißbräuche geißeln, die durch Aberglauben und Fanatismus in der Religion eingerissen sind. Hat man doch stets bemerkt, daß Glaubenskriege – das ist ihr besonderes Verhängnis – stets blutiger und erbitterter waren als Kriege, die der Ehrgeiz der Fürsten oder die Widerspenstigkeit der Untertanen hervorrief. Da nun Fanatismus und Aberglaube stets die Triebfeder der abscheulichen Politik der Großen und der Geistlichen waren, so mußte ihnen unbedingt ein Damm entgegengesetzt werden. Mit der ganzen Glut seiner Einbildungskraft, der ganzen Macht der Poesie und Beredsamkeit hat der Dichter die Torheiten unserer Vorfahren der Gegenwart vor Augen gestellt, um uns für immer davor zu bewahren. Er möchte die Krieger und Feldlager von den Spitzfindigkeiten und Haarspaltereien der Schulweisheit säubern und diese dem Pedantenvolk der Scholastiker überlassen. Er möchte den Menschen für alle Zeiten das geweihte Schwert entwinden, das sie vom Altar reißen, um ihre Mitbrüder erbarmungslos abzuschlachten. Mit einem

---

17  Nicolas Potier de Blancmesnil, Präsident des Pariser Parlaments (VI. Gesang, Vers 83–134).
18  Heinrich IV.

Worte: die Wohlfahrt und Ruhe der Gesellschaft ist das Hauptziel der Dichtung. Darum mahnt der Dichter so oft, die gefährliche Klippe des Fanatismus und des falschen Eifers zu meiden.

Indes scheint die Mode der Religionskriege zum Segen der Menschheit jetzt überwunden. Wir hätten damit einen Wahn weniger auf der Welt. Aber ich wage zu behaupten: das verdanken wir zum guten Teil dem philosophischen Geiste, der seit einigen Jahren in Europa die Vorherrschaft erlangt hat. Je mehr Aufklärung, desto weniger Aberglaube. Ganz anders war es im Zeitalter Heinrichs IV. Die alle Begriffe übersteigende mönchische Unwissenheit und die Barbarei der Menschen, die keine andre Beschäftigung kannten als Jagen und Einandertotschlagen, ebnete den handgreiflichsten Irrtümern den Boden. Katharina von Medici[19] und die aufständischen Großen konnten also damals die Leichtgläubigkeit der Menge um so leichter mißbrauchen, als das Volk roh, blind und unwissend war.

Die gebildeten Zeitalter, in denen die Wissenschaften erblühten, haben uns keine Beispiele von Religionskriegen und Bürgerzwist zu bieten. In den schönen Zeiten des Römischen Reichs, gegen Ende der Regierungszeit des Augustus, war das ungeheure Reich, das fast zwei Drittel der bekannten Welt umfaßte, friedlich und ohne Aufruhr. Die Menschen überließen die Glaubensinteressen den Dienern der Religion und zogen den ruhigen Genuß und das Studium der ehrgeizigen Wut vor, sich für Worte, für den Eigennutz oder für verderbliche Ruhmsucht gegenseitig zu schlachten.

Das Zeitalter Ludwigs XIV., das ohne Schmeichelei dem augusteischen an die Seite gestellt werden darf, ist gleichfalls ein Beispiel für stille, glückliche innere Zustände. Aber leider wurde diese Ruhe am Ende seiner Regierungszeit getrübt durch den Einfluß, den der Pater Le Tellier auf den altersschwachen Geist des Königs gewann. Indes war das nur das

---

19 Die Witwe König Heinrichs II. und Mutter der Könige Karl IX. und Heinrich III.

Werk eines Einzelnen, und es wäre offenbar unrecht, das ganze Zeitalter dafür verantwortlich zu machen, das im übrigen so reich an großen Männern war.

Die Wissenschaften haben also stets zur Vermenschlichung der Menschen beigetragen. Sie machen sie milder, gerechter und weniger gewalttätig. Sie haben am Wohl der Gesellschaft und am Glück der Völker mindestens den gleichen Anteil wie die Gesetze. Die sanfte und liebenswürdige Gesinnung derer, die die Künste und Wissenschaften pflegen, teilt sich unmerklich dem großen Haufen mit. Sie dringt vom Hof in die Hauptstadt, von der Hauptstadt in die Provinzen. Dann gehen den Menschen die Augen auf, daß die Natur sie gewiß nicht dazu schuf, sich gegenseitig auszurotten, sondern daß wir uns in unsern gemeinsamen Nöten beistehen sollen, daß Unglück, Krankheit und Tod uns schon unablässig verfolgen und daß es der Gipfel des Wahnsinns ist, die Ursachen unsres Elends und unsrer Vernichtung noch zu mehren. Trotz aller Standesunterschiede gelangt man zur Einsicht, daß wir von Natur alle gleich sind, daß wir in Frieden und Eintracht miteinander leben müssen, welchem Volke, welchem Glauben wir auch angehören mögen, daß Freundschaft und Mitgefühl allgemeine Pflichten sind. Kurz, die Vernunft verbessert alle Fehler unsres Temperaments.

Das ist der wahre Nutzen der Wissenschaften, und daraus ergibt sich die Dankespflicht gegen alle, die sie pflegen und sie bei uns einzubürgern suchen. Voltaire, der alle diese Wissenschaften übt, schien mir stets um so mehr den Dank der Welt zu verdienen, als er nur für das Wohl der Menschheit lebt und arbeitet.

Solche Gedankengänge und mein lebenslänglicher Wunsch, der Wahrheit Ehre zu erweisen, haben mich bestimmt, der Öffentlichkeit diese Ausgabe vorzulegen. Ich habe versucht, sie Voltaires und seiner Leser möglichst würdig zu gestalten. Mit einem Worte: mich deuchte, daß ich durch Ehrung dieses bewundernswerten Schriftstellers gleichsam unser Jahrhundert selbst ehre. Jedenfalls kann die Nachwelt dann von Zeitalter zu Zeitalter wiederholen: jene Zeit hat nicht nur große Männer hervorgebracht, sondern auch ihre ganze Trefflichkeit erkannt, und Neid und Kabale haben nichts gegen die vermocht, die durch Talente und Verdienste aus dem großen Haufen hervorragten, ja selbst Große übertrafen.

# An meinen Geist

VERNIMM, MEIN GEIST,
ich darf es länger nicht verschweigen,
Daß sie sich über Dich rings unzufrieden zeigen,
Und Deine Fehler mich noch in Verzweiflung stürzen.
Wie, mit Gelehrsamkeit willst Du die Zeit verkürzen?
Willst seltsamer Begier unmäßig Dich ergeben
Und – sonderbare Lust! – als ein Gelehrter leben?

Vertieft bei Tag und Nacht in modrige Folianten,
Die kein *Achard* bezwang und Könige nie verstanden,
Willst Du ein *Huet* sein, *Salmase*, und wie sie heißen,
Als Nahrung für das Hirn in die Scharteken beißen?
Ein König und gelehrt! Das Blut will mir gerinnen!
Konntest Du jemals wohl ein dümmres Ziel ersinnen?
Ein König muß etwa den Steuerplan betreiben,
Verträge billigen, Befehle unterschreiben;
Dies ist fürwahr schon viel in unserem Jahrhundert,
Was will man mehr von ihm, damit man ihn bewundert?

Der König soll den Thron mit seinem Glanz erfüllen,
Mit Majestät und Pracht sein ganzes Sein umhüllen;
Dem Nachbarn seines Lands soll er Verachtung zeigen,
Vom Weihrauch lebend hoch bis zu den Göttern steigen.
Was nützt ihm Wissenschaft? Sein Wissen ist vollkommen,
Wenn er die Wichtigkeit der Hofordnung vernommen.
Geschäftiger Müßiggang bewegt auf solchen Bahnen
Die Großen im Palast – genannt wie Court-isanen.

Ja, murmle ahnungsvoll und leis der Exzellenz
Ein dunkles Kompliment, kommt sie zur Audienz,
Sei toll auf jede Jagd, lern Zeit am Spieltisch töten
Und dies: das dickste Lob zu hören ohn' Erröten.
Dräng Dich zur Predigt hin, und gähne beim Spektakel,
Sei finster beim Souper, und sprich wie ein Orakel.
Mit großer Pose stell Dich auch verliebt bisweilen,
So wirst Du Deinen Hof königlich langeweilen:
Das sei das Handwerk, Freund, für Deine Herrscherlaunen.

Doch Dein Plaisir, MEIN GEIST, macht heftig mich erstaunen,
Die Weisheit, die Dich lockt, ist eine schwere Bürde,
Sie drückt und widerspricht der königlichen Würde!
Und man erzählt sich auch, MEIN GEIST, Du seist vor allen
Torheiten dieser Welt der Reimsucht ganz verfallen.
Als gäb's keinen Apoll, machst Du Dich zum Poeten!
Und leugnest Du, daß Du in spöttischen Pamphleten
Die Menschheit scharf verletzt mit Deinem bissigen Witze
Und Trotz dem Himmel botst, als hätt er keine Blitze?
Nicht einmal den *Homer* vermochtest Du zu schonen,
Die ihn verehren, glaub', werden das bitter lohnen.
Willst Du es eingestehn, daß, unter vielen Titeln,
Du keck es unternimmst, die Menschheit zu bekritteln?
Episteln, Oden auch schreibst Du in kühnem Schwunge
Und predigst gar Moral, als hättst Du *Neuvilles* Lunge.
Französisch dichtest Du, doch ohne die Finessen,
Hast Du denn *Vaugelas* als Vorbild ganz vergessen?
Ach! lebte *Boileau*, so schlüg er eines Tages
Auf Dich statt auf *Cotin* mit Versen scharfen Schlages.
Du solltest reuevoll vor Schamgefühl erröten,
Auf solch läppische Art die schöne Zeit zu töten.
Hör endlich auf, Dein Hirn mit Reimen zu zernichten
Und lerne auf den Wahn des Schöngeists zu verzichten.

Du aber sagst darauf:
     Den Freund der Harmonie
Hebt, ob er will, ob nicht, der Gott der Poesie
Zu sich empor – Ihr dürft auf seinen Pfaden gehen,
Sobald der König, müd vom Amt, es läßt geschehen.
Indeß manch andrer Fürst zu seiner Lust nur sinnt,
Wie seines Landes Wild im Jagdnetz er gewinnt,
Vertreibt die Stunden Ihr mit krausen Schreibereien
Und laßt auf dem Papier die Sintflut sich erneuen. –

Wie? wenn auf blutiger Spur des Hirsches, den sie hetzen
Fürsten und Hunde sich auf hoher Jagd ergetzen
Und mitten im Morast den stolz Geweihten fassen,
Willst Du von solchem Spiel Dich nicht begeistern lassen?
Statt dessen jagst Du nur nach sonderbaren Reimen,
Nach Worten, daraus Dir Gedankenblüten keimen?

Ach, welch seltsamen Geist mußt mir der Himmel geben,
So anders als ringsum die braven Menschen leben,
Der höchst vermessen sich der Hoheit widersetzt,
Auf ungewohnter Bahn rebellisch sich ergetzt.
Doch Du entgegnest mir:
       Ach, solltet Ihr nur immer
Dies Nichts betreiben, das der Höfe eitler Schimmer,
Ihr ließet wohl erst recht Ruhm, Szepter, Vaterland
Und steifer Könige schwerfälligen Verband.
Zum Schluß fügst Du hinzu: Was Ihr als Weiser schafft
Bringt Euch an Achtung mehr, als wenn Ihr Euch vergafft
Ins eitle Tun der Welt, wo Dummköpfe entscheiden,
Denn König Midas Spruch mögt klüglich Ihr vermeiden.

Das geb ich zu, MEIN GEIST, doch stoße niemals an
Gewohnheit, weil Dir das übel bekommen kann!
Ich wiederhole nur, frei von des Spotts Verneinung
Was man von Dir erzählt als öffentliche Meinung:

Man schilt vor allem Dich, weil's Dir an Würde fehlt,
Die so notwendig sich dem Königtum vermählt.
Manch neuer *Cato* wacht wohl über uns in Strenge,
Ich hör ihn raunen oft ins willige Ohr der Menge:
Ist unser Konsul nicht sehr lustig, liebe Leute? –
Du aber lebst dahin, als ob das nichts bedeute.

Den Censor, sagst Du nur, verblüffe ich wohl schnelle,
Da hab ich meinerseits die Antwort gleich zur Stelle:
Hab jemals, trunkner Lust, ich meine Pflicht verletzt?
War untreu ich dem Staat, für den ich eingesetzt?
Wer sah leichtfertig mich des Volkes Hoffnung trügen.
Das Recht hinhalten, mit gefälschter Rechnung lügen?
Vergessen meinen Dienst, der schönen Künste wegen?
Wer sah zum Feld der Schlacht mich zaudernd sich bewegen?
Wenn meinen Eifer ich bewährte alle Zeit,
Wenn man mich immer sah, für meine Pflicht bereit,
Wenn man für Volk und Heer getreu mich sorgen fand,
Warum wird grausam mir der Freude Trost verbannt?
Im Schoß der Unschuld end ich abends meine Tage,
Der Sprache edle Kunst gilt mir als Zechgelage.
Die Leier lehrte ich in viel Akkorden tönen,
*Horaz* und auch *Virgil* wiesen mich hin zum Schönen.
Ich träumte darum nie, den Beiden gleich zu sein,
Auch niedriger als sie vermein ich reich zu sein.

Fürwahr! was soll der Glanz der königlichen Macht,
Wird jene Freiheit nie mir selber zugedacht,
Die jeder Schäfer hat, der seine Herde weidet
Und sich zum Hirtenlied die Flöte selber schneidet,
Der, wenn der Abend mild der Sonne Glut besiegt,
Am Liede sich erfreut, das süß in Schlummer wiegt?
*Achill* in seines Zorns erhitzter Raserei
Griff in das Saitenspiel, daß er beruhigt sei.
Mir aber wird verwehrt, mir Einzigem in der Welt,

Daß mir der Verse Klang den Arbeitstag erhellt,
Und des Parnasses Quell der Seele Sehnsucht stillt?
Vom Volke dicht umringt, des Woge höher schwillt
Sitz ich auf meinem Thron, von Dummköpfen umdrängt
Ein Märtyrer des Hofs, von Würden eingeengt,
Kalender-Schutzpatron, und das soll mich beglücken?

Ach werfen wir den Fron der Tyrannei vom Rücken!
Was kümmert mich, wenn Euch Vernunft auf Thronen
                                        schreckt?
Mir leuchtet hell das Licht, das die Vernunft erweckt,
Der Tadler töricht Wort verachte ich getrost,
Der ich die Poesie zum Heile mir erlost.
Und nun – weil hier der Streit um Kron und Leier geht –
Vergleicht Apollos Rang mit dem der Majestät!
Der Gottheit des Genies verdank ich, was begeistert
Indeß der Zufall blind das Los der Menschen meistert.
Oft folgt dem großen Mann auf hohem Herrscherthrone
Der Dummheit Ausgeburt als Erbe seiner Krone.
Ohn daß er wahrhaft lebt, verspielt er Zeit und Macht
Und hat der Welt nur eins, sein Initial gebracht.
Doch wer Apoll sich weiht, den wird sein Fittich tragen,
Wo wir in Himmelsluft der Götter Sprache wagen,
Wo irdische Worte wir als tierischen Laut empfinden,
Wo Zweige, immer grün, des Lorbeers uns umwinden,
Manch König erst empfing durch unsren Sang den Ruhm,
Doch unser Glanz strahlt hell vor allem Königtum.
Der Herrscher greift umsonst in unser Dasein ein,
Als man *Ovid* verbannt, wurde er davon klein?
Ein Herrscher aber, den des Sängers Lied nicht preist,
Schließt ruhmlos seine Bahn, die in das Dunkel weist,
Sein Name welkt dahin in ödesten Tabellen;
Als hohles Maß der Zeit Geschichte zu vergällen,
So sinkt er in das Nichts der Nacht für alle Zeit.
Doch der Akkord, dem stolz sich unser Lied geweiht,

Durchdringt der dunklen Nacht zerstörende Gewalten,
Um unsres Namens Klang der Nachwelt zu erhalten.
Die Zeit bewahrt als nie vergänglich, was gedichtet,
Indeß das Denkmal stürzt, das man dem Ruhm errichtet.
Wo Trojas Feste stand, der Hügel ist heut leer,
Doch über Zeit und Raum ragt Ilion durch *Homer*.
Wohl hat der dunkle Tod *Augustus* und *Virgil*
Im Reich der Irdischkeit bestimmt das letzte Ziel.
Ermüdet von dem Kampf, der stets die Welt durchtobte,
Gleichgültig vor der Tat, daran sich *Caesar* probte,
Seh ich das alte Spiel, das immer wiederkehrt,
Jedoch uns lebt *Virgil*, der ewig sich bewährt.
Er greift ans Herz, wenn er von Trojas Unglück singt
Wie Rache, heiß entfacht, Schwerter und Fackeln schwingt,
Er rührt mit *Didos* Leid, das sie um Liebe litt,
Ihr Scheiterhaufen flammt, und wir erzittern mit
Und Zittern, wenn zum Styx *Aeneas* wagt die Fahrt!
Er zeigt die Unterwelt, und welches Schicksal harrt
Der letzten Troer, nun im Volk der Römer groß,
So werf ich mit *Virgil* der Menschheit neu das Los,
Vom Ganges bis zum Meer, in das die Sonne gleitet
Seh ich, wie *Octavian* sein Weltenreich bereitet.
Den Söhnen des Apoll gelte des Helden Neid:
*Caesar* hat sich gelebt, *Virgil* sich uns geweiht!

Nun prüfen wir, wovon der Könige Macht sich leitet:
Meint Ihr, daß sie ein Gott dem Herrscherhaus bereitet,
Daß Volk und Staat darum den Königen so zu eigen,
Wie eine Herde Vieh, der ihre Macht sie zeigen?
Verbrechen, das Ihr's wißt, und die Verräterei,
Verlangen, daß ein Herr über den Menschen sei!
Das Recht nahm in den Arm der Rache scharfes Schwert,
Als Schreck dem Bösen ist Themis mit ihm bewehrt!
Die Menschen maßen sich Besitz an ohne Recht
Gewinnen Herrschermacht, sind wie Verbrecher schlecht,

Als Helden preist sie dann der Streber Kriecherei.
Des Dichters Herkunft nur ist göttlich, rein und frei,
Apollo hat verliehen sein hohes Recht dem Geist:
Unsterblichkeit für ihn des Adels Freibrief heißt.

Hätten die Großen doch nur dies gemacht: Gedichte,
Wie strahlte frei vom Leid die menschliche Geschichte!
Ein *Caesar*, unverführt vom Traum der Macht, ich wette
Die römische Republik klangvoll besungen hätte,
Und niemand nennte heut der zwei Triumvirn Namen
Die blutbefleckten Ruhms in die Geschichte kamen,
Weil an den Großen Roms die Rache sie gestillt.
Hätte der schwedische *Karl* so wachsam, stolz und wild,
Irrendem Ritter mehr als einem König gleich,
Statt zu erstreben fern des *Alexander* Reich
In *Pindar* und *Horaz* das Vorbild klug erkannt,
Er hätte fliehend nie zum Türken sich gewandt.
Die Musen haben stets ein mildes Reich erschaffen,
Ihr Tun ist heitres Spiel, Blumen sind ihre Waffen,
Im stillen Hain, darin die holden Nymphen wohnen
Genießt ihr Geist ein Glück, um Götter zu belohnen,
Und was ihr Herz bewegt ist zartestes Gefühl.

Jedoch was reden wir so lang verstandeskühl!
Welch wirr erregte Flut eitler Geschwätzigkeit!
Welch zweckloser Gebrauch des Worts, das Gott geweiht!
Denn nicht vor mir allein Du hier bestehen sollst,
Es ist die ganze Welt, der Rechenschaft Du zollst!
Und sie begnügt sich nicht mit leerem Opferrauch.
Sie spottet, daß Du's weißt, ob Deiner Reime auch,
Die gar zu mäßig sind.
                    Und wenn sie dennoch glückten –
Erklärt mein Geist – und wenn die Besten sie entzückten,
*D'Argens*, *Algarotti*, *Maupertuis*, auf Ehr?

Und wenn *Voltaire* sie lobt, der gallische Homer?
Und wenn die Nachwelt auch ...
                                Wozu die Wahnideen?
Lerne, MEIN GEIST, dem Gift der Schmeichler widerstehen,
Ein Trost zwar für die Nacht, da Dich der Schlummer flieht,
Bringt ihr Wort mehr Gefahr, als der Sirenen Lied.
Drum mach es wie *Ulyß*: sei taub vor solchem Werben,
Sonst wird der Lockgesang des Lobes Dich verderben.

Kannst Du verkennen, was ein König tut und plant,
Daß es den Untertan ans Göttliche gemahnt?
Wenn er Gefahren liebt, der Schlachten Wechselfälle,
Setzt man den Kriegsgott ab und ihn an seine Stelle.
Und ist er stark, dann sagt sofort der Schmeichler Schar,
Daß *Herkules* vor ihm ein kleiner Schwächling war.
Und hat sein Herz sich gar der Leidenschaft verschrieben,
Dann heißt's: Für ihn verfaßt *Ovid* »Die Kunst zu lieben«.
Doch macht er Reimerein, so herb wie Deine Frucht
Sagt man, daß sich *Voltaire* verzehrt vor Eifersucht.
O kehr zurück, MEIN GEIST, von der Verblendung Nacht,
Laß von der Eitelkeit, die urteilslos Dich macht!
Gibt es bei Sterblichen je eine Tugend ganz?
Dreiviertel allen Lobs, mein Freund, streich ab vom Glanz,
Den übermaßen uns schöngeistige Freunde zollen.
Was ihre Sprüche wohl vor Deiner Schwachheit sollen?
Vergleiche mit *Horaz* der rauhen Verse Spiel,
Und wenn sein hoher Sieg Dir dann ins Auge fiel,
So lern die Fehler in Deinen Gedichten hassen,
Denn Deine Sprache muß vor seiner jäh verblassen.
Barbarisch scheint Dir nun der Reime dicker Band,
Du legst zum Amboß ihn zurück mit fester Hand
Und wählst zum Hammer Dir die Weisheit alter Zeit.
Je mehr ihr hoher Sinn von Schlacken dich befreit,
Mit so viel mehr Geschmack wird ihr Gedicht Dich laben,
So viel mehr Recht wirst Du hinfort auf Beifall haben.

Das sei Dein Vorbild, schau, und solcher Schätze Pracht
Gibt Deinen Schriften Glanz und Deinen Versen Macht.

Doch muß ich Dich, MEIN GEIST, noch unerschüttert sehn,
Der Verse Spiel wirst Du wohl niemals widerstehn,
Da Du nicht schweigen kannst, des *Midas* Diener gleich,
Der, was er heimlich sah, zuraunte dem Gesträuch.
So flüsterst Du dem Schilf, wie ich die Zeit vergeude,
Doch lieber tröste mich mit Deiner Träume Beute.
Und eines Tages wirst Du wohl auch Kunde sagen,
Wenn Dein Wort es vermag durch Nacht der Zeit zu ragen,
Wenn Dir der Zufall gibt, zur großen Welt zu dringen,
Wer dieser Dichter war, deß Muse, froh der Schwingen,
Den Helikon erstieg, der Freizeit zum Vergnügen
Und Vers um Verse schrieb, sich selber zu genügen.

Von meiner Wiege sprich, umstarrt von Kriegsemblemen,
Daß an der Trommel Lärm ich früh mich mußt bequemen,
Im Lagerleben ohn Genuß und Pracht erprobt,
Des strengsten Vaters Sohn, der ungern nur gelobt.
In solcher Schule ward von Helden ich gelitten,
Und bracht nach Sparta der Athener sanftre Sitten,
Mehr als ein Philosoph ein Freund der Poesie.
Sag, daß ich nie mein Ohr dem Trug des Hochmuts lieh,
Und mehr nicht wollt ich von der Gunst der Musen haben,
Als daß ich rang um der Erinnerung süße Gaben.
Der Erste konnt ich nicht in ihrem Reiche sein,
Darum beschied ich mich und schränkte still mich ein,
Zufrieden, konnt ich bunt, was ich gedacht, entfalten
Und in klangvollem Wort Philosophie gestalten.

Sag, daß ich Schweres viel erduldet und verachtet,
Daß man als königlich mich und mein Tun betrachtet,
Bezeuge ohne Scheu, daß immer mir die Wahrheit
den Lebensweg gelenkt zu ihrer hohen Klarheit.

Sag, daß ich um den Sinn des Weltalls tief gerungen,
Daß meiner Leier Klang zum Himmel sich geschwungen.
Sag, daß ich *Zeno* nicht um seiner Härte haßte
Doch auch mit *Epikur* den Sinn der Welt erfaßte.
Sag, daß den Menschen ich vom Herrscher immer schied,
Als König streng war, doch als Bürger Härte mied,
Daß *Caesar* Vorbild mir wie *Herkules* gewesen,
Und daß ich *Aristide* zum Helden mir erlesen.
Doch wenn der Parzen Blick sich endlich von mir wendet,
Mit ihrer Schere Schnitt den Lebensfaden endet,
Und über das, was bleibt, der Spott verhöhnend bellt,
Sag: Ich verachtete das Urteil dieser Welt,
Die einen hohlen Kopf als Stimme sich erwählt,
Der das nur, was mißlang, von unserem Tun erzählt.
Ich ging auf Lob nicht aus, mich rührte nicht der Tadel,
Der Seele Ruhe schien mir auch der Seele Adel.
Gern will auf Schonung, sag, der Nachwelt ich verzichten,
In aller Freiheit mag sie meine Taten richten.

Potsdam, am 8. August 1749.

# Lob der Trägheit

Jede Meinung, so wunderlich sie auch ist, hat eifrige Verteidiger gefunden. Der Bischof Las Casas warf sich zum Beschützer der sokratischen Liebe auf ... Erasmus, der weise Erasmus, hat das Lob der Narrheit gesungen. Wenn die Geistesstörung, wenn die Trübung des logischen Denkvermögens in unsren Hirnen einen Fürsprecher in einem großen Manne gefunden hat, warum soll es uns dann nicht erst recht verstattet sein, die unendlichen Vorzüge der Trägheit zu rühmen und klar zu beweisen, daß diese glückliche und friedfertige Anlage, die sich bei einigen Lieblingen der Natur findet, der Gesellschaft im allgemeinen wie dem Individuum, das sie besitzt, gleich vorteilhaft ist? An Beweisen fehlt es uns nicht, im Gegenteil, ihre Menge setzt uns in Verlegenheit. Halten wir uns an die einfachsten. Wir berufen uns auf die Stimme der Öffentlichkeit, auf jene wegen ihrer Allgemeingültigkeit sprichwörtlich gewordenen Meinungen und bitten, uns die Trivialität der Ausdrücke angesichts ihres tiefen Sinnes nachzusehen.

Das Volk sagt insgemein: »Schläft die Katze, so weckt sie nicht!« Eine tiefe Lehre, die allein schon ein Lob der Trägheit bedeutet. Die Katze ist boshaft, der Schlaf macht sie regungslos. Hat sein friedenspendender Mohn ihre Lider geschlossen, so hütet Euch, sie zu wecken. So unschuldig sie in ihrer Untätigkeit ist, so tückisch wird sie, wenn sie durch die Erregung ihrer Sinne aus dieser sanften Lethargie erwacht.

Segnet, segnet die Trägheit der Menschen! Stört sie nicht! Möge ihre sanfte, gemütliche Herrschaft ewig währen! Ach! der Mensch ist zu böse, grausam und wild. Er neigt so selten zum Guten, daß es zu wünschen wäre, seine Untätigkeit hielte ewig an. Ja fürwahr, waren die größten Geißeln der Welt nicht die tatlustigen, rastlosen, waghalsigen Seelen? Alexander, der hochgelobte und viel verlästerte Alexander, der die Ruhe Griechenlands störte und Asien umwälzte, der seine Eroberungen bis in die fernsten Himmelsstriche ausdehnte und seine Weltmacht auf den Trümmern der Throne errichtete, von denen er die rechtmäßigen Herrscher gestürzt hatte, Alexander, sage ich, hätte nicht soviel Unrecht begangen, nicht soviel Blut vergossen, hätte es seiner Seele nicht an der Kraft der Trägheit gefehlt! Cäsars Regsamkeit und Unternehmungslust stürzte die römische Republik. Tätiger als Pompejus, besiegte er diesen, riß die höchste Gewalt an sich und unterdrückte die Freiheit seines Vaterlandes. Was waren Tamerlan, Dschingiskhan, Alarich und Attila, wenn nicht von Ehrgeiz geplagte, von den heftigsten Leidenschaften zerrissene Seelen, die sich in der Ruhe verzehrten, während stürmische Zeiten ihr Lebenselement bildeten? An der Spitze wilder Barbarenvölker überschwemmten sie mit ihren Kriegsscharen die Oberfläche unsres Erdballs und zogen Zerstörung und Verheerung nach sich. Man braucht kaum hinzuzufügen, daß Mohammed, Soliman, die Päpste Gregor der Große und Hildebrand,[1] Karl V., die Guises, Ludwig XIV. und Karl XII. auf die gleiche Stufe zu stellen sind. Das Menschenherz ist von Grund aus verderbt, und unsre unseligen Neigungen treiben uns zum Laster. Wie verhängnisvoll wird dem Menschengeschlecht jede Tätigkeit! Wie nutzbringend ist ihm die Trägheit!

Aber das Unglück, das unsren Erdball heimsucht, fließt aus mehr als aus einer Quelle. Mit Recht klagen wir über die zügellose Wildheit der Ehrsüchtigen. Doch die fanatische Tatkraft der Einsiedler ist uns nicht minder verderblich geworden. Wieviel Mönche haben den Geist der Zwietracht und des Aberglaubens geschürt! In aller Stille haben sie die Arme der Leichtgläubigen mit dem heiligen Schwerte bewaffnet, mit dem sie ihre Brüder abschlachteten. Ich erinnere weder an Samuel, der

---

[1] Gregor VII.

König Agag in Stücke zerhieb,[2] noch an Judith, die durch feigen Verrat den Holofernes umbrachte, noch an Ahab,[3] noch an die Leviten, die zwanzigtausend Kinder Israel ermordeten,[4] wohl aber an Esra,[5] der die fälschlich Moses zugeschriebenen Schriften zusammenstellte. Diese fanatischen Schriften erfüllten die Juden mit aufrührerischem Eifer. Sie brachen jeden Verkehr mit den andren Völkern ab, und leichtgläubig gegen die Träume seiner Seher, voller Zuversicht auf die Größe, die sie ihm verhießen, lehnte sich das jüdische Volk gegen das römische Joch auf und zwang dadurch Titus zur Zerstörung Jerusalems und seines Tempels (70 n. Chr.).

Ein gleiches gilt von den Evangelien, die den Aposteln zugeschrieben werden, von den Beschlüssen so vieler Kirchenkonzile, die die Glaubensartikel vermehrten, um ihr Ansehen zu vergrößern. Sehr vom Übel war es, daß sie das Gedächtnis der leichtgläubigen Christen mit einem Wust unglaubwürdiger Wunder anfüllten. Diese führten zu heftigen Streitigkeiten unter so vielen Sekten, die Europa in der Folge gespalten haben. Schließlich rief eine Menge fanatischer Schriften die Kreuzzüge hervor, so viele barbarische Kriege, die unter dem Deckmantel der Religion geführt wurden, die Errichtung des abscheulichen Tribunals,[6] das die Menschlichkeit und die Vernunft empört, das Blutbad der Bartholomäusnacht, die Metzelei in Irland,[7] Die Pulververschwörung[8] und so viele Königsmorde, über die auch die verbrecherischsten Menschen erröten sollten. Die Welt wäre glücklich gewesen, hätten solche in völ-

2  1. Samuelis XV, Vers 33.
3  1. Könige XXII.
4  2. Mose XXXII.
5  Jüdischer Schriftgelehrter, der 458 v. Chr. eine zweite Schaar Juden aus der babylonischen Verbannung zurückbrachte. Sein Wirken wird im biblischen Buch Esra beschrieben.
6  Die Inquisition.
7  Gemeint ist die blutige Niederwerfung der aufständischen Iren durch Cromwell (1649).
8  Fanatische Katholiken planten, am 5. November 1605 König Jakob I. von England und das Parlament in die Luft zu sprengen.

ligem Müßiggang lebende Skribenten nicht emsig die Feder geführt.

Es ist also bewiesen, daß Tatlust die Mutter aller Verbrechen ist. Daraus folgt, daß Trägheit, Müßiggang und Nichtstun die Anlagen sind, die uns der Tugend am nächsten bringen. Stürzt doch Tätigkeit oder Bewegung Leib und Seele in Gefahr: den Leib, denn wer nicht geht, kann nicht fallen; wer sich nicht dem tückischen Meer anvertraut, kann nicht von seinen Fluten verschlungen werden; wer sich in seinem Bette vergräbt und sein Zimmer hermetisch verschließt, hat nichts von der Gicht zu fürchten, die der Luftzug im Hause zeitigt, noch von den Leiden, die die frische Luft erzeugen kann;[9] und wer nicht im Wagen fährt, kann nicht umschlagen. Diese Wahrheiten sind zu klar, als daß man Beweise auf Beweise zu häufen brauchte. Zu ihrer Bestätigung genügt es, das Sprichwort eines geistreichen Volkes anzuführen. Die Italiener sagen: *chi sta bene, non si muova.*[10]

Ihr berühmten Faulenzer, die Ihr durch wohlbedachten Müßiggang alle Segnungen des Nichtstuns kennt, wähnt nicht, wir hätten den Gegenstand schon erschöpft! Man muß auch beweisen, daß Bewegung der Körperwelt ebenso schädlich ist wie der sittlichen Welt. Die ganze Natur lehrt es uns. Der erste beste Gegenstand, auf den mein Blick fällt, beweist es mir. Seht Ihr, wie die Luft vom Nordwind gepeitscht wird? Er schwellt und bläht die Wetterwolken, die über unsrem Haupte donnern und aus ihren schwarzen Weichen Blitzstrahlen, Feuersbrünste und Tod senden. Ebenso ruft die heftig bewegte Luft Stürme, Wirbelwinde und furchtbare Orkane hervor und treibt die Trümmer gescheiterter Schiffe und die Leichen ertrunkener Seeleute durch die empörten Wogen. Woher kämen Erdbeben und Vulkanausbrüche, wenn nicht von unterirdischen Stürmen, die durch die Hohlräume der Erde tosen und die Zünd-

---

9 Vgl. dazu das Gedicht des Königs: An d'Argens' Bett (Bd. X).
10 Wem es gutgeht, der rühre sich nicht.

stoffe im Erdinnern entfachen? Dann treiben sie sie mit furchtbarem Getöse den Spalten zu, aus denen ihre Wut hervordringt und sich in Flammenströmen über die Gefilde ergießt.

Aber mag man solche Erscheinungen auch für seltene Unglücksfälle halten, die nur zeitweise eintreten und somit wenig zu fürchten sind: Man sieht doch auch sonst, daß die Bewegung das zerstörende Prinzip der Natur ist. Ihr Wesen besteht darin, daß sie unsre Organe abnutzt, die Triebfedern des Lebens durch beständige Spannung erschlafft, Krankheitskeime anhäuft, die Ursachen des Todes vorbereitet, kurz, die Atome, aus denen wir bestehen, scheidet, um sie durch eine neue Metamorphose zu neuen Wesen zusammenzusetzen. Bewegung und Veränderung sind unzertrennlich verbunden. Da nun Tätigkeit der Anlaß jeder Veränderung ist und all unser Unglück von der Unbeständigkeit der Dinge kommt, so folgt daraus mit Notwendigkeit, daß die Summe des Schlechten in dieser Welt weit größer ist als die des Guten, und daß die Tätigkeit mehr verderbliche als ersprießliche Ereignisse herbeiführt. Es ist also offenbar, daß die glücklichste Neigung des Menschen die zur Trägheit und daß Nichtstun ein Verdienst ist; denn der erste Schritt zur Tugend ist die Abwendung vom Laster.

Wenn wir der jüdischen Sage Glauben schenken, ruhte Gott aus, nachdem er die Welt geschaffen. Er bereute, seine Sache schlecht gemacht zu haben, und damit ihm das gleiche nicht noch einmal passierte, beschränkte er sich auf unerschütterliche Ruhe. Die Verehrer des Christentums haben ihren Gott zum Schutzpatron der Nichtstuer gemacht. Die Einsiedler, die ihr Leben in steter Untätigkeit verbringen, sind nach ihrer Behauptung seine Lieblingskinder und Auserwählten. Wahre Frömmigkeit trägt nur dann Frucht, wenn sie auf träge Seelen gepfropft wird. Glauben, ohne zu prüfen, sich von Priestern gängeln lassen, um sich die Mühe der Selbstbestimmung zu ersparen, beten, ohne zu wissen, was man sagt, schwärmen oder ins Blaue hineinträumen, nichts tun, das sind die Attribute vollkommener Heiligkeit. O seliges Nichtstun, du öffnest den Frommen mühelos die Pforten des Heiles!

Bemerkenswert ist, daß nicht nur die Religionen Trägheit predigen: auch ganze philosophische Sekten waren der gleichen Ansicht. Nach Epikur, der Leuchte des heidnischen Griechenland, bestand das höchste Glück in Tatlosigkeit. Er riet dem Weisen, sich nie in die Staatsgeschäfte zu mischen, und damit seine Götter ein ungetrübtes Glück genießen können, schrieb er ihnen vollkommene Gleichgültigkeit und Wunschlosigkeit zu. In süßer Ruhe überließen sie die Welt der Vorsehung der Natur. Unbewegt von Leidenschaften, ungestört durch Sorge und Unruhe, genossen sie die Gegenwart und fragten nicht nach der Zukunft. Eine machtvolle und tiefe Lehre, die den Menschen die große Wahrheit enthüllte, daß das meiste, was man tun kann, schlecht ist und man darum besser garnichts tut! Und da allen Sterblichen nun einmal der Tod verhängt ist und es kein Entrinnen giebt, so lehrt die Weisheit, daß man ihm so sanft wie möglich entgegengehen soll, ohne Körper und Geist unnütz durch Trachten nach Gütern und Ehren zu ermüden, denen man doch früh oder spät entsagen muß.

O glückliche und weise Trägheit, du versöhnst die Meinungen der Frommen und der Philosophen! Wie nutzbringend ist der Hang zu dir für die Seligkeit! Wie wohltätig lindert dein Einfluß die Bitternisse des Lebens! Du lehrst uns, die weiche Watte und die Daunenbetten unsres Lagers den Mühen und Anstrengungen der rasenden Liebhaber des Ruhmes vorzuziehen. Du hältst uns fern vom stürmischen Leben der Ehrgeizigen, von der Sorge, die den Staatsmännern ihre nichtigen Pläne bereiten. Du ersparst unsren zarten Ohren das rauhe Geschrei der hadernden Parteien vor Gericht, du verabscheust Prozesse und Advokaten. Du behütest uns vor dem Eifer für unsre Mitbürger, bei dem der Mensch sich selbst vergißt und nur noch für das Glück seiner Nächsten da ist, gleich als ob wir für die Gesellschaft und nicht für uns selbst lebten. Du verachtest die Arithmetik und zerreißest die Rechnungen in unsren Händen.

Du haßt das unbequeme Sorgen und Mühen um Gelderwerb und gefällst dir im Vergeuden, wenn du Reichtümer aufgestapelt findest. Nie verband sich die Trägheit mit betrügerischem Sinn. Nie war ein Generalpächter, nie ein berufsmäßiger Spieler, nie ein Mandrin[11] träge.

Der weiseste aller Könige hat gesagt: alles ist eitel. Warum sich also mit eitlen Dingen befassen? Und wenn des Menschen Leben nur ein Auf und Nieder ist, warum an diesem leichtfertigen Kinderspiel Gefallen finden? Besser garnichts als Nichtiges tun. Überlassen wir die Welt der notwendigen Verkettung der Ursachen, lassen wir dem Schicksal seinen Lauf, sofern es alles bestimmt, und werfen wir uns in die weichen Arme der Trägheit! Unruhe und Sorge pochen nie an ihre Tür, die Sorgen um das Morgen darf ihr nicht nahen, ja selbst das grause Gebell des Höllenhundes kann uns nicht schrecken.

O heilige, köstliche Trägheit! Einziges Glück der schönen Seelen! Deiner Tatlosigkeit liegt jedes Verbrechen fern; ihr blüht der ungetrübte Genuß seligen Dahindämmerns. Schließen wir diese Betrachtungen mit dem Sprichwort, das wir schon anführten: »Schläft die Katze, so weckt sie nicht!« Denn in jedermann steckt eine Katze, und die schlafenden sind die ungefährlichsten.

---

11 Straßenräuber.

# Über die Erziehung

*Brief eines Genfers an Herrn Burlamaqui,
Professor in Genf (1769)*[1]

Nachdem ich Ihnen alles auseinandergesetzt hatte, was die Regierung dieses Landes betrifft, glaubte ich Ihre Wißbegier reichlich befriedigt zu haben, aber ich irrte mich. Sie finden, daß der Stoff nicht erschöpft sei. Sie betrachten die Erziehung der Jugend als eine der wichtigsten Aufgaben einer guten Regierung und möchten wissen, welche Beachtung man ihr in dem Staate schenkt, in dem ich mich aufhalte. Die Frage, die Sie mir in wenigen Worten stellen, wird Ihnen eine Antwort zuziehen, die den Umfang eines gewöhnlichen Briefes überschreitet, da sie mich zu unumgänglichen Erörterungen zwingt.

Gern betrachte ich die unter unsren Augen heranwachsende Jugend, das künftige, der Aufsicht des gegenwärtigen anvertraute Geschlecht, die neue Menschheit, die sich anschickt, den Platz der jetzt lebenden einzunehmen. Sie ist die Hoffnung und die wiederaufblühende Kraft des Staates und wird, gut geleitet, seinen Glanz und Ruhm fortsetzen. Ich bin mit Ihnen der Ansicht, daß ein weiser Fürst seinen ganzen Fleiß daransetzen soll, nützliche und tugendhafte Bürger in seinem Staate heranzubilden. Nicht von gestern auf heute habe ich die Erziehung geprüft, die der Jugend in den verschiedenen Staaten Europas zuteil wird. Die Fülle großer Männer, die die griechische und römische Republik hervorbrachte, haben mich für die Erziehungsweise der Alten eingenommen und mich überzeugt, daß man bei Befolgung ihrer Methode ein Volk heranbilden

---

[1] Die Abhandlung wurde am 15. Dezember 1769 abgeschlossen und 1770 gedruckt. Der als Empfänger des Briefes fingierte Professor Johann Jakob Burlamaqui (1694–1748) lebte in Genf und hat zwei Werke über Völkerrecht verfaßt.

könnte, das gesitteter und tugendhafter ist als unsre modernen Völker.

Die Erziehung, die der Adel erhält, verdient von einem Ende Europas bis zum andren Tadel. Hierzulande erhält der junge Edelmann den ersten Anstrich von Bildung im Elternhause, den zweiten auf Ritterschulen und Universitäten. Den dritten gibt er sich selbst, da man die jungen Leute zu früh sich selbst überläßt, und das ist der schlechteste. Im Vaterhause schadet die blinde Elternliebe der notwendigen Zucht der Kinder. Besonders die Mütter, die, beiläufig gesagt, ihre Ehemänner ziemlich despotisch regieren, kennen kein andres Erziehungsprinzip als grenzenlose Nachsicht. Die Kinder werden den Händen der Dienstboten überlassen, die ihnen schmeicheln und sie verderben, indem sie ihnen schädliche Grundsätze beibringen, Grundsätze, die in den eindrucksfähigen Jugendjahren nur zu rasch Wurzel schlagen. Der Erzieher, den man ihnen gibt, ist zumeist ein Kandidat der Theologie oder ein angehender Jurist, ein Menschenschlag, der selbst dringend der Erziehung bedürfte. Bei diesen geschickten Lehrern lernt der junge Telemach seinen Katechismus, Latein, mit Mühe und Not etwas Geographie, Französisch durch den Gebrauch. Die Eltern spenden dem Meisterstück, das sie in die Welt gesetzt haben, Beifall, und da sie fürchten, Verdruß möchte der Gesundheit des neuen Phönix schaden, wagt niemand ihn zu tadeln.

Mit zehn bis zwölf Jahren schickt man den jungen Herrn auf eine Ritterakademie, woran es auch hier nicht fehlt. Es gibt mehrere, wie das Joachimstalsche Gymnasium, die neue Adelsakademie in Berlin, die Domschule zu Brandenburg und die von Kloster Bergen bei Magdeburg. Sie sind mit tüchtigen Lehrern versehen. Der einzige Vorwurf, den man ihnen vielleicht machen kann, ist der, daß sie nur darauf ausgehen, das Gedächtnis ihrer Schüler anzufüllen, statt sie an selbständiges Denken zu gewöhnen, daß sie ihr Urteil nicht früh genug bilden und es verabsäumen, ihrer Seele höheren Schwung zu geben und ihnen edle und tugendhafte Gesinnungen einzuflößen.

Kaum hat der Jüngling den Fuß über die Schwelle der Schule gesetzt, so vergißt er alles, was er gelernt hat, weil er lediglich den Vorsatz hatte, dem Lehrer seine Lektion auswendig herzusagen. Sobald er das nicht mehr nötig hat, verwischen neue Vorstellungen und Vergeßlichkeit jede Spur des Gelernten. Die auf der Schule verlorene Zeit schreibe ich mehr der fehlerhaften Erziehung als dem Leichtsinn der Jugend zu. Warum macht man dem Schüler nicht klar, daß der Zwang, etwas zu lernen, ihm einst zum größten Vorteil gereichen wird? Warum bildet man nicht sein Urteil, – nicht indem man ihm einfach Logik einpaukt, sondern indem man ihn selbst schlußfolgern lehrt? Das wäre ein Mittel, ihm begreiflich zu machen, daß es für ihn nützlich ist, das eben Gelernte nicht zu vergessen.

Nach dem Abgang von der Akademie schicken die Väter ihre Söhne entweder auf die Universität, oder sie lassen sie ins Heer eintreten, verschaffen ihnen Zivilämter oder berufen sie auf ihre Güter zurück.

Die Universitäten zu Halle oder Frankfurt an der Oder sind es, an denen sie ihre Studien vervollkommnen. Die Lehrstühle sind mit so guten Professoren besetzt, als die Zeit sie hervorbringt. Indes bemerkt man mit Bedauern, daß das Studium des Griechischen und Lateinischen nicht mehr so betrieben wird wie früher. Anscheinend sind die guten Deutschen der gründlichen Gelehrsamkeit überdrüssig geworden, die sie einst besaßen, und wollen jetzt so billig wie möglich zu wissenschaftlichem Ruf kommen. Sie nehmen sich ein Beispiel an einem Nachbarvolke, das sich mit Liebenswürdigkeit begnügt, und werden sehr bald oberflächlich werden. Das Leben, das die Studenten einst auf den Universitäten führten, war ein Gegenstand öffentlichen Ärgernisses. Die Stätten, die Heiligtümer der Musen sein sollten, waren Schulen des Lasters und der Ausschweifung. Berufsmäßige Raufbolde übten das Handwerk der Gladiatoren. Die Jugend lebte in Saus und Braus, in Ausschreitungen aller Art. Sie lernte alles, was sie nie hätte erfahren dürfen, und was sie hätte lernen sollen, das lernte sie nicht. Die Zügellosigkeit ging so weit, daß Totschläge unter den Studenten vorkamen. Das rüttelte die Regierung aus ihrer Schlaffheit auf. Sie war einsichtig genug, diesem Unwesen gegen zu steuern und die Hochschulen ihrem ursprünglichen Zweck wieder dienstbar zu machen. Seitdem können die Väter ihre Söhne unbesorgt zur Universität schicken, mit dem gerechten Vertrauen, daß sie dort etwas lernen, und ohne zu fürchten, daß ihre Sitten verdorben werden.

Aber trotz der Abschaffung solcher Mißbräuche bleiben noch genug andre, die ebensosehr der Verbesserung bedürfen. Dank dem Eigennutz und der Trägheit der Professoren verbreiten sich die Kenntnisse nicht so ausgiebig, wie es zu wünschen wäre. Die Professoren begnügen sich mit möglichst knapper Erfüllung ihrer Pflicht, lesen ihre Kollegien, und damit gut. Fordern die Studenten Privatstunden von ihnen, so geben sie diese nur für außerordentliche Preise. Die Unbemittelten sind also außerstande, eine öffentliche Anstalt zu benutzen, die jeden belehren und aufklären soll, den der Wissensdrang dorthin treibt.

Ein andrer Mißstand: die jungen Leute arbeiten ihre Reden, Thesen und Disputationen nicht selbst aus, sondern lassen sie von einem Repetitor machen. Ein Student mit gutem Gedächtnis, aber oft ohne Talent, erwirbt sich derart wohlfeilen Beifall. Heißt das nicht, die Jugend zu Faulheit und Müßiggang ermuntern, wenn man sie Nichtstun lehrt? Der Jüngling soll zum Fleiß erzogen werden, selber arbeiten lernen, verbessert werden, seine Arbeit noch einmal umändern. Dann gewöhnt er sich durch wiederholtes Durcharbeiten an richtiges Denken und genauen Ausdruck. Anstatt diese Methode zu befolgen, füllt man das Gedächtnis der Jugend und läßt ihre Urteilskraft verrosten. Man häuft Kenntnisse an, aber ohne die nötige Kritik, die sie nutzbringend machen könnte.

Ein andrer Fehler ist die schlechte Wahl der Autoren, die erklärt werden. In der Medizin ist es in der Ordnung, wenn man mit Hippokrates und Galen beginnt und die Geschichte dieser

Wissenschaft – wenn es eine ist – bis auf unsre Tage verfolgt. Anstatt aber das System Hoffmanns oder irgend eines unbekannten Arztes zu übernehmen – warum nicht lieber die trefflichen Werke von Boerhave erklären, der die menschlichen Kenntnisse über die Ursachen der Krankheiten und ihre Heilmittel anscheinend so weit gefördert hat, als unsre Fassungskraft reicht? Ein gleiches gilt von der Astronomie und Mathematik. Es ist nützlich, alle Systeme von Ptolemäus bis Newton durchzugehen, aber der gesunde Menschenverstand gebietet, bei dem letzteren stehenzubleiben, da es das vollkommenste und von Irrtümern am meisten gereinigte ist. Halle besaß vorzeiten einen großen Mann, einen geborenen Lehrer der Philosophie. Sie erraten, daß ich den berühmten Thomasius meine. Man braucht nur seine Methode zu befolgen und ebenso zu lehren. Überdies haben die Universitäten die Philosophie noch nicht vom Roste der Pedanterie gesäubert. Man lehrt zwar nicht mehr den Aristotelischen Formelkram noch die *Universalia a parte rei*. Aber der *doctissimus sapientissimus Wolffius* hat in unsren Tagen den alten Schulhelden ersetzt, und an die Stelle der substantiellen Formen sind die Monaden und die prästabilierte Harmonie getreten, ein ebenso widersinniges und unverständliches System wie das aufgegebene. Unverändert wiederholen die Professoren diesen Wust, weil sie sich mit den Kunstausdrücken vertraut gemacht haben und weil es Mode ist, Wolffianer zu sein.

Eines Tages war ich in Gesellschaft eines jener Philosophen, des starrsten Vertreters der Monadenlehre.[2] Ich wagte ihn bescheidentlich zu fragen, ob er nie einen Blick in die Werke von Locke getan hätte. »Ich habe ihn ganz gelesen«, erwiderte er barsch. – »Ich weiß, mein Herr,« entgegnete ich, »daß Sie dafür besoldet werden, alles zu wissen. Aber was halten Sie von Locke?« – »Er ist ein Engländer«, erwiderte er trocken. – »Und

---

2 Wahrscheinlich der Philosophieprofessor Georg Friedrich Meyer in Halle, den der König bei seinem dortigen Besuche am 16. Juni 1754 kennen lernte.

wenn er auch zehnmal ein Engländer ist,« fuhr ich fort, »er kommt mir doch sehr weise vor. Stets hält er sich am Faden der Erfahrung, um sich in den Finsternissen der Metaphysik zurechtzufinden. Er ist vorsichtig, er ist verständlich, was ein großes Verdienst für einen Metaphysiker ist, und ich glaube durchaus, daß er wohl recht haben könnte.« Bei diesen Worten stieg dem Professor das Blut ins Gesicht. Ein sehr unphilosophischer Zorn drückte sich in seinem Blick und in seinen Gebärden aus, und mit erhobener Stimme dozierte er mir: wie jedes Land sein verschiedenes Klima hätte, so müßte auch jeder Staat seinen nationalen Philosophen haben. Ich erwiderte, die Wahrheit wäre in allen Ländern zu Hause, und es sei zu wünschen, daß recht viel davon zu uns käme, sollte sie auch an den Universitäten für Kontrebande gelten.

Übrigens wird die Mathematik in Deutschland nicht so gepflegt wie in den andren europäischen Ländern. Man behauptet, die Deutschen hätten keine Begabung für Mathematik, was gewiß falsch ist. Die Namen von Leibniz und Kopernikus beweisen das Gegenteil. Der Grund ist meines Erachtens der, daß es dieser Wissenschaft an Aufmunterung fehlt und besonders an tüchtigen Lehrern, die darin unterrichten.

Ich komme nun auf die adlige Jugend zurück, die wir beim Abgang von der Schule und der Universität verlassen haben. Das ist der Augenblick, wo die Eltern die Entscheidung treffen, welchen Beruf ihre Söhne ergreifen sollen. Gewöhnlich bestimmt der Zufall die Wahl. Die meisten der jungen Herren fürchten den Soldatenstand, weil er in Preußen eine wahre Schule der Sitten ist. Man läßt den jungen Offizieren nichts durchgehen, hält sie zu einem verständigen, geregelten und anständigen Wandel an, sieht ihnen scharf auf die Finger und beaufsichtigt sie streng. Sind sie unverbesserlich, so nötigt man sie, welche Fürsprache sie auch besitzen, den Dienst zu quittieren, und sie haben fortan keine Achtung mehr zu erwarten. Das aber ist ihnen gerade zuwider; denn sie möchten sich gern im Schatten eines großen Namens ungezwungen den Launen ihrer Phantasie und der Zügellosigkeit ihrer Sitten überlassen. Daher kommt es, daß wenig Söhne aus ersten Häusern im Heere dienen. Das Kadettenkorps hilft aus: diese Pflanzschule ist einem Offizier von hohem Verdienst anvertraut,[3] der sein Lebensglück in die Bildung der adligen Jugend setzt, indem er ihre Erziehung leitet, ihre Seele erhebt, ihr tugendhafte Grundsätze einprägt und sich bemüht, sie für das Vaterland nutzbringend zu machen. Da die Anstalt für den armen Adel bestimmt ist, so schicken die ersten Familien ihre Kinder nicht hin. Läßt ein Vater seinen Sohn die Finanz- oder Justizlaufbahn einschlagen, so verliert er ihn sofort aus den Augen. Er ist sich selbst überlassen, und der Zufall entscheidet über sein Lebensschicksal. Der künftige Erbe muß nach dem Abgang von der Universität oft auf das väterliche Gut zurückkehren, wo ihm alles, was er hat lernen können, so gut wie nichts nützt. Das ist in großen Zügen der Bildungsgang der adligen Jugend. Daraus entstehen folgende Mißstände.

Die Weichlichkeit der ersten Erziehung macht die jungen Leute weibisch, bequem, faul und schlaff. Anstatt dem Geschlecht der alten Germanen zu gleichen, hält man sie eher für eine nach dem Norden verpflanzte Kolonie von Sybariten. Sie versinken in Nichtstun und Müßiggang, meinen nur zum Vergnügen und zur Bequemlichkeit auf der Welt zu sein und glauben, daß Leute wie sie von der Pflicht entbunden seien, der Gesellschaft nützlich zu sein. Daher ihre Streiche, ihre Torheiten, ihr Schuldenmachen, ihre Ausschweifung und Verschwendung, die so viele reiche Familien hierzulande zugrunde gerichtet haben.

Ich gebe zu, daß diese Fehler ebenso den jungen Jahren wie der Erziehung zur Last fallen, gebe auch zu, daß die Jugend mit geringen Abweichungen überall die gleiche bleibt, da in jenem Alter, wo die Leidenschaften am heftigsten sind, die Vernunft nicht immer die Oberhand behält. Trotzdem bin ich überzeugt,

---

3 General von Buddenbrock.

man könnte durch weise, männlichere und wenn es sein muß, strengere Zucht viele Söhne guter Familien vor dem Untergang retten. Die Regellosigkeit ihrer Sitten zieht hierzulande um so schlimmere Folgen nach sich, als das Recht der Erstgeburt nicht gilt, wie etwa in Österreich und in den andren Provinzen der Kaiserin-Königin. Ein einziges schlechtes Subjekt in einer Familie reicht hin, um sie in Verfall und Armut zu bringen.

So schlagende Beispiele müßten meines Erachtens die Aufmerksamkeit der Väter auf die Zucht ihrer Kinder verdoppeln, damit sie den Glanz ihrer Vorfahren aufrecht zu erhalten vermögen, ihrem Vaterlande nützliche Untertanen werden und sich persönliche Achtung erwerben. Man glaubt insgemein, genug für seine Erben getan zu haben, wenn man Reichtümer für seine Kinder ansammelt, sie versorgt, ihnen Ämter verschafft. Solche Fürsorge ist guter Eltern gewiß würdig, aber darauf darf man sich nicht beschränken. Die Hauptsache ist, ihre Sitten zu bilden und ihr Urteil früh zu reifen. Wie oft hätte ich ausrufen mögen: »Ihr Familienväter, liebt Eure Kinder, dazu fordert man Euch auf. Aber liebt sie mit vernünftiger Liebe, die sich auf ihr wahres Wohl richtet. Betrachtet das junge Geschöpf, das Ihr zur Welt kommen sahet, als ein heiliges Gut, das Euch die Vorsehung anvertraut hat. Eure Vernunft soll ihnen in der Haltlosigkeit ihrer Jugend und in ihren Schwächen als Stütze dienen. Sie kennen die Welt nicht, Ihr aber kennt sie. An Euch ist es also, sie so zu erziehen, wie ihr eigner Vorteil, das Wohl Eurer Familie und der ganzen Gesellschaft es erfordert. Ich wiederhole also: festigt ihre Sitten, prägt ihnen tugendhafte Gesinnung ein, erhebt ihre Seele, erzieht sie zum Fleiß, bildet sorgfältig ihren Verstand, damit sie sich ihre Schritte wohl überlegen, verständig und umsichtig werden, Einfachheit und Mäßigkeit lieben. Dann könnt Ihr Euer Erbe, wenn Ihr sterbt, getrost ihren guten Sitten anvertrauen. Es wird gut verwaltet werden, und Eure Familie wird sich in ihrem Glanze erhalten. Wenn nicht, werden Verschwendung und Ausschweifung mit dem Augenblick Eures Todes beginnen, und könntet Ihr in dreißig Jahren auferstehen, Ihr würdet Euren schönen Besitz in fremden Händen sehen.«

Immer wieder komme ich auf die Gesetze der Griechen und Römer zurück. Ich glaube, man müßte nach ihrem Vorbild die Bestimmung treffen, daß die Söhne erst mit sechsundzwanzig Jahren mündig werden, und die Väter müßten in gewisser Weise für ihr Betragen verantwortlich sein. Sicherlich überließe man die Jugend dann nicht der verderblichen Gesellschaft der Dienstboten. Sicherlich wäre man einsichtsvoller in der Wahl ihrer Lehrer und Erzieher, denen man sein Kostbarstes anvertraut. Sicherlich würde der Vater seinen Sohn selbst zurechtweisen und ihn im Notfalle züchtigen, um aufkeimende Laster zu ersticken. Fügen Sie dazu noch einige notwendige Verbesserungen in den Schulen und Universitäten. Die Hauptsache wäre die Ausbildung der Urteilskraft neben der Übung des Gedächtnisses.[4] Ferner müßten die Eltern auch nach Abschluß der Studien ein Auge auf ihre Söhne haben, damit sie nicht durch den Umgang mit schlechter Gesellschaft verdorben werden. Denn die ersten guten oder schlechten Beispiele machen auf die Jugend einen so starken Eindruck, daß sie oft ihren Charakter unveränderlich bestimmen. Das ist eine der großen Klippen, vor denen man sie bewahren muß. Hieraus entspringen die Neigung zum Nichtstun, die Ausschweifung, Spielwut und alle Laster.

Die Pflichten der Väter erstrecken sich aber noch weiter. Ich glaube, sie müßten mehr Kritik anwenden, um die Anlagen ihrer Söhne recht zu erkennen und sie zu dem Berufe zu bestimmen, der ihren Talenten entspricht. Wieviel Kenntnisse sie sich auch erworben haben, sie können nie zu viele besitzen, welchen Beruf sie auch ergreifen. Das Waffenhandwerk erfordert sehr ausgedehntes Wissen. Es ist eine lächerliche und freche Behauptung im Munde vieler Leute: »Mein Sohn will nicht studieren. Zum Soldaten weiß er genug.« Jawohl, zum gemei-

---

4 Vgl. den Kabinettserlaß vom 5. September 1779 an den Staatsminister Freiherrn von Zedlitz.

nen Infanteristen, aber nicht zum Offizier, der nach den höchsten Stellen strebt, und danach muß sein Ehrgeiz allein trachten. Aber die Ungeduld und der Eifer der Väter gibt auch noch zu einer andren Unzuträglichkeit Anlaß. Sie wünschen, daß ihre Söhne rasch ihr Glück machen. Sie sollen mit einem Schritt von den unteren Graden zu den höchsten gelangen, noch ehe das Alter sie dazu befähigt und ihr Verstand gereift ist.

Der Dienst in der Justiz, Finanzwirtschaft, Diplomatie und Armee ist für den Edelmann gewiß ehrenvoll. Aber alles wäre verloren in einem Staate, wenn die Geburt über das Verdienst siegte. Dieser Grundsatz ist so irrig, so aberwitzig, daß eine Regierung, die ihn annähme, seine verhängnisvollen Folgen bald spüren müßte. Damit ist nicht gesagt, daß die Regel keine Ausnahme erlaubte, daß es keine frühreifen Menschen gäbe, deren Verdienste und Talente ihre Fürsprecher sind. Es wäre nur zu wünschen, daß dergleichen Beispiele häufiger wären.

Schließlich bin ich überzeugt, daß man aus den Menschen machen kann, was man will. Es steht fest, daß die Griechen und Römer eine Fülle großer Männer aller Art hervorgebracht haben und daß sie das der männlichen Erziehung dankten, die durch ihre Gesetze geregelt war. Aber wenn diese Beispiele zu veraltet scheinen, so betrachten wir doch die Taten des Zaren Peter I., dem es gelang, ein ganz barbarisches Volk zu zivilisieren. Warum also sollte man bei einem gebildeten Volke nicht einige Erziehungsfehler verbessern können? Man glaubt fälschlich, daß Künste und Wissenschaften die Sitten verweichlichen. Aber alles, was den Geist aufklärt, alles, was den Kreis der Kenntnisse erweitert, erhebt die Seele, anstatt sie zu erniedrigen. Doch das ist hierzulande nicht der Fall. Wollte Gott, die Wissenschaften würden hier mehr geliebt! Die Erziehungsmethode ist mangelhaft. Man verbessere sie, und man wird Sittlichkeit, Tugenden und Talente wiederaufblühen sehen. Die Verweichlichung der Jugend hat mich oft auf den Gedanken gebracht, was wohl Arminius, der stolze Verteidiger Germaniens, dazu sagen würde, wenn er das Geschlecht der Sueven und Semnonen so entartet, herabgekommen und erniedrigt sähe. Aber was würde erst Friedrich Wilhelm, der Große Kurfürst, sagen, er, das Haupt eines männlichen Volkes, der mit Männern die Schweden aus seinen Staaten trieb, die sie verwüsteten! Was ist aus den zu seiner Zeit so berühmten Familien geworden, und was sind ihre Sprößlinge? Ja, was wird erst aus denen werden, die in unsren Tagen blühen? Jeder Vater muß sich mit ähnlichen Betrachtungen zur Erfüllung all der Pflichten ermutigen, die er der Nachwelt schuldet.

Ich komme nun zum weiblichen Geschlecht, das einen so bedeutenden Einfluß auf das andre ausübt. Hier stechen die Frauen von reiferem Alter, die eine höhere Bildung erhalten haben, von denen ab, die erst jetzt in die große Welt treten. Jene besitzen Kenntnisse, geistige Reize und eine stets gemessene Heiterkeit. Der Gegensatz zu den jungen Frauen schien mir so auffällig, daß ich einen meiner Freunde nach der Ursache fragte. Er antwortete mir: »Früher gab es talentvolle Frauen, die Mädchen von Stand in Pension nahmen. Jedermann bemühte sich, seine Töchter bei ihnen unterzubringen. In solchen Anstalten wurden die von Ihnen gelobten Damen erzogen. Aber jene Schulen haben nach dem Tode ihrer Begründerinnen aufgehört. Niemand hat sie ersetzt, und so sah jeder sich genötigt, seine Töchter zu Hause zu erziehen. Die meisten Methoden, die man befolgt, sind tadelnswert. Man gibt sich nicht die Mühe, den Geist der Mädchen zu bilden, läßt sie ohne Kenntnisse und flößt ihnen nicht einmal Gefühl für Tugend und Ehre ein. Die Erziehung dreht sich gewöhnlich um äußeren Anstand, Manieren und Kleidung. Dazu kommt eine oberflächliche Kenntnis der Musik, die Bekanntschaft mit ein paar Theaterstücken oder Romanen, Tanz und Spiel. Damit haben Sie in kurzem alle Kenntnisse des weiblichen Geschlechts.«

Ich gestehe Ihnen, ich war erstaunt, daß Leute der ersten Stände ihre Töchter wie Theatermädchen erziehen. Sie buhlen schier um die Blicke der Menge, begnügen sich damit, zu gefallen, und scheinen nicht nach Achtung und Ansehen zu trachten. Wie? Ist es nicht ihre Bestimmung, Familienmütter zu werden? Sollte man nicht ihre ganze Erziehung auf dies Ziel richten, ihnen beizeiten Abscheu gegen alles Entehrende einflößen, sie die Vorzüge der Tugend lehren, die nützlich und dauerhaft sind, während die der Schönheit welken und vergehen? Sollte man sie nicht befähigen, ihre Kinder dereinst in guten Sitten aufzuziehen? Aber wie kann man das von ihnen verlangen, wenn sie selbst keine Sitten haben, wenn sie aus Neigung zu Müßiggang, Oberflächlichkeit, Luxus und Verschwendung, ja durch Erregung von öffentlichem Ärgernis ihrer Familie kein gutes Beispiel geben können? Ich gestehe Ihnen: die Nachlässigkeit der Familienväter erscheint mir unverzeihlich. Wenn sich ihre Kinder zugrunde richten, so tragen sie die Schuld daran.

Man hat Nachsicht mit den Zirkassiern, denn sie sind Barbaren, wenn sie ihre Töchter in allen Schlichen der Gefallsucht und Wollust erziehen, um sie dann für teures Geld an das Serail in Konstantinopel zu verkaufen: das ist Sklavenhandel. Wenn aber bei einem freien und gebildeten Volke der höchste Adel sich diesem Brauche anzuschließen scheint, wenn er aus Mangel an Selbstachtung den Tadel geringschätzt, den das Betragen eines Mädchens ohne Tugend und Sitte auf seine Familie bringt, so wird ihm das noch die fernste Nachwelt immer wieder vorwerfen.

Doch zur Sache! Die Sittenlosigkeit der Frauen kommt viel mehr von ihrem müßigen Leben als von der Glut ihres Temperaments. Wenn eine Frau zwei oder drei Stunden vor dem Spiegel zubringt, um über ihre Reize nachzusinnen, sie zu erhöhen und zu bewundern, wenn sie den ganzen Nachmittag mit Klatsch vertut, dann ins Theater geht, am Abend spielt, soupiert und wieder spielt – hat sie dann noch Zeit zur Selbstbesinnung? Und reizt die Langeweile dieses weichlichen, müßigen Lebens sie nicht zu Zerstreuungen andrer Art, und wäre es nur der Abwechslung halber, oder um ein neues Gefühl kennen zu lernen?

Die Menschen beschäftigen, heißt sie vom Laster abhalten. Das einfache, gesunde und arbeitsame Landleben ist viel unschuldiger als jenes, das ein Haufen Müßiggänger in den großen Städten führt. Es ist ein alter Grundsatz der Generale, daß man die Soldaten beschäftigen muß, um Unordnungen, Ausschweifungen und Aufruhr im Lager zu verhüten. Die Menschen ähneln sich alle. Wenn man nicht so dumm ist, den schamlosen Wandel seiner Nächsten oder ihr züchtiges und gesittetes Betragen mit gleichen Augen anzusehen, so lehre man sie, sich zu beschäftigen. Ein Mädchen kann sich mit weiblichen Arbeiten, mit Musik, ja mit Tanzen unterhalten. Vor allem aber trachte man danach, ihren Geist zu bilden, ihr Geschmack für gute Werke beizubringen, durch die Lektüre ernster Dinge ihr Urteil zu üben und ihren Geist zu nähren. Sie soll sich nicht schämen, in der Wirtschaft Bescheid zu wissen. Es ist besser, seine Haushaltungsrechnungen selbst zu regeln und in Ordnung zu halten, als sinnlos nach allen Seiten Schulden zu machen, ohne daran zu denken, wie man die Gläubiger bezahlt, die so lange Zeit in gutem Glauben liehen.

Ich gestehe Ihnen, ich war oft empört bei dem Gedanken, wie gering man in Europa diese Hälfte des Menschengeschlechts schätzt. Das geht so weit, daß man alles vernachlässigt, was ihren Verstand ausbilden kann. Es gibt so viele Frauen, die den Männern nicht nachstehen! Es gibt in unsrem Jahrhundert große Fürstinnen, die ihre Vorgänger weit überragen. Es gibt deren – doch ich wage sie nicht zu nennen, aus Furcht, ihnen zu mißfallen und ihre außerordentliche Bescheidenheit zu verletzen, die ihren Talenten und Tugenden die Krone aufsetzt. Männlichere, kraftvollere Erziehung würde dem weiblichen Geschlecht das Übergewicht über das unsre verleihen; denn es besitzt schon die Reize der Schönheit. Aber sind die Reize des Geistes ihnen nicht vorzuziehen?

Doch zurück zum Gegenstand! Die Gesellschaft kann nicht bestehen ohne rechtmäßige Ehen, durch die sie sich fortpflanzt und verewigt. Man muß also die jungen Pflanzen, die die

Stämme der Nachwelt werden sollen, pflegen und bilden, sodaß Mann und Weib die Pflichten als Familienhaupt gleichermaßen erfüllen können. Vernunft, Geist, Talente, Sittlichkeit und Tugend müssen der Erziehung beider Geschlechter in derselben Weise zur Grundlage dienen, damit die, die sie empfangen haben, sie auf die übertragen können, denen sie das Leben geben werden.

Um schließlich nichts zu vergessen, was zur Sache gehört, muß ich hier noch auf den Mißbrauch der väterlichen Gewalt gegenüber den Töchtern hinweisen. Man zwingt sie zuweilen unter das Joch der Ehe, obwohl beide Teile nicht zusammen passen. Der Vater bedenkt lediglich das Familieninteresse und folgt in der Wahl des Schwiegersohnes oft nur seiner Laune, oder er fällt auf einen reichen Kauz oder einen steinalten Mann oder auf sonst ein Subjekt, das ihm behagt. Er ruft seine Tochter und sagt zu ihr: »Mein Kind, ich habe beschlossen, Dir Herrn Soundso zum Gatten zu geben.« Die Tochter antwortet seufzend: »Vater, Ihr Wille geschehe.« So kommen zwei in Charakter, Neigung und Sitten ganz unverträgliche Menschen zusammen. Unfriede zieht in den neuen Haushalt mit dem Tage ein, wo das unselige Band geknüpft wird, und bald folgen Abneigung, Haß und Ärgernis. So gibt es denn zwei Unglückliche, und das hohe Ziel der Ehe ist verfehlt. Mann und Frau trennen sich, vergeuden ihr Vermögen in liederlichem Leben, sinken in Verachtung und endigen im Elend. Ich ehre die väterliche Gewalt wie kein zweiter und lehne mich nicht gegen sie auf. Nur wünschte ich, daß die, die sie in Händen haben, sie nicht mißbrauchen, indem sie ihre Töchter zur Ehe zwingen, wenn infolge des Charakters oder des Altersunterschieds Abneigung herrscht. Mögen sie für sich selbst nach ihrem Gutdünken wählen, aber ihre Kinder befragen, wenn es eine Verbindung zu schließen gilt, von der das Glück oder Unglück ihres ganzen Lebens abhängt! Wenn dadurch nicht alle Ehen besser werden, so wird doch wenigstens denen eine Entschuldigung genommen, die ihr zuchtloses Leben auf den Zwang zurückführen, den ihre Eltern gegen sie geübt haben.

Das sind im allgemeinen die Beobachtungen, die ich hierzulande über die Mängel der Erziehung gemacht habe. Wenn Sie mich als Schwärmer für das öffentliche Wohl tadeln, so werde ich mir diesen Vorwurf zum Ruhm anrechnen. Wer viel von den Menschen verlangt, erreicht wenigstens etwas. Sie, der Vater einer zahlreichen Familie, weise und verständig, wie ich Sie kenne, haben gewiß über Ihre Pflichten als Vater nachgedacht und werden in Ihren eignen Gedanken den Keim derer finden, die ich soeben entwickelt habe. In der großen Welt hat man wenig innere Sammlung und noch weniger Überlegung. Man begnügt sich mit oberflächlichen Ideen, folgt dem Brauch und der Tyrannei der Mode, die sich bis auf die Erziehung erstreckt. Man darf sich also nicht wundern, wenn die Folgen und Ergebnisse den falschen Grundsätzen entsprechen, nach denen man handelt. Ich ärgere mich, wenn ich sehe, welche Mühe man sich in diesem rauhen Klima gibt, um Ananas, Bananen und andre exotische Pflanzen zum Gedeihen zu bringen, während man so wenig Sorgfalt auf das menschliche Geschlecht verwendet. Man mag sagen, was man will: der Mensch ist wertvoller als alle Ananasse der Welt. Er ist die Pflanze, die man züchten muß, die alle unsre Mühe und Fürsorge verdient; denn sie bildet die Zier und den Ruhm des Vaterlandes.

# Die Eigenliebe als Moralprinzip (1770)[1]

Tugend ist das festeste Band der Gesellschaft und die Quelle der öffentlichen Ruhe. Ohne sie wären die Menschen den wilden Tieren gleich, blutdürstiger als Löwen, grausamer und tückischer als Tiger, oder Ungeheuer, deren Umgang man meiden müßte.

Um die rohen Sitten zu mildern, schufen Gesetzgeber Gesetze, lehrten Weise die Moral, zeigten die Vorteile der Tugend und bewiesen so ihren Wert.

Die philosophischen Schulen des Orients und der Griechen stimmten über das Wesen der Tugend im großen und ganzen überein. Sie unterschieden sich eigentlich nur durch die Wahl der Motive, mit denen sie ihre Schüler zu tugendhaftem Wandel bestimmten. Die Stoiker betonten, ihren Grundsätzen gemäß, die der Tugend innewohnende Schönheit. Daraus schlossen sie, man müsse die Tugend um ihrer selbst willen lieben, und sahen das höchste menschliche Glück im unveränderlichen Besitz der Tugend. Die Platoniker sagten, man nähere sich den unsterblichen Göttern und werde ihnen ähnlich, wenn man nach ihrem Vorbild die Tugend übe. Die Epikuräer schrieben der Erfüllung der sittlichen Pflichten ein höchstes Lustgefühl zu. Wenn man ihre Grundsätze richtig versteht, so fanden sie im Genusse der reinsten Tugend unaussprechliche Glückseligkeit und Wonne. Moses kündigte seinen Juden, um sie zu guten und löblichen Handlungen anzuspornen, zeitlichen Lohn und zeitliche Strafen an. Die christliche Religion, die sich auf den Trümmern des Judentums erhob, schlug die Laster durch ewige Strafen nieder und ermunterte die Tugend durch

---

[1] Die obige Abhandlung wurde am 11. Januar 1770 in der Akademie verlesen.

Verheißung ewiger Seligkeit. Mit diesen Triebfedern noch nicht zufrieden, wollte sie den größtmöglichen Grad von Vollkommenheit erreichen, indem sie behauptete: allein die Liebe zu Gott solle die Menschen zu guten Handlungen treiben, auch wenn sie in einem andren Leben weder Lohn noch Strafe zu erwarten hätten.

Unstreitig haben die philosophischen Schulen Männer von größtem Verdienst hervorgebracht, und ebenso sind aus dem Schoße des Christentums reine, wahrhaft heilige Seelen hervorgegangen. Trotzdem sind die Philosophen und Theologen erschlafft, und durch die Verderbtheit des menschlichen Herzens ist es soweit gekommen, daß die verschiedenen Beweggründe zur Tugend nicht mehr die guten Wirkungen hervorrufen, die man erwarten sollte. Wie viele Heiden waren nur dem Namen nach Philosophen! Man braucht nur bei Lucian zu lesen, in wie schlechtem Rufe die Philosophen zu seiner Zeit standen. Wie viele Christen arteten aus und verderbten die alte Sittenreinheit! Habgier, Ehrgeiz und Fanatismus erfüllten die Herzen derer, die der Welt zu entsagen gelobt hatten, und untergruben das, was die schlichte Tugend begründet hatte. Die Geschichte ist voll von solchen Beispielen. Mit Ausnahme von einigen frommen, aber für die Gesellschaft unnützen Klausnern geben die heutigen Christen den Römern zur Zeit des Marius und Sulla nichts nach. Wohlgemerkt beschränke ich mich bei diesem Vergleich nur auf die Sitten.

Diese und ähnliche Betrachtungen haben mich veranlaßt, den Ursachen nachzuspüren, die eine so seltsame Verderbnis des Menschengeschlechts herbeigeführt haben. Ich weiß zwar nicht recht, ob ich meine Mutmaßungen über eine so schwerwiegende Frage äußern darf. Es scheint mir jedoch, als hätte man vielleicht eine falsche Wahl der Beweggründe getroffen, die die Menschen zur Tugend antreiben sollen. Diese Beweggründe haben nach meiner Ansicht den Mangel, daß sie der großen Masse nicht faßlich sind.

Die Stoiker bedachten nicht, daß die Bewunderung ein erzwungenes Gefühl ist, dessen Eindruck sich schnell verwischt, und dem die Eigenliebe sich nur widerwillig fügt. Daß die Tugend schön sei, gesteht man leicht zu, weil dies Geständnis nichts kostet. Da wir es aber mehr aus Gefälligkeit als aus Überzeugung ablegen, so bestimmt es uns nicht zur eignen Besserung, zur Bezwingung unsrer schlechten Neigungen, zur Bezähmung unsrer Leidenschaften.

Die Platoniker hätten an die unermeßliche Kluft zwischen dem höchsten Wesen und dem gebrechlichen Geschöpf denken sollen. Wie konnten sie diesem Geschöpf zumuten, seinen Schöpfer nachzuahmen, von dem es sich bei seinem beschränkten und begrenzten Verstande nur eine unbestimmte, schwankende Vorstellung bilden konnte? Unser Geist ist der Herrschaft der Sinne unterworfen. Unser Verstand befaßt sich nur mit Dingen, bei denen die Erfahrung uns erleuchtet. Ihm abstrakte Gegenstände vorlegen, heißt ihn in ein Labyrinth führen, aus dem er nie herausfinden wird. Stellt man ihm aber greifbare Gegenstände vor Augen, so kann man ihm Eindruck machen und ihn überzeugen. Nur wenige große Geister vermögen den gesunden Verstand zu bewahren, wenn sie in die Finsternisse der Metaphysik eindringen. Der Mensch ist im allgemeinen mehr sinnlich als vernünftig veranlagt.

Die Epikuräer wiederum mißbrauchten den Begriff der Lust und schwächten dadurch unbewußt das Gute ihrer Grundsätze. Durch dies zweideutige Wort gaben sie ihren Schülern Waffen zur Entstellung ihrer Lehre in die Hand.

Die christliche Religion – ich verehre das Göttliche, das man ihr zuschreibt, und rede hier bloß als Philosoph – bot dem Verstand nur abstrakte Begriffe. Um sie ihm begreiflich zu machen, hätte man also jeden Katechumenen zum Metaphysiker verwandeln müssen und nur solche auswählen dürfen, deren Einbildungskraft stark genug war, um in dies Gebiet einzudringen. Aber nur der Geist Weniger ist dazu imstande. Wie die Erfahrung lehrt, hat das Gegenwärtige, Sinnfällige bei der großen Masse das Übergewicht über das Fernliegende, nur schwächer Wirkende. Darum wird sie die irdischen Güter, deren Genuß sie mit Händen greift, stets den imaginären Gütern vorziehen, deren Besitz sie sich nur undeutlich und in weiter Ferne vorstellt.

Aber was sollen wir erst von dem Motiv der Liebe zu Gott sagen, das die Menschen zur Tugend anspornen soll? Jener Liebe, die nach der Forderung der Quietisten von Höllenfurcht und Paradieseshoffnung frei sein soll? Ist eine derartige Liebe wohl möglich? Das Endliche kann das Unendliche nicht begreifen. Folglich können wir uns keine genaue Vorstellung von der Gottheit machen, sondern uns nur allgemein von ihrem Dasein überzeugen. Und das ist alles. Wie kann man da von einer schlichten Seele verlangen, ein Wesen zu lieben, das sie garnicht zu erkennen vermag? Begnügen wir uns also damit, es im stillen anzubeten, und beschränken wir unsre Herzensregungen auf das Gefühl tiefer Dankbarkeit gegen das höchste Wesen, in dem und durch das alles existiert.

Je mehr man diesen Gegenstand untersucht und erörtert, desto klarer wird es, daß man ein allgemeineres und einfacheres Prinzip anwenden muß, um die Menschen zur Tugend zu bewegen. Wer sich in das Studium des Menschenherzens vertieft hat, wird gewiß schon die Triebfeder entdeckt haben, die man in Tätigkeit setzen muß. Diese mächtige Triebfeder ist die Eigenliebe, die Wächterin unsrer Selbsterhaltung, die Schöpferin unsres Glücks, die unversiegliche Quelle unsrer Tugenden und Laster, der verborgene Grund alles menschlichen Tuns und Lassens. Sie findet sich bei Menschen von Geist in hervorragendem Grade und klärt noch den Stumpfsinnigsten über seinen Vorteil auf. Was ist nun schöner und bewundernswerter als ein Prinzip, das zum Laster führen kann, just zur Quelle des Guten, des Glücks und der öffentlichen Wohlfahrt zu machen? Das aber würde geschehen, wenn ein geschickter Philosoph den Gegenstand in die Hand nähme. Er würde der Eigenliebe Grenzen ziehen, sie zum Guten lenken, eine Leidenschaft gegen die andre setzen und die Menschen durch den Nachweis, daß die Tugend ihr eigner Vorteil ist, wirklich tugendhaft machen.

Larochefoucauld[2] hat in seinen Untersuchungen über das menschliche Herz die Triebfeder der Eigenliebe sehr glücklich aufgedeckt, aber leider nur, um unsre Tugenden zu lästern und zu zeigen, daß sie nur Schein sind. Ich wünschte, man benutzte diese Triebfeder, um den Menschen zu beweisen, daß es ihr eigner Vorteil erheischt, gute Staatsbürger, gute Väter, gute Freunde zu sein, kurz, alle moralischen Tugenden zu besitzen. Und da es sich wirklich so verhält, würde es nicht schwer fallen, sie davon zu überzeugen.

Weshalb sucht man die Menschen bei ihrem eignen Vorteil zu fassen, wenn man sie zu diesem oder jenem Entschluß bewegen will? Doch nur, weil der eigne Vorteil von allen Gründen der stärkste und überzeugendste ist. Brauchen wir also dasselbe Argument für die Moral. Machen wir den Menschen klar, daß sie sich durch lasterhaften Wandel unglücklich machen, daß aber mit guten Handlungen gute Folgen unzertrennlich verknüpft sind. Wenn die Kreter ihren Feinden fluchten, so wünschten sie ihnen lasterhafte Leidenschaften, das heißt, sie wünschten ihnen, sie möchten sich selber in Unglück und Schande stürzen.[3] Diese einleuchtenden Wahrheiten können bewiesen werden und sind für Weise, für Leute von Verstand und für den Pöbel gleich faßlich.

Man wird mir ohne Zweifel einwenden: meine Behauptung, daß mit guten Handlungen Glück verknüpft ist, sei schwer in Einklang zu bringen mit den Verfolgungen der Tugend und mit der Art von Wohlstand, in der sich viele verderbte Menschen befinden. Der Einwand ist leicht zu beheben, wenn wir unter dem Worte Glück nichts andres verstehen als vollkommene Seelenruhe. Sie gründet sich auf Zufriedenheit mit sich selbst und darauf, daß wir mit gutem Gewissen unsre Handlungen

---

2 *»Pensées, maximes et réflexions«*, Paris 1665.
3 Valerius Maximus, Buch VII, Kapitel 2.

gutheißen können und uns keine Vorwürfe zu machen haben. Nun ist es ja klar, daß diese Empfindung in einem sonst unglücklichen Menschen herrschen kann, nicht aber in einem rohen und wilden Herzen; denn ein solches Herz muß, wenn es sich betrachtet, sich selbst verabscheuen, so glänzend auch sein äußeres Geschick scheinen mag.

Wir wollen nicht gegen die Erfahrung streiten, sondern zugeben, daß es eine Menge Beispiele unbestrafter Verbrechen gibt, daß viele Bösewichter ein Ansehen genießen, das vom blöden Volke bewundert wird. Aber fürchten diese Verbrecher nicht, daß die für sie so schreckliche Wahrheit eines Tages ans Licht kommt, daß die Zeit ihre Schande enthüllt? Konnte wohl der eitle Glanz, der die gekrönten Ungeheuer, einen Nero, Caligula, Domitian oder Ludwig XI. umgab, die geheime Stimme ihres Gewissens ersticken, die sie verurteilte? Konnte er verhindern, daß sie von Gewissensbissen verzehrt und von der unsichtbaren Rachegeißel zerfleischt wurden? Welche Seele kann in solcher Lage ruhig bleiben? Empfindet sie nicht schon im Leben alles Gräßliche, was die Höllenqual haben kann? Übrigens urteilt man sehr falsch, wenn man das Glück eines andren nur nach dem äußeren Schein bemißt. Es läßt sich nur nach der Denkart dessen schätzen, der es empfindet: die aber ist sehr verschieden. Der eine liebt den Ruhm, der andre das Vergnügen. Dieser hängt sein Herz an Kleinigkeiten, jener an Dinge, die man für wichtig hält. Ja, einige verabscheuen das, was andre sich wünschen oder als das höchste Gut ansehen.

Es gibt also keine feste Norm zur Beurteilung dessen, was von einem willkürlichen und oft phantastischen Geschmack abhängt. Daher kommt es oft, daß man laut das Glück und den Wohlstand von Leuten bewundert, die im Stillen bitter unter der Last ihres Kummers seufzen. Da wir nun also das Glück weder in äußeren Dingen noch in den Glücksgütern finden können, die wir im wechselnden Spiele des Lebens bald gewinnen, bald verlieren, so müssen wir es in uns selbst suchen. Es gibt aber – ich wiederhole es – kein andres als Seelenruhe. Deshalb muß unser eigner Vorteil uns antreiben, nach einem so kostbaren Gute zu streben und die Leidenschaften zu zügeln, wenn sie es stören.

Wie ein Staat nicht glücklich sein kann, der von Bürgerkriegen zerrüttet wird, so kann auch der Mensch kein Glück genießen, wenn seine empörten Leidenschaften der Vernunft die Herrschaft streitig machen. Alle Leidenschaften ziehen eine Züchtigung nach sich, die mit ihnen verknüpft zu sein scheint. Davon sind selbst die unsren Sinnen am meisten schmeichelnden nicht ausgenommen. Die einen zerrütten die Gesundheit, die andern bescheren uns ewig wiederkehrende Sorge und Unruhe. Bald bringen sie den Verdruß über das Mißlingen gewaltiger Pläne, die wir entworfen haben, bald den Kummer, nicht die Achtung zu erringen, die wir zu verdienen glauben. Der eine schäumt vor Wut, sich an seinen Beleidigern nicht rächen zu können; ein zweiter empfindet Gewissensbisse über zu barbarische Vergeltung oder fürchtet, nach hundert Betrügereien entlarvt zu werden.

Den Geizigen zum Beispiel quält unaufhörlich der Durst nach Reichtümern. Alle Mittel sind ihm recht, wenn er diesen nur stillt! Aber die Angst, das mit so vieler Mühe Zusammengeraffte wieder zu verlieren, raubt ihm den Genuß seines Besitzes. Der Ehrsüchtige verliert die Gegenwart aus den Augen, um sich blindlings in die Zukunft zu stürzen. Er gebiert unaufhörlich neue Pläne und tritt alles, auch das Heiligste, herrisch mit Füßen, um sein Ziel zu erreichen. Die Hindernisse, die sich ihm in den Weg stellen, reizen und erbittern ihn. Ewig schwankend zwischen Furcht und Hoffen, ist er in der Tat unglücklich, und selbst der Besitz dessen, was er begehrt, ist mit Überdruß und Ekel gepaart. Dieser unerquickliche Zustand läßt ihn neue Glückspläne schmieden, aber das Glück, das er sucht, findet er nie. Soll man in einem so kurzen Leben so weitschauende Pläne entwerfen? Der Verschwender, der doppelt so viel verschleudert, als er zusammenrafft, ist wie das Faß der Danaiden, das niemals voll wurde. Stets sinnt er auf Mittel zur Befriedigung seiner zahlreichen Begierden. Die aber vermehren seine Bedürfnisse immerfort, und so arten seine Laster schließlich in Verbrechen aus. Der Liebestolle wird zum Spielball der Weiber, die ihn betrügen. Der flatterhaft Liebende verführt sie nur dadurch, daß er wortbrüchig ist. Der Ausschweifende zerstört seine Gesundheit und verkürzt sein Leben.

Aber welche Vorwürfe hat sich nicht erst der Hartherzige, Ungerechte, Undankbare zu machen! Der Hartherzige hört auf, ein Mensch zu sein, weil er die Vorrechte seiner Gattung nicht ehrt und in seinesgleichen seine Brüder verkennt. Er hat kein Herz im Busen, und da er selbst kein Mitleid empfindet, so verwirkt er auch das Mitleid der andren. Der Ungerechte bricht den Gesellschaftsvertrag. Er zerstört, soviel er vermag, die Gesetze, unter deren Schutze er lebt. Er würde sich gegen jede Bedrückung auflehnen, maßt sich selbst aber das ausschließliche Vorrecht an, Schwächere zu unterdrücken. Sein Fehler ist schlechte Logik. Seine Grundsätze stehen miteinander in Widerspruch. Muß nicht auch das Gefühl für Recht und Billigkeit, das die Natur in aller Herzen gelegt hat, sich gegen seine Übergriffe auflehnen? Doch das abscheulichste, schwärzeste und ruchloseste von allen Lastern ist der Undank. Der Undankbare, gegen Wohltaten Unempfindliche begeht ein Majestätsverbrechen an der Gesellschaft. Denn er verdirbt, vergiftet und zerstört die Süßigkeit der Freundschaft. Beleidigungen empfindet er, aber Dienstleistungen nicht. Indem er Gutes mit Bösem vergilt, setzt er der Niedertracht die Krone auf. Aber eine so entartete, unter die Menschheit herabgesunkene Seele handelt gegen ihren eigenen Vorteil; denn jeder Mensch ist – so hoch er auch stehen mag – von Natur schwach und bedarf des Beistandes seiner Nächsten. Ein Undankbarer aber, den die Gesellschaft ausstößt, macht sich durch seine Herzlosigkeit unwürdig, je wieder Wohltaten zu empfangen. Unablässig sollte man den Menschen zurufen: »Seid sanft und menschlich, weil ihr schwach seid und des Beistandes bedürft! Seid gerecht gegen andre, damit die Gesetze auch euch gegen fremde Gewalttat schützen! Tut andren das nicht an, was sie euch nicht antun sollen.«

Ich will in dieser flüchtigen Skizze nicht all die Gründe auseinandersetzen, die die Eigenliebe den Menschen an die Hand gibt, um ihre schlechten Neigungen zu besiegen und ein tugendhaftes Leben zu führen. Bei den engen Grenzen meiner Abhandlung kann ich den Gegenstand nicht erschöpfen. Ich begnüge mich mit der Behauptung, daß alle, die neue Beweggründe zur Verbesserung der Sitten ausfindig machen, der Gesellschaft, ja selbst der Religion einen wichtigen Dienst leisten.

Nichts ist wahrer und handgreiflicher, als daß die Gesellschaft nicht bestehen kann, wenn ihre Mitglieder keine Tugend, keine guten Sitten besitzen. Sittenverderbnis, herausfordernde Frechheit des Lasters, Verachtung der Tugend und derer, die sie ehren, Mangel an Redlichkeit in Handel und Wandel, Meineid, Treulosigkeit, Eigennutz an Stelle des Gemeinsinns – das sind die Vorboten des Verfalls der Staaten und des Untergangs der Reiche. Denn sobald die Begriffe von Gut und Böse verwirrt werden, gibt es weder Lob noch Tadel, weder Lohn noch Strafe mehr.

Ein so wichtiger Gegenstand wie die Moral geht die Religion ebensoviel an wie den Staat. Die christliche, jüdische, mohammedanische und chinesische Moral haben beinahe die gleiche Sittenlehre. Die christliche hat trotz ihrer langen Geltung noch zwei Arten von Feinden zu bekämpfen. Die einen sind die Philosophen, die nur den gesunden Menschenverstand und die streng exakte logische Beweisführung gelten lassen und alle Ideen und Systeme verwerfen, die nicht mit den Regeln der Logik übereinstimmen; doch davon reden wir hier nicht. Die andren sind die Freigeister,[4] deren Sitten, durch lange Gewöhnung an das Laster verderbt, sich gegen das harte Joch aufzubäumen, das die Religion ihren Leidenschaften auflegen will.

---

[4] Das französische Wort *libertin* ist doppelsinnig. Es umfaßt die Ungebundenheit des Denkens und der Sitten.

Sie streifen ihre Fesseln ab, sprechen sich stillschweigend von einem Gesetze los, das ihnen Zwang antut, und suchen in völligem Unglauben eine Freistätte. Ich behaupte nun: alle Beweggründe, die man zur Besserung solcher Charaktere anwenden kann, gereichen der christlichen Religion offenbar zum größten Vorteil. Ja, ich glaube, der eigne Vorteil des Menschen ist das mächtigste Motiv, mit dem man sie von ihren Verirrungen abbringen kann. Ist der Mensch einmal davon überzeugt, daß es in seinem eignen Interesse liegt, tugendhaft zu sein, so wird er sich auch lobenswerter Handlungen befleißigen, und da er dann der Moral des Evangeliums tatsächlich gemäß lebt, wird man ihn auch leicht dahin bringen, aus Liebe zu Gott das zu tun, was er schon aus Liebe zu sich selbst getan hat. Das nennen die Theologen: heidnische Tugenden in christliche, geheiligte verwandeln.

Doch hier stellt sich ein neuer Einwand dar. Man wird mir gewiß entgegenhalten: »Du widersprichst dir selbst. Du denkst nicht daran, daß man die Tugend als einen Trieb der Seele zu größter Selbstlosigkeit definiert. Wie kannst du also wähnen, man könne zu dieser völligen Selbstaufgabe durch den eigenen Vorteil gelangen, das heißt, durch den ihr strikt entgegengesetzten Seelenzustand?«

Der Einwurf ist stark, aber doch leicht zu widerlegen, wenn man die verschiedenen Triebfedern der Selbstliebe betrachtet. Bestünde sie nur aus dem Verlangen nach Gütern und Ehren, so hätte ich nichts zu erwidern. Aber ihr Trachten beschränkt sich nicht auf so wenig. Sie umfaßt zunächst Liebe zum Leben und zur Selbsterhaltung, dann Begierde nach Glück, Furcht vor Tadel und Schmach, Verlangen nach Ansehen und Ruhm und schließlich die Leidenschaft für alles, was man für nützlich hält. Dazu tritt noch Abscheu vor allem, was man der Selbsterhaltung schädlich glaubt. Man braucht also nur die Urteile der Menschen zu berichtigen. Wonach muß ich trachten, was muß ich meiden, um die sonst rohe und schädliche Eigenliebe nützlich und lobenswert zu machen?

Die Beispiele der größten Uneigennützigkeit, die wir haben, rühren aus der Eigenliebe her. Die hochherzige Aufopferung der beiden Decius,[5] die ihr Leben freiwillig hingaben, um dem Vaterland den Sieg zu erringen – woraus entsprang sie, wenn nicht daraus, daß sie ihr Leben weniger hoch einschätzten als den Ruhm? Weshalb widerstand Scipio im Jünglingsalter, wo die Leidenschaften so gefährlich sind, der Versuchung, in die ihn die Schönheit seiner Gefangenen brachte? Warum gab er sie als Jungfrau ihrem Verlobten zurück und überhäufte beide mit Geschenken?[6] Können wir zweifeln, daß der Held gemeint hat, sein edles, großmütiges Benehmen werde ihn mehr ehren als die rohe Sättigung seiner Begierde? Er zog also den guten Ruf der Wollust vor.

Wie viele Züge von Tugend, wie viele unsterbliche Ruhmestaten hat man nicht tatsächlich dem Instinkt der Selbstliebe zu verdanken? Aus einem geheimen, fast unmerklichen Gefühl beziehen die Menschen alles auf sich selbst. In sich sehen sie einen Mittelpunkt, in dem alle Strahlen ihres Umkreises zusammenlaufen. Welche gute Tat sie auch tun mögen, sie selbst sind deren verborgener Gegenstand. Das stärkere Gefühl überwiegt bei ihnen das schwächere, und oft bestimmt ihr Handeln ein falscher Schluß, dessen Mängel sie nicht einsehen. Man darf ihnen also nur das wahre Gute zeigen, ihnen dessen Wert klarmachen und ihre Leidenschaften in den Dienst der Tugend stellen, indem man sie lenkt und eine gegen die andre setzt.

Gilt es ein Verbrechen zu verhüten, das jemand begehen will, so findet man ein Abschreckungsmittel in den Gesetzen, die es bestrafen. Man muß dann den Selbsterhaltungstrieb jedes Menschen wachrufen und ihn den schlimmen Absichten entge-

---

[5] Publius Decius Mus opferte sich als Konsul freiwillig für das Vaterland, um den Sieg in der Schlacht am Vesuv (340 v. Chr.) zu erringen. Sein gleichnamiger Sohn tat dasselbe in der Schlacht bei Sentinum (295 v. Chr.). Nur dessen Opfertod ist historisch beglaubigt.
[6] Wie Valerius Maximus (Buch IV, Kapitel 3) berichtet, trug sich der Vorgang im Jahre 210 nach der Eroberung von Neu-Karthago in Spanien durch den älteren Scipio Africanus zu.

genstellen, die ihn den strengsten Strafen, ja dem Tode aussetzen. Der Selbsterhaltungstrieb kann auch Wüstlinge bessern, die durch ihre Ausschweifungen ihre Gesundheit zerrütten und ihr Leben verkürzen. Ein gleiches gilt von denen, die sich vom Jähzorn hinreißen lassen; denn es gibt Beispiele dafür, daß diese Leidenschaft bei großer Heftigkeit epileptische Anfälle zur Folge hat.

Die Furcht vor Tadel bringt fast die gleichen Wirkungen hervor wie der Selbsterhaltungstrieb. Wie viele Frauen verdanken ihre Keuschheit, deretwegen man sie lobt, dem Verlangen, ihren Ruf vor Verleumdung zu schützen! Wie viele Männer sind nur darum uneigennützig, weil sie fürchten, in der Welt als Betrüger und Elende dazustehen, wenn sie anders handelten.

Kurz, die verschiedenen Triebfedern der Eigenliebe geschickt in Bewegung zu setzen, es so hinzustellen, daß alle Vorteile von guten Handlungen dem Handelnden selbst zugute kommen – das ist das Mittel, um diesen Quell des Guten und Bösen zur treibenden Kraft des Verdienstes und der Tugend zu machen.

Ich muß zu unsrer Schande gestehen, daß man in unsrem Jahrhundert eine merkwürdige Abkühlung gegen alle Bestrebungen zur Besserung des menschlichen Herzens und der Sitten antrifft. Man sagt öffentlich und läßt es sogar drucken: die Moral sei ebenso langweilig wie unnütz. Man behauptet: die Menschennatur sei ein Gemisch von Gut und Böse, das sich nicht ändern lasse; die stärksten Gründe wichen der Gewalt der Leidenschaften, und man müsse die Welt gehen lassen, wie sie geht.

Wenn man nun mit dem Erdboden ebenso verführe, wenn man ihn unbebaut ließe, so würde er sicherlich nur Disteln und Dornen tragen, nie aber die reichen und nützlichen Ernten, die uns mit Nahrungsmitteln versorgen. Ich gebe zu: soviel man sich auch um Besserung der Sitten bemüht, es wird stets Laster und Verbrechen auf der Welt geben. Aber es werden ihrer doch weniger sein, und damit ist schon viel gewonnen. Es wird dann auch mehr gebesserte und voll entwickelte Seelen geben, die sich durch hervorragende Eigenschaften auszeichnen. Sind nicht aus der Schule der Philosophen erhabene Seelen, fast göttliche Menschen hervorgegangen, die die Tugend zur höchsten, der Menschheit erreichbaren Vollendung gebracht haben? Die Namen eines Sokrates, Aristides, Cato, Brutus, Antoninus Pius, Mark Aurel werden in den Annalen des Menschengeschlechts so lange fortleben, wie es tugendhafte Seelen auf der Welt gibt. Auch die Religion hat einige treffliche Männer hervorgebracht, die sich durch Menschlichkeit und Wohltätigkeit auszeichneten. Zu ihnen rechne ich indessen nicht die mürrischen, fanatischen Mönche, die in frommen Kerkern die Tugenden begruben, durch die sie ihren Nächsten hätten nützlich werden können, und die lieber der Gesellschaft zur Last fallen, als ihr dienen wollten.

Heutzutage müßte man damit anfangen, das Vorbild der Alten nachzuahmen, alle Aufmunterungsmittel zur Besserung des Menschengeschlechts anzuwenden, in den Schulen die Sittenlehre jedem andren Unterricht vorzuziehen und sie leicht faßlich vorzutragen. Vielleicht käme man seinem Zweck bedeutend näher, wenn man Katechismen anfertigte, aus denen die Kinder von klein auf lernten, daß die Tugend zu ihrem Glück unerläßlich ist. Ich wünschte, die Philosophen beschäftigten sich weniger mit ebenso vorwitzigen wie fruchtlosen Untersuchungen und übten ihre Talente mehr an der Moral. Vor allem aber sollte ihr Wandel ihren Schülern in allen Stükken zum Muster dienen. Dann führten sie mit Recht den Namen: Lehrer des Menschengeschlechts.

Die Theologen sollten sich weniger um die Erklärung unbegreiflicher Dogmen bemühen. Sie sollten die Wut verlernen, uns Dinge beweisen zu wollen, die uns als Mysterien und als höher denn alle Vernunft verkündigt sind. Vielmehr sollten sie sich darauf legen, praktische Moral zu predigen und statt blumenreicher Reden nützliche, schlichte, klare und dem Verständnis ihrer Zuhörer angemessene Andachten abzuhalten.

Bei spitzfindigen Beweisführungen schlafen die Menschen ein. Ist aber von ihrem eignen Vorteil die Rede, so wachen sie auf. Derart ließe sich durch geschickte und weise Reden die Eigenliebe zur Führerin der Tugend machen. Man könnte mit Erfolg neue Beispiele gebrauchen, die dem Geiste der zu Belehrenden angepaßt sind. Will man einen trägen Bauern zur besseren Bestellung seines Ackers aufmuntern, so erreicht man das sicherlich am leichtesten mit dem Hinweis auf seinen durch Emsigkeit reich gewordenen Nachbarn. Man muß ihm sagen, es hinge nur von ihm ab, den gleichen Wohlstand zu erlangen. Stets müssen die gewählten Vorbilder der Fassungskraft und dem Stande derer entsprechen, die sie nachahmen sollen. Aus zu ungleichen Lebenslagen darf man sie niemals nehmen. Der Ruhm des Miltiades störte den Schlaf des Themistokles.

Wenn nun große Beispiele auf die Alten so starken Eindruck gemacht haben, warum sollen sie in unsren Tagen wirkungslos bleiben? Die Liebe zum Ruhm ist edlen Seelen angeboren, man braucht sie nur zu beleben und anzufachen. Dann werden Menschen, die bis dahin nur hinvegetierten, von diesem glücklichen Triebe entflammt, wie Halbgötter dastehen. Reicht auch die vorgeschlagene Methode zur Ausrottung aller Laster auf Erden nicht aus, so kann sie doch, dünkt mich, den guten Sitten Anhänger werben und Tugenden erwecken, die ohne ihre Hilfe in dumpfem Schlafe geblieben wären. Damit leistet man der Gesellschaft stets einen Dienst, und das ist auch der Zweck dieser Abhandlung.

# Gedächtnisrede auf Voltaire

*Gelesen in der Akademie am 26. November 1778*

Meine Herren!
In allen Zeitaltern, besonders bei den geistvollsten und gebildetsten Völkern, sind Männer von hoher und seltner Begabung schon während ihres Lebens geehrt worden, noch mehr aber nach ihrem Tode. Man betrachtete sie wie Phänomene, die ihren Glanz über ihr Vaterland verbreiteten. Die ersten Gesetzgeber, die die Menschen lehrten, in Gesellschaft zu leben, die ersten Helden, die ihre Mitbürger verteidigten, die Philosophen, die in die Abgründe der Natur hinabdrangen und einige Wahrheiten entdeckten, die Dichter, die die Großtaten ihrer Zeitgenossen der Nachwelt überlieferten, sie alle wurden wie höhere Wesen angesehen; man glaubte sie von der Gottheit besonders erleuchtet. Daher kam es, daß man dem Sokrates Altäre errichtete, daß Herakles für einen Gott galt, daß Griechenland den Orpheus verehrte und daß sieben Städte sich um den Ruhm stritten, die Heimat Homers zu sein. Das Volk von Athen, das die beste Erziehung besaß, wußte die Ilias auswendig und ehrte in ihren Gesängen pietätvoll den Ruhm seiner alten Helden. Auch Sophokles, der die Palme auf dem Theater errang, stand wegen seiner Talente in hohem Ansehen, ja der athenische Staat bekleidete ihn mit den höchsten Würden. Jedermann weiß, wie hoch Äschines, Perikles und Demosthenes geschätzt wurden, und daß Perikles dem Diagoras zweimal das Leben rettete, einmal, als er ihn vor der Wut der Sophisten schützte, das zweitemal, indem er ihn durch seine Wohltaten unterstützte. Wer immer in Griechenland Talente besaß, war sicher, Bewunderung, ja selbst Begeisterung zu finden. Das war die mächtige Anregung, die Talente entwickelte und den Geistern jenen Aufschwung gab, durch den sie sich über die

Schranken der Mittelmäßigkeit erhoben. Welch ein Stachel des Wetteifers für die Philosophen, als sie erfuhren, daß Philipp von Mazedonien den Aristoteles als einzig würdigen Lehrer Alexanders erkoren hatte! In jenem schönen Zeitalter fand jedes Verdienst seinen Lohn, jedes Talent seine Ehren. Die guten Schriftsteller wurden ausgezeichnet. Die Werke des Thukydides und Xenophon befanden sich in aller Händen; kurz, jeder Bürger schien teilzuhaben an der Berühmtheit jener großen Geister, die Griechenlands Ruf damals über den aller übrigen Völker erhoben.

Bald nachher liefert uns Rom ein ähnliches Schauspiel. Cicero schwingt sich durch seinen philosophischen Geist und seine Beredsamkeit auf den Gipfel des Ruhmes. Lukrez lebte nicht lange genug, um seinen Ruf zu genießen. Aber Virgil und Horaz wurden durch den Beifall jenes königlichen Volkes geehrt, standen in vertrautem Verkehr mit Augustus und hatten Teil an den Belohnungen, die dieser geschickte Tyrann über alle ausschüttete, die seine Tugenden priesen und seine Laster beschönigten.

Zu der Zeit, da die Wissenschaften im Abendlande wieder aufblühten, gedenkt man mit Freuden der Medizäer und einiger Päpste, die sich eifrig der Schriftsteller annahmen. Man weiß, daß Petrarca als Dichter gekrönt wurde und daß Tasso nur durch seinen Tod um die Ehre kam, auf demselben Kapitol gekrönt zu werden, wo dereinst die Besieger der Welt triumphiert hatten.

Ludwig XIV., der nach jeder Art von Ruhm dürstete, vergaß auch den Ruhm nicht, die außerordentlichen Männer zu belohnen, die unter seiner Regierung auftraten. Er überhäufte nicht nur Bossuet, Fénelon, Racine und Boileau mit Wohltaten, sondern dehnte seine Freigebigkeit auch auf alle Schriftsteller aus, in welchem Lande sie auch wohnten, wenn nur ihr Ruf bis zu ihm gedrungen war.

So handelten alle Zeitalter gegen jene glücklichen Geister, die das Menschengeschlecht zu adeln scheinen, deren Werke uns erquicken und uns über das Elend des Lebens hinwegtrösten. Es ist also nur recht und billig, daß wir den Manen des Großen, dessen Verlust Europa betrauert,[1] den Tribut des Lobes und der Bewunderung zollen, den er so sehr verdient hat.

Wir gedenken nicht, auf die Einzelheiten von Voltaires Privatleben einzugehen. Die Geschichte eines Königs soll in der Aufzählung der Wohltaten bestehen, die er seinem Volke angedeihen ließ, die eines Kriegsmannes in seinen Feldzügen, die eines Schriftstellers in der Darlegung seiner Werke. Anekdoten können die Neugierde unterhalten; Taten unterrichten. Doch es ist unmöglich, die Fülle der Werke, die wir der Fruchtbarkeit Voltaires danken, im einzelnen zu prüfen. Nehmen Sie also, meine Herren, mit der flüchtigen Skizze fürlieb, die ich Ihnen davon entwerfen will, und lassen Sie mich die Hauptereignisse seines Lebens nur kurz berühren. Es hieße Voltaire entehren, wollte ich Gewicht auf Nachforschungen legen, die nur seine Herkunft betreffen. Im Gegensatz zu denen, die ihren Vorfahren alles und sich selber nichts schulden, verdankte er alles der Natur: er allein war der Schmied seines Glückes und seines Ruhmes. Es genügt zu wissen daß seine Verwandten, die Justizbeamte waren,[2] ihm eine anständige Erziehung gaben. Er studierte im Jesuitenkolleg Ludwigs des Großen unter den Vätern Porée und Tournemine, die zuerst die Funken des glänzenden Feuers entdeckten, das seine Werke erfüllt.

Obwohl noch jung, wurde Voltaire nicht wie ein gewöhnliches Kind angesehen. Sein Geistesschwung hatte sich schon offenbart. Dadurch kam er in das Haus der Frau von Rupelmonde. Die Dame war entzückt von der Lebhaftigkeit seines Geistes und den Talenten des jungen Dichters. Sie führte ihn in die beste Pariser Gesellschaft ein. Die große Welt wurde für ihn

---

[1] Voltaire war am 30. Mai 1778 gestorben.
[2] Voltaires Vater, François Arouet († 1722), war Notar und später Sportelzahlmeister an der Pariser Rechnungskammer. Über den Ursprung des Pseudonyms Voltaire ist Sicheres nicht bekannt. Es erscheint zuerst 1719 in der Widmung des »Ödipus« an die Herzogin von Orleans.

zur Schule, in der er seinen Geschmack und den feinen Takt erwarb, die Gewandtheit und Höflichkeit des Benehmens, die jene weltfremden Gelehrten nie erreichten, weil sie kein Urteil darüber haben, was in der guten Gesellschaft gefallen kann, die ihrem Blick zu entrückt ist, um sie kennen zu können. Diesem Tone der guten Gesellschaft, dieser funkelnden Glätte verdanken Voltaires Werke ihre Beliebtheit.

Schon waren seine Tragödie »Ödipus«[3] und einige liebenswürdige Gesellschaftsgedichte in die Öffentlichkeit gedrungen, als in Paris eine anstößige Verssatire gegen den Herzog von Orleans, den damaligen Regenten von Frankreich, erschien.[4] Ein gewisser La Grange, Verfasser dieses dunklen Machwerks, wußte den Verdacht von sich abzulenken, indem er es für ein Werk Voltaires ausgab. Die Regierung handelte übereilt. Der junge Dichter wurde unschuldig verhaftet und in die Bastille gesteckt, wo er mehrere Monate blieb.[5] Da aber die Wahrheit früher oder später doch ans Licht kommt, so wurde der Schuldige bestraft und Voltaire als gerechtfertigt freigelassen.

Meine Herren, würden Sie es für möglich halten, daß es just die Bastille war, in der unser junger Dichter die ersten beiden Gesänge seiner »Henriade« schrieb? Und doch ist es so. Sein Gefängnis ward ihm zum Parnaß, wo die Musen ihn begeisterten. Sicher ist, daß der zweite Gesang so geblieben ist, wie er ihn zuerst entworfen. In Ermangelung von Papier und Tinte lernte er die Verse auswendig und behielt sie im Gedächtnis.

Bald nach seiner Freilassung zog er sich, aufgebracht durch die unwürdige Behandlung und den Schimpf, den er in seinem Vaterlande erduldet hatte, nach England zurück,[6] wo er nicht

---

3 Der »Ödipus«, 1712 begonnen, wurde am 18. November 1718 in Paris aufgeführt.
4 Die »*Odes philippiques*« von La Grange (vgl. Bd. VII, S. 32).
5 Hier liegt eine Verwechslung vor mit Voltaires erster Gefangenschaft in der Bastille (1717/1718), die aber ihren guten Grund in einem höchst anstößigen lateinischen Spottgedicht (»*Puero regnante*«) auf den Regenten hatte.
6 Voltaire ging erst im Mai 1726 nach England, und zwar nach seiner zweiten Gefangenschaft in der Bastille. Sie war die Folge einer Forderung, die er

nur die günstigste Aufnahme beim Publikum fand, sondern sich auch bald begeisterte Anhänger warb. In London legte er die letzte Hand an seine »Henriade«, die er damals unter dem Titel »*Poème de la Ligue*« veröffentlichte.[7]

Unser junger Dichter, der während seines Aufenthalts in England alles zu nutzen wußte, warf sich besonders auf das Studium der Philosophie. Damals blühten die weisesten und tiefsten Philosophen. Er ergriff den Faden, an dem sich der vorsichtige Locke durch das Labyrinth der Metaphysik getastet hatte, zügelte seine feurige Einbildungskraft und unterwarf sich den mühseligen Berechnungen des unsterblichen Newton. Ja, er eignete sich die Entdeckungen dieses Philosophen derart an und machte solche Fortschritte, daß er das System des großen Mannes in einer kurzen Abhandlung so klar darstellte, daß es für jedermann faßlich wurde.[8] Vor ihm war Fontenelle der einzige Philosoph gewesen, der Blumen auf die trockne Astronomie gestreut und sie zum Zeitvertreib des schönen Geschlechts gemacht hatte. Den Engländern schmeichelte es, daß ein Franzose ihre Philosophen nicht nur bewunderte, sondern sie auch in seine Sprache übersetzte. Die vornehmste Welt Londons drängte sich, ihn zu besitzen. Nie fand ein Fremder bei dieser Nation günstigere Aufnahme. Aber so schmeichelhaft der Triumph auch für seine Eigenliebe war, die Liebe zum Vaterlande siegte im Herzen unsres Dichters, und er kehrte nach Frankreich zurück (1729).

Durch den Beifall aufgeklärt, den ein so ernstes und kluges Volk wie die Engländer dem jungen Schriftsteller gespendet hatte, begannen die Pariser zu ahnen, daß ein großer Mann in ihrer Mitte geboren war. Nun erschienen die »*Lettres sur les Anglais*«,[9] die mit raschen, kräftigen Strichen die Sitten, den

---

dem Chevalier de Rohan wegen einer ihm öffentlich zugefügten Beschimpfung hatte zugehen lassen.

7 »*La Ligue ou Henri le Grand*« erschien bereits 1723.
8 »*Éléments de la philosophie de Newton*«, 1738.
9 Bekannter als »Lettres philosophiques«, 1733.

Kunstfleiß, die Religion und die Regierung des englischen Volkes schildern. Die Tragödie »Brutus«, höchst geeignet, diesem freien Volke zu gefallen, folgte bald nach, ebenso »Mariamne«[10] und eine Menge andrer Stücke.

Damals lebte in Frankreich eine durch ihre Neigung zu Kunst und Wissenschaft berühmte Dame. Sie erraten wohl, meine Herren, wir meinen die Marquise du Châtelet. Sie hatte die philosophischen Werke des jungen Autors gelesen; bald machte sie auch seine Bekanntschaft (1733). Das Verlangen, sich zu unterrichten, und der leidenschaftliche Wunsch, die wenigen Wahrheiten zu ergründen, die im Bereiche des menschlichen Geistes liegen, knüpfte die Bande ihrer Freundschaft unlöslich. Sofort gab Frau von Châtelet die »Theodicée« von Leibniz und die geistvollen Phantasiegebilde dieses Philosophen auf, um an ihrer Statt die vorsichtige und besonnene Methode Lockes anzunehmen, die weniger die heftige Wißbegier als die strenge Vernunft befriedigte. Sie lernte so viel Mathematik, um Newton in seinen abstrakten Berechnungen folgen zu können. Ja, ihr Fleiß war so beharrlich, daß sie einen Auszug seines Systems zum Gebrauch ihres Sohnes verfaßte.[11] Cirey wurde bald die philosophische Zufluchtsstätte beider Freunde. Dort schrieben sie jeder für sich Werke verschiedener Art, die sie sich mitteilten, indem sie sich bemühten, ihren Erzeugnissen durch gegenseitige Kritik den höchsten erreichbaren Grad von Vollkommenheit zu geben. Dort entstanden »Zaïre« (1732), »Alzire« (1734/36), »Mérope« (1737), »Sémiramis« (1748), »Catilina« (1749), »Électre ou Oreste« (1749).

Voltaire, dessen Tätigkeit alles umfaßte, beschränkte sich nicht allein auf das Vergnügen, das Theater durch seine Tragödien zu bereichern. Er verfaßte eigens für den Gebrauch der Marquise von Châtelet seinen »*Essai sur l'histoire univer-*

---

10 »Brutus« wurde 1730 aufgeführt; »Mariamne« war schon 1724 gespielt worden.
11 »*Les principes de Newton.*«

*selle*«.[12] Das »Zeitalter Ludwigs XIV.«[13] und die »Geschichte Karls XII.«[14] waren bereits erschienen.

Einen so genialen Schriftsteller, der ebenso vielseitig wie korrekt war, ließ die französische Akademie sich nicht entgehen. Sie forderte ihn als ein ihr gehöriges Eigentum. Er wurde Mitglied dieser erlauchten Körperschaft (1746) und eine ihrer schönsten Zierden. Auch Ludwig XV. zeichnete ihn aus, indem er ihn zum Kammerherrn (1746) und zum Historiographen Frankreichs (1745) ernannte, was er eigentlich durch seine Geschichte Ludwigs XIV. schon war.

Obwohl Voltaire für so glänzende Ehrungen empfänglich war, sprach das Gefühl der Freundschaft doch noch stärker in ihm. Unauflöslich mit Frau von Châtelet verbunden, ließ er sich durch den Glanz eines großen Hofes nicht blenden und zog den Aufenthalt in Luneville,[15] mehr noch die ländliche Abgeschiedenheit von Cirey der Pracht von Versailles vor. Dort genossen beide Freunde friedlich das den Menschen zugemessene Glück, bis der Tod der Marquise von Châtelet (10. September 1749) ihrem schönen Bund ein Ziel setzte. Das war ein furchtbarer Schlag für Voltaires Zartgefühl. Er mußte seine ganze Philosophie zu Hilfe rufen, um ihm zu widerstehen.

Gerade zu der Zeit, wo er alle Kräfte anspannte, um seinen Schmerz zu bezwingen, wurde er an den preußischen Hof berufen. Der König, der ihn im Jahre 1740 gesehen hatte,[16]

---

12 Die erste Fassung des *»Essai sur les moeurs et l'esprit des nations«*. Das Werk erschien ohne Wissen und Wollen Voltaires 1753 in Berlin und Holland unter dem Titel *»Abrégé de l'histoire universelle«*. Erst 1769 gab Voltaire es in der endgültigen Gestalt unter dem Titel *»Essai«* usw. heraus.
13 *»Le Siècle de Louis XIV«*, Berlin 1751, 2 Bände.
14 *»Histoire de Charles XII«*, 1731.
15 In Luneville residierte König Stanislaus Leszczynski, Ludwigs XV. Schwiegervater, nach seinem Verzicht auf die polnische Krone (1735).
16 Nach der ersten Begegnung mit dem König auf Schloß Moyland bei Kleve (11. September 1740) hatte Voltaire Ende 1740 und dann nochmals 1743 am preußischen Hofe geweilt.

wünschte dies hervorragende und seltene Genie zu besitzen. Im Jahre 1750 kam Voltaire nach Berlin.[17] Seine Kenntnisse waren umfassend, seine Unterhaltung ebenso belehrend wie angenehm, seine Einbildungskraft ebenso glänzend wie vielseitig, sein Geist rasch im Erfassen und stets schlagfertig. Er verschönte die Trockenheit eines Gegenstands durch die Anmut der Darstellung; kurz, er war das Entzücken aller Gesellschaften. Ein unglücklicher Streit, der zwischen ihm und Maupertuis ausbrach, entzweite diese beiden Geister, die dazu geschaffen waren, sich zu lieben, nicht aber, sich zu hassen.[18] Der Ausbruch des Siebenjährigen Krieges erweckte bei Voltaire den Wunsch, seinen Aufenthalt in der Schweiz zu nehmen. Er ging nach Genf, dann nach Lausanne, erwarb später Les Délices[19] und ließ sich schließlich in Ferney nieder (1759). Seine Muße war zwischen Studium und Arbeit geteilt. Er las und schrieb und beschäftigte durch die Fruchtbarkeit seines Geistes alle Buchhändler jenes Kantons.

Voltaires Gegenwart, sein sprudelnder Geist, seine mühelose Produktion versetzte seine ganze Umgebung in den Wahn, um ein großer Geist zu sein, brauchte man es nur zu wollen. Eine Art von Epidemie ergriff die Schweizer, die sonst nicht für die feinsten Köpfe gelten. Sie drückten die gewöhnlichsten Dinge nur noch in Antithesen und Epigrammen aus. Genf wurde von dieser Ansteckung am meisten befallen. Die Bürger hielten sich samt und sonders für Lykurge und hatten nicht übel Lust, ihrer Vaterstadt neue Gesetze zu geben, aber keiner wollte den bestehenden gehorchen. Diese Regungen mißverstandenen Freiheitseifers führten zu einer Art Aufruhr oder Krieg, der in die Komödie gehörte. Voltaire verfehlte nicht, das Ereignis unsterblich zu machen; er besang diesen sogenannten Krieg im Tone von Homers Froschmäusekrieg.[20]

17 Am 10. Juli 1750 traf Voltaire in Potsdam ein.
18 Voltaire verließ Potsdam am 25. März 1753.
19 Die Übersiedlung nach Les Délices fand schon im Frühjahr 1755 statt.
20 »Der Genfer Bürgerkrieg. Ein Heldengedicht.« 1767.

Bald brachte seine fruchtbare Feder Theaterstücke hervor, bald vermischte philosophische und geschichtliche Aufsätze, bald allegorisch-moralische Romane. Aber während er derart die Literatur durch neue Schöpfungen bereicherte, widmete er sich zugleich der Landwirtschaft. Man sieht, wie ein guter Kopf sich auf allen möglichen Gebieten betätigen kann. Ferney war ein fast wüstes Stück Land, als unser Philosoph es erwarb. Er kultivierte es und bevölkerte es nicht allein, sondern siedelte auch viele Handwerker dort an.

Rufen wir uns nicht zu bald die Ursachen unsres Schmerzes ins Gedächtnis zurück. Lassen wir Voltaire noch ruhig in Ferney und werfen wir unterdessen einen aufmerksamen und eingehenden Blick auf die Fülle seiner geistigen Erzeugnisse. Die Geschichte erzählt, Virgil habe, als er starb, seine »Äneis« verbrennen wollen, weil er ihr nicht die gewünschte Vollendung hatte geben können. Voltaire konnte bei seinem langen Leben sein Gedicht »*La Ligue*« immer wieder feilen und verbessern und ihm die Vollkommenheit geben, die es jetzt unter dem Namen der »Henriade« erreicht hat. Seine Neider warfen ihm vor, es sei nur eine Nachahmung der »Äneis«, und man muß einräumen, daß der Gegenstand mancher Gesänge Ähnlichkeiten aufweist. Aber es sind keine sklavischen Kopien. Schildert Virgil die Zerstörung Trojas, so stellt Voltaire die Greuel der Bartholomäusnacht dar. Der Liebe der Dido und des Äneas steht die Liebe Heinrichs IV. und der schönen Gabrielle d'Estrées gegenüber. Das Hinabsteigen des Äneas in die Unterwelt, wo Anchises ihm seine Nachkommenschaft prophezeit, wird mit Heinrichs IV. Traum und der Weissagung des heiligen Ludwig verglichen, der ihm das Schicksal der Bourbonen verkündet. Wenn ich meine Meinung äußern dürfte, würde ich bei zweien dieser Gesänge den Vorzug dem Franzosen geben, nämlich bei der Schilderung der Bartholomäusnacht und dem Traume Heinrichs IV. Nur in der Liebe der Dido scheint Virgil über Voltaire den Sieg davonzutragen, weil der Lateiner fesselt und zum Herzen spricht, während der Franzose sich nur in Allegorien ergeht. Aber bei ehrlicher Prüfung beider Dichtungen, ohne Vorurteil für die Alten oder Neueren, muß man einräumen, daß viele Einzelheiten der »Äneis« in den Werken unsrer Zeitgenossen nicht mehr geduldet würden, so z. B. das Totenopfer, das Äneas seinem Vater Anchises darbringt, die Fabel von den Harpyen, die Prophezeiung dieser Fabelwesen, die Trojaner würden noch in solche Not kommen, daß sie ihre Teller essen müßten – eine Prophezeiung, die dann später in Erfüllung geht –, das Mutterschwein mit den neun Frischlingen, das die Stätte bezeichnet, wo Äneas das Ende seiner Mühen finden soll, die Verwandlung seiner Schiffe in Nymphen, der von Askanius erlegte Hirsch, der den Krieg der Trojaner und Rutuler herbeiführt, der Haß gegen Äneas, den die Götter ins Herz der Amata und Lavinia legen, derselben Lavinia, die Äneas am Ende freit. Vielleicht war Virgil mit diesen Fehlern selbst unzufrieden und wollte deshalb sein Werk verbrennen. Jedenfalls stellen sie nach der Meinung urteilsvoller Kunstrichter die »Äneis« unter die »Henriade«. Wenn das Verdienst eines Autors in der Überwindung von Schwierigkeiten liegt, so ist es sicher, daß Voltaire mehr zu überwinden fand als Virgil. Der Gegenstand der »Henriade« ist die Unterwerfung von Paris durch die Bekehrung Heinrichs IV. Der Dichter konnte also den Wunderapparat nicht nach Belieben benutzen; er sah sich auf die christlichen Mysterien beschränkt, die weniger reich an lieblichen und malerischen Bildern sind als die Mythologie der Heiden. Gleichwohl kann man bei der Lektüre des X. Gesanges der »Henriade« nicht umhin, zu gestehen, daß der Zauber der Dichtung jeden Gegenstand zu veredeln vermag. Voltaire war der einzige, der mit seiner Dichtung unzufrieden war. Er fand, sein Held hätte weniger große Gefahren zu bestehen als Äneas und könne darum nicht so fesseln wie dieser, der aus einer Gefahr stets in die nächste gerät.

Prüft man ebenso unparteiisch die Tragödien Voltaires, so wird man zugeben, daß er hier und da Racine übertrifft, an anderer Stelle aber hinter dem berühmten Dramatiker zurücksteht. Sein erstes Theaterstück war »Ödipus«. Seine Phantasie war damals erfüllt von den Schönheiten des Sophokles und Euripides, und sein Gedächtnis gemahnte ihn fortwährend an die flüssige Eleganz Racines. Dank diesem doppelten Vorzug wirkte sein Stück auf der Bühne als Meisterwerk. Einige wohl zu strenge Kritiker fanden daran zu tadeln, daß die fast erloschene Leidenschaft der alten Jokaste in Gegenwart des Philoktet wieder aufflammt. Hätte der Dichter aber die Rolle des Philoktet beschnitten, so hätte er uns die Freude an den Schönheiten genommen, die der Gegensatz zwischen dem Charakter des Philoktet und des Ödipus zeitigt. Seinen »Brutus« hielt man für passender auf der Londoner als auf der Pariser Bühne; denn in Frankreich wird ein Vater, der seinen Sohn kaltblütig zum Tode verurteilt, als Barbar gelten, während in England ein Konsul, der sein eignes Fleisch und Blut der Freiheit des Vaterlandes opfert, als Gott angesehen wird. Seine »Mariamne« und eine Anzahl andrer Stücke zeugen noch für die Kunst und die Fruchtbarkeit seines Schaffens. Jedoch darf man sich nicht verhehlen, daß manche, vielleicht zu strenge Kritiker unsrem Dichter vorwerfen, der Bau seiner Tragödien reiche an die Natürlichkeit und Wahrscheinlichkeit der Racineschen nicht heran. Bei der Aufführung von »Iphigenie«, »Phädra« und »Athalie«, sagen sie, entwickelt sich die Handlung ungezwungen vor unsren Augen, wogegen man sich bei der Aufführung der »Zaïre« über die Wahrscheinlichkeit hinwegsetzen und gewisse auffällige Fehler übersehen muß. Der zweite Akt fällt nach ihrer Meinung aus dem Ganzen heraus. Man muß das Geschwätz des alten Lusignan über sich ergehen lassen, der in seinen Palast zurückgekehrt ist, aber nicht weiß, wo er sich befindet, und von seinen früheren Waffentaten spricht, wie ein Oberstleutnant vom Regiment Navarra, der Gouverneur von Péronne geworden ist. Man weiß nicht recht, wie er seine Kinder wiedererkennt. Um seine Tochter zum Christentum zu bekehren, erzählt er ihr, sie sei auf dem Berge, wo Abraham seinen Sohn Isaak dem Herrn opferte oder opfern wollte. Er redet ihr zu, sich taufen zu lassen, nachdem Chatillon bezeugt hat, daß er sie selbst getauft habe – und das ist der Knoten des Stükkes! Nach dieser kalten und matten Handlung stirbt Lusignan am Schlagfluß, ohne daß irgend jemand an seinem Schicksal Anteil nimmt. Da die Handlung des Stückes einen Priester und ein Sakrament nötig machte, hätte die Taufe wohl durch die Kommunion ersetzt werden können. So begründet aber auch diese Einwendungen sein mögen, man verliert sie im fünften Akt aus den Augen: das Interesse, die Furcht und das Mitleid, die der große Dichter so meisterlich zu erregen weiß, reißen den Zuschauer hin, und von gewaltigen Leidenschaften erschüttert, vergißt er über so großen Schönheiten kleine Mängel. Man wird also einräumen, daß Racine den Vorzug größerer Natürlichkeit und Wahrscheinlichkeit im Bau seiner Dramen hat, daß in seiner Versgestaltung eine ununterbrochene Eleganz, Weichheit und Flüssigkeit herrscht, die bis jetzt kein Dichter annähernd erreicht hat. Andrerseits muß man zugeben, daß Voltaire, von einigen epischen Breiten in seinen Stükken und vom fünften Akt seines »Catilina« abgesehen, die Spannung von Szene zu Szene, von Aufzug zu Aufzug bis zur Katastrophe kunstvoll zu steigern versteht, und das ist der Gipfel der Kunst.

Sein Universalgenie umfaßte jede Kunstart. Nachdem er es mit Virgil aufgenommen und ihn vielleicht übertroffen hatte, wollte er sich mit Ariost messen. Er verfaßte die »*Pucelle*« im Stil des »Rasenden Roland«, jedoch ohne ihn nachzuahmen. Die Fabel, die Wundergeschichten, die Episoden – alles darin ist Original, alles atmet die Heiterkeit einer glänzenden Einbildungskraft.

Seine Gesellschaftsgedichte bildeten das Entzücken aller Leute von Geschmack. Der Verfasser selbst gab nicht viel darauf, wiewohl weder Anakreon, noch Horaz, Ovid oder Tibull, noch die andren Schöngeister des Altertums uns irgend ein Muster in dieser Gattung hinterlassen haben, das er nicht erreicht hätte. Sein Geist gebar diese Werke mühelos; das befriedigte ihn nicht. Er glaubte, ein wohlverdienter Ruf müsse durch Überwindung der größten Hindernisse erworben werden.

Nachdem wir in Kürze die Talente des Dichters aufgezählt haben, gehen wir zu denen des Historikers über. Die »Geschichte Karls XII.« (1731) war sein erstes Geschichtswerk. Er wurde der Quintus Curtius dieses Alexander. Die Blumen, die er über seinen Stoff ausstreut, verändern die Grundlage der Wahrheit nicht. In den leuchtendsten Farben malt er die glänzende Tapferkeit des nordischen Helden, seine Festigkeit bei manchen Gelegenheiten, seinen Starrsinn bei andren, sein Glück und Unglück. Nachdem er seine Kräfte an Karl XII. versucht hatte, wagte er sich an die Geschichte des »Zeitalters Ludwigs XIV.« (1751). Hier finden wir nicht mehr den romanhaften Stil des Quintus Curtius, sondern den Stil des Cicero, dessen Rede *Pro lege Manilia* zur Lobrede auf Pompejus wird. Als Franzose hebt er mit Begeisterung die berühmten Ereignisse jenes großen Zeitalters hervor und setzt die Vorzüge ins hellste Licht, die seinem Volke damals das Übergewicht über die andren Nationen gaben: die Fülle großer Geister, die unter der Regierung Ludwigs XIV. erstanden, die Herrschaft der Künste und Wissenschaften unter dem Schutze eines so glänzenden Hofes, die Fortschritte des Gewerbfleißes aller Art und die innere Kraft Frankreichs, die den König gleichsam zum Schiedsrichter Europas machte. Dies einzig dastehende Werk mußte Voltaire die Zuneigung und Dankbarkeit des ganzen französischen Volkes erwerben, dem er mehr Ansehen verschaffte als irgend ein andrer französischer Schriftsteller. In seinem »Versuch über die Weltgeschichte« wechselt der Stil abermals: er ist schlicht und kraftvoll. Seine Geistesart offenbart sich in der Weise, wie er die Geschichte behandelt, besser als in seinen übrigen Schriften. Man merkt darin die Überlegenheit eines Geistes, der alles im großen sieht, sich nur an das Bedeutende hält und die Kleinigkeiten übergeht. Das Werk ist nicht geschrieben, um denen Geschichte zu lehren, die sie nie studiert haben, sondern nur, um die Haupttatsachen denen ins Gedächtnis zu rufen, die sie schon kennen. Er befolgt das oberste Gesetz des Geschichtsschreibers, die Wahrheit zu sagen. Die eingestreuten Betrachtungen sind kein Beiwerk, sondern stehen in engstem Zusammenhang mit dem Stoffe.

Es bleibt uns noch eine Fülle andrer Abhandlungen Voltaires übrig, auf die ein näheres Eingehen fast unmöglich ist. Die einen sind kritischer Natur; in andren klärt er metaphysische Fragen, wieder andre drehen sich um Astronomie, Geschichte, Physik, Redekunst, Poetik und Mathematik. Selbst seine Romane haben einen originellen Zug. »Zadig«, »Micromegas«, »Candide« sind Schriften, die unter scheinbarer Oberflächlichkeit moralische Allegorien oder Kritiken moderner philosophischer Systeme bergen, wo das Nützliche Hand in Hand mit dem Angenehmen geht.

Diese Fülle von Talenten und verschiedenen Kenntnissen, in einer Person vereint, versetzen den Leser in ein Gemisch von Überraschung und Erstaunen. Gehen Sie das Leben aller großen Männer des Altertums durch, deren Name auf uns gekommen ist. Sie werden finden, meine Herren, daß jeder sich auf ein einziges Talent beschränkte, Aristoteles und Plato waren Philosophen, Äschines und Demosthenes Redner, Homer ein Epiker, Sophokles ein Dramatiker. Anakreon pflegte die gefällige Muse; Thukydides und Xenophon waren Geschichtsschreiber. Ebenso waren bei den Römern Virgil, Horaz, Ovid und Lukrez nur Dichter, Livius und Varro Geschichtsschreiber, Crassus, der ältere Antonius und Hortensius Redner. Nur Cicero, Konsul und Redner, Verteidiger und Vater des Vaterlandes, hat verschiedene Talente und Kenntnisse in sich vereint. Mit der Macht des Wortes, die ihn über alle seine Zeitgenossen erhob, verband er tiefes Studium der Philosophie, wie man sie zu seiner Zeit kannte. Das zeigt sich in seinen Tuskulanen, in seiner wundervollen Abhandlung »Über die Natur der Götter«, in seiner Schrift »Von den Pflichten«, die vielleicht das beste Moralbuch ist, das wir besitzen. Cicero war sogar Dichter.

Er übersetzte die Verse des Aratos[21] ins Lateinische, und wie man glaubt, hat er durch seine Verbesserungen das Gedicht des Lukrez[22] vervollkommnet.

Wir mußten also den Zeitraum von siebzehn Jahrhunderten durchlaufen, um unter der Fülle der Sterblichen, die das Menschengeschlecht bildet, einen einzigen, Cicero, zu finden, dessen Kenntnisse sich mit denen unsres berühmten Schriftstellers vergleichen lassen. Man kann sagen, wenn der Ausdruck erlaubt ist, daß Voltaire allein eine ganze Akademie aufwog. Er hat manches geschrieben, worin man Bayle mit dem ganzen Rüstzeug seiner Logik zu erkennen glaubt, andres, wo man Thukydides zu lesen vermeint. Bald entdeckt er als Physiker die Naturgeheimnisse, bald folgt er als Metaphysiker, auf Analogie und Erfahrung gestützt, mit gemessenen Schritten der Fährte Lockes. In andren Werken finden Sie ihn als Nebenbuhler des Sophokles; dort weiß er ein trockenes Thema reizvoll zu gestalten; hier pflegt er die heitere Muse. Aber offenbar strebt er in seinem hohen Geistesflug nicht allein danach, sich mit Terenz oder Molière zu messen. Bald sehen Sie ihn den Pegasus besteigen, der seine Flügel entfaltet und ihn auf die Höhen des Helikon trägt, wo der Gott der Musen ihm seinen Platz zwischen Homer und Virgil anweist.

Solche mannigfaltigen Schöpfungen und solche gewaltigen Anstrengungen des Genius wirkten schließlich mächtig auf die Geister, und ganz Europa zollte Voltaires hervorragenden Talenten Beifall. Man darf nicht glauben, daß Eifersucht und Neid ihm erspart blieben: sie spitzten alle ihre Pfeile, um ihn zu Fall zu bringen. Der den Menschen eingeborene Unabhängigkeitstrieb, der ihnen Abneigung selbst gegen die rechtmäßigste Autorität einflößt, machte sie um so erbitterter gegen eine Überlegenheit an Talenten, die sie in ihrer Unzulänglichkeit nicht erreichen konnten. Doch der Beifall übertönte das

---

21 Das astronomische Lehrgedicht: *Phaenomena*.
22 Das Lehrgedicht: *De rerum natura*.

Geschrei der Neider. Die Gelehrten fühlten sich durch die Bekanntschaft mit diesem großen Manne geehrt. Wer irgend Philosoph genug war, um das persönliche Verdienst anzuerkennen, stellte Voltaire weit über die, deren Vorfahren, Titel, Stolz und Reichtum ihr einziges Verdienst bilden. Voltaire gehörte zu der kleinen Zahl der Philosophen, die da sagen können: *Omnia mea mecum porto*.[23] Prinzen, Fürsten, Könige, Kaiserinnen überhäuften ihn mit Zeichen ihrer Hochachtung und Bewunderung. Damit wollen wir zwar nicht behaupten, daß die Großen der Erde die besten Beurteiler des Verdienstes seien, aber es beweist doch so viel, daß der Ruf unsres Autors allgemein so fest begründet war, daß die Häupter der Völker der öffentlichen Meinung nicht widersprachen, sondern im Gegenteil glaubten, sich ihr anschließen zu müssen.

Wie aber in der Welt das Gute stets mit dem Schlechten gepaart ist, so geschah es, daß Voltaire, so empfänglich für den Beifall der Welt, dessen er sich erfreute, nicht minder empfindlich war gegen die Stiche jener Insekten, die sich vom Schlamme des Musenquells nähren. Weit entfernt, sie zu züchtigen, verewigte er sie, indem er ihre obskuren Namen in seine Werke setzte. Von ihnen wurde er jedoch nur leicht verunglimpft im Vergleich zu den weit heftigeren Verfolgungen, die er von den Geistlichen zu erdulden hatte. Sie, die schon von Berufs wegen als Diener des Friedens nur Werke der Barmherzigkeit und Wohltaten hätten vollbringen sollen, fielen, durch falschen Eifer verblendet und durch Fanatismus verdummt, über ihn her und wollten ihn durch Verleumdungen zu Falle bringen. Ihre Unwissenheit machte ihr Vorhaben zuschanden. Aus Mangel an Einsicht verwirrten sie die klarsten Begriffe, legten die Stellen, wo unser Autor Duldung predigt, als Lehrsätze des Atheismus aus, und derselbe Voltaire, der alle Hilfsquellen seines Genius zum kraftvollen Nachweis vom Dasein Gottes an-

---

23 All meinen Besitz trage ich bei mir.

wandte, wurde zu seinem großen Erstaunen gescholten, dessen Dasein geleugnet zu haben.

Aber wenn jene frommen Seelen ihrem Haß gegen ihn so ungeschickt Luft machten, so ernteten sie damit nur den Beifall von Leuten ihres Schlages, nicht aber von denen, die den leisesten Begriff von Logik hatten. Sein eigentliches Verbrechen bestand darin, daß er in seiner Geschichte nicht feige die Laster so vieler Päpste verhehlte, die die Kirche entehrt haben, daß er mit Fra Paolo, mit Fleury und so vielen andren aussprach, wieviel öfter die Leidenschaften das Benehmen der Priester bestimmten als die Eingebung des Heiligen Geistes, daß er in seinen Werken Abscheu gegen jene entsetzlichen Metzeleien erregte, die aus falschem Eifer begangen wurden, und daß er schließlich jene unverständlichen und nichtigen Streitereien, denen die Theologen aller Sekten soviel Bedeutung beilegen, mit Verachtung behandelte. Fügen wir zur Vollendung des Bildes noch hinzu, daß alle Werke Voltaires frisch von der Presse verkauft wurden, während die Bischöfe mit heiligem Grimm sahen, wie ihre Hirtenbriefe von Würmern zerfressen wurden oder in den Buchhändlerläden vermoderten. So urteilen dumme Priester! Man würde ihnen ihre Dummheit verzeihen, wenn ihre falsche Logik die Ruhe des Bürgers nicht störte. Gibt man der Wahrheit die Ehre, so genügt der Mangel an Denkvermögen zur Kennzeichnung dieser elenden und verächtlichen Wesen, die ihren Beruf darin sehen, die Vernunft in Fesseln zu schlagen und mit dem gesunden Menschenverstand offen zu brechen.

Da es hier Voltaire zu rechtfertigen gilt, dürfen wir keine der Beschuldigungen übergehen, die man ihm zur Last legte. Die Scheinheiligen bezichtigten ihn also noch, er habe die Anschauungen Epikurs, Hobbes', Woolstons, Lord Bolingbrokes und andrer Philosophen verkündet. Aber ist es nicht klar, daß er, anstatt ihre Lehren durch das zu bestärken, was auch jeder andre hätte hinzufügen können, sich mit der Rolle des Berichterstatters begnügt und die Entscheidung des Prozesses seinen Lesern anheimgibt? Und zweitens, wenn die Religion auf Wahrheit beruht, was hat sie dann von allem zu fürchten, was die Lüge gegen sie erfinden kann? Davon war Voltaire fest überzeugt. Er hielt es nicht für möglich, daß die Zweifel eines Philosophen über die göttlichen Offenbarungen den Sieg davontragen könnten.

Aber gehen wir weiter. Vergleichen wir die in seinen Werken vertretene Moral mit der seiner Verfolger. Er sagt, die Menschen sollen sich wie Brüder lieben; sie haben die Pflicht, einander die Last des Lebens tragen zu helfen, wo die Summe der Leiden die der Freuden überwiegt; ihre Meinungen sind so verschieden wie ihre Gesichter. Statt sich zu verfolgen, weil nicht alle das gleiche denken, sollen sie sich darauf beschränken, das Urteil der im Irrtum Befangenen durch Gründe zu berichtigen, nicht aber Feuer und Schwert zu Hilfe zu nehmen. Kurz, sie sollen sich gegen ihre Nächsten so betragen, wie sie wünschen, daß man sie behandle. Ist es nun Voltaire, der so spricht, oder der Apostel Johannes, oder ist es die Sprache des Evangeliums? Stellen wir nun die praktische Moral der Heuchler oder der falschen Eiferer daneben. Sie drückt sich wie folgt aus: »Rotten wir die aus, die anders denken, als wir wünschen. Schlagen wir die zu Boden, die unsren Ehrgeiz und unsre Laster enthüllen. Gott sei der Schild unsrer Ungerechtigkeit. Mögen die Menschen sich zerfleischen, mag Blut fließen, was liegt daran, wenn nur unser Ansehen wächst? Machen wir Gott unversöhnlich und grausam, damit die Zolleinnahmen für das Fegefeuer und das Paradies unsre Einkünfte vergrößern.« Derart dient die Religion oft nur den Leidenschaften der Menschen zum Vorwand, und durch ihre Verderbtheit wird die reinste Quelle des Guten zur Quelle des Bösen.

Da die Sache Voltaires eine so gute war, wie wir eben zeigten, so erhielt er den Beifall aller Tribunale, an denen die Vernunft mehr Gehör fand als mystische Sophismen. So sehr er auch vom Priesterhaß verfolgt ward, er unterschied stets zwischen der Religion und denen, die sie entehren. Stets ward er den

Geistlichen gerecht, die durch ihre Tugenden der Kirche wahrhaft zur Zierde gereichten, und tadelte nur die, die sich durch ihre Sittenverderbnis zum Abscheu der Welt machten.

So verbrachte Voltaire sein Leben zwischen den Verfolgungen seiner Neider und der Begeisterung seiner Bewunderer, ohne daß der Spott der einen ihn demütigte und ohne daß der Beifall der andren ihm eine höhere Meinung von sich selbst beibrachte. Er begnügte sich damit, die Welt aufzuklären und durch seine Werke die Liebe zu den Wissenschaften und zur Menschheit zu verbreiten. Nicht zufrieden damit, Moralvorschriften zu geben, predigte er das Wohltun durch sein eignes Beispiel. Sein mutiger Beistand kam der unglücklichen Familie des Calas zu Hilfe.[24] Er trat für Sirven ein und entriß ihn den barbarischen Händen seiner Richter.[25] Er hätte den Chevalier de La Barre von den Toten erweckt, hätte er die Gabe, Wunder zu tun, besessen.[26] Wie schön ist es, wenn ein Philosoph aus seiner Zurückgezogenheit die Stimme erhebt, wenn die Menschlichkeit, deren Anwalt er ist, die Richter zwingt, ungerechte Urteile umzustoßen! Hätte Voltaire nur diesen einzigen Zug für sich, er verdiente unter die kleine Zahl der wahren Wohltäter der Menschheit versetzt zu werden. Philosophie und Religion lehren also übereinstimmend den Weg der Tugend. Urteilen Sie selbst, wer christlicher ist, die Behörde, die eine Familie grausam aus dem Vaterlande stößt, oder der Philosoph, der sie aufnimmt und unterstützt? Der Rich-

---

24 Jean Calas, ein protestantischer Kaufmann in Toulouse, wurde 1762 gerädert, weil die Geistlichkeit ihn beschuldigte, seinen Sohn, der Selbstmord begangen hatte, ermordet zu haben. Dank Voltaires unermüdlichen Bemühungen wurde er 1765 rehabilitiert und seine Familie entschädigt.
25 Sirven, ein Protestant aus Castres, wurde angeklagt, seine Tochter ertränkt zu haben, weil sie katholisch geworden war, und 1764 verurteilt. Unter persönlicher Gefahr setzte Voltaire 1771 die Freisprechung Sirvens und seiner Familie durch.
26 Der junge Chevalier de La Barre und zwei Freunde waren 1765 beschuldigt worden, ein Kruzifix verstümmelt zu haben. Er wurde 1766 hingerichtet. Voltaire versuchte umsonst, seinen Mitverurteilten d'Etallonde zu rehabilitieren.

ter, der mit dem Schwert der Gerechtigkeit einen Unbesonnenen mordet, oder der Weise, der das Leben des Jünglings retten will, um ihn zu bessern, der Henker des Calas oder der Beschützer seiner verzweifelten Familie? Solche Züge werden das Andenken Voltaires für ewig allen denen teuer machen, die mit gefühlvollem Herzen geboren sind und am Los ihrer Mitmenschen Anteil nehmen. Wie köstlich die Gaben des Geistes und der Einbildungskraft auch seien, wie hoch der Genius fliegen, wie umfassend die Kenntnisse sein mögen – diese Geschenke, die die Natur nur selten in Fülle austeilt, erheben uns doch nie über Taten der Menschenliebe und Wohltätigkeit. Jene werden bewundert, diese aber werden verehrt und gesegnet.

Wie schwer es mir auch wird, meine Herren, mich für immer von Voltaire zu trennen, ich fühle doch den Augenblick nahen, wo ich den Schmerz erneuern muß, den sein Verlust Ihnen verursacht. Wir haben ihn ruhig in Ferney gelassen. Geldgeschäfte riefen ihn nach Paris, wo er noch zeitig genug einzutreffen hoffte, um den Rest seines Vermögens aus einem Bankrott zu retten, in den er verwickelt war. Er wollte nicht mit leeren Händen in sein Vaterland zurückkehren. Indem er seine Zeit abwechselnd in den Dienst der Philosophie und der schönen Wissenschaften stellte, brachte er eine Fülle von Werken hervor und hatte stets einige in Vorrat. Da er eine neue Tragödie »Irene« verfaßt hatte, wollte er sie in Paris aufführen lassen. Er pflegte seine Stücke der strengsten Kritik zu unterwerfen, bevor er sie an die Öffentlichkeit brachte. Diesem Grundsatz getreu, beriet er sich in Paris mit allen ihm bekannten Leuten von Geschmack und opferte eitle Eigenliebe dem Wunsche, seine Werke des Nachruhms würdig zu machen. Gelehrig folgte er den klugen Ratschlägen, die man ihm erteilte, und mit einzig dastehendem Feuereifer ging er an die Verbesserung seiner Tragödie. Ganze Nächte verbrachte er mit ihrer Umarbeitung. Sei es nun, um den Schlaf zu verscheuchen oder seine Sinne zu beleben, er genoß unmäßig viel Kaffee: fünfzig Tassen täglich reichten kaum hin.[27] Dies Getränk setzte sein Blut in heftige Wallung und erhitzte es derart, daß er zur Beschwichtigung des Fiebers Opium nahm, und zwar in so starken Dosen, daß es, statt sein Übel zu lindern, sein Ende beschleunigte. Bald nach diesem mit so wenig Vorsicht angewandten Mittel stellte sich eine Art Lähmung ein, dann ein Schlagfluß, der seinem Leben ein Ende machte.

Obgleich Voltaire von zarter Konstitution und seine Natur durch Kummer, Sorgen und anstrengende Arbeit geschwächt war, erreichte er doch ein Alter von vierundachtzig Jahren. Bei ihm beherrschte der Geist stets den Leib. Seine starke Seele teilte ihre Kraft einem Körper mit, der fast wie ein Hauch war. Sein Gedächtnis war erstaunlich. Bis zum letzten Atemzuge blieb sein Geist völlig klar und seine Vorstellungskraft rege. Mit welcher Freude, meine Herren, erinnere ich Sie an die Beweise von Bewunderung und Dankbarkeit, die die Pariser diesem großen Manne während seines letzten Aufenthaltes im Vaterlande darbrachten![28] Es ist schön, aber selten, daß die Welt gerecht ist und jenen Ausnahmemenschen, die die Natur nur hin und wieder hervorbringt, schon bei Lebenszeit Gerechtigkeit widerfahren läßt, daß sie bei ihren Zeitgenossen selbst den Beifall finden, den sie von der Nachwelt mit Sicherheit ernten. Man durfte billig erwarten, daß auf Voltaire, der den ganzen Scharfsinn seines Genius dem Ruhme seines Volkes gewidmet hat, einige Strahlen zurückfallen würden. Das haben die Franzosen gefühlt und sich durch ihre Begeisterung des Glanzes würdig gemacht, den ihr großer Landsmann über sie und über das Jahrhundert ausgegossen hat. Würde man indes glauben, daß einem Voltaire, dem das heidnische Hellas Altäre und das

27 D'Alembert, aus dessen Berichten der König die Darstellung von Voltaires Tode schöpft, spricht nur von »viel Kaffee«.
28 Am 30. März 1778 wohnte Voltaire nach einem glanzvollen Empfang in der Akademie der Aufführung seiner »Irene« bei, die sich für ihn zu einer beispiellosen Ovation gestaltete. Nach der Vorstellung wurde seine Büste auf der Bühne mit Lorbeer gekrönt und ihm selbst ein Lorbeerkranz aufs Haupt gedrückt.

alte Rom Statuen errichtet hätte, dem eine große Kaiserin, die Beschützerin der Wissenschaften, in Petersburg ein Denkmal setzen wollte,[29] daß einem solchen Manne, sage ich, in seinem Vaterlande das bißchen Erde fast verweigert wurde, das seine Asche bedeckte? Wie? Im achtzehnten Jahrhundert, wo die Aufklärung verbreiteter ist denn je, wo der philosophische Geist so große Fortschritte gemacht hat, sollte es Priester geben, barbarischer als die Heruler, würdiger, unter den Völkern von Taprobane[30] zu leben, als im Schoße der französischen Nation, Elende, die, durch falschen Eifer verblendet und von Fanatismus trunken, verhindern, daß die letzten Pflichten der Menschlichkeit einem der berühmtesten Männer erwiesen werden, die Frankreich hervorgebracht hat? Und doch hat Europa das mit Schmerz und Entrüstung gesehen![31] Aber wie groß auch der Haß dieser Rasenden und ihre feige Rachsucht sei, die sie noch gegen Leichname wüten läßt – weder das Geschrei des Neides noch ihr wildes Geheul werden Voltaires Andenken beflecken. Das gelindeste Schicksal, das sie erwarten dürfen, ist, daß sie und ihre schnöden Ränke für ewig ins Dunkel der Vergessenheit sinken, während Voltaires Ruhm von Zeitalter zu Zeitalter wachsen und sein Name unsterblich sein wird.

---

29 Wie d'Alembert am 16. August 1778 dem König schrieb, hatte Katharina II. Voltaires Bibliothek angekauft und beabsichtigte, sie in einem kleinen Tempel aufzustellen und in dessen Mitte ihm ein Denkmal zu errichten.
30 Taprobane, altgriechischer Name für Ceylon, nach dem Sanskritnamen Tamrapanni.
31 Da die Pariser Geistlichkeit verbot, daß Voltaire in der Hauptstadt begraben wurde, mußte er in der Abteikirche von Scellières in der Champagne beigesetzt werden, deren Abt, Abbé Mignot, sein Neffe war. Der Einspruch des Bischofs von Troyes gegen seine dortige Bestattung kam zu spät. 1791 wurde die Leiche auf Beschluß der Nationalversammlung nach Paris übergeführt und mit großem Pomp im Pantheon beigesetzt.

# Über die deutsche Literatur

*Die Mängel, die man ihr vorwerfen kann, ihre Ursachen und die Mittel zu ihrer Verbesserung (1780)*

Sie wundern sich, mein Herr, daß ich nicht in Ihren Beifall über die Fortschritte einstimme, die nach Ihrer Meinung die deutsche Literatur täglich macht. Ich liebe unser gemeinsames Vaterland ebensosehr wie Sie, und darum hüte ich mich wohl, es zu loben, bevor es Lob verdient. Das hieße ja einen Wettläufer mitten im Laufe als Sieger ausrufen. Ich warte, bis er sein Ziel erreicht hat. Dann wird mein Beifall ebenso aufrichtig wie wahr sein.

Wie Sie wissen, herrscht in der Gelehrtenrepublik Meinungsfreiheit. Sie haben Ihren Standpunkt und ich den meinen. Gestatten Sie also, daß ich Ihnen meine Denkweise und meine Ansichten über die alte und neue Literatur darlege, sowohl in Bezug auf die Sprache wie auf die Kenntnisse und den Geschmack.

Ich beginne mit Griechenland, als der Wiege der schönen Künste. Die Griechen besaßen die wohllautendste Sprache, die es je gegeben hat. Ihre ersten Theologen, ihre ersten Geschichtsschreiber waren Dichter. Sie gaben der Sprache glückliche Wendungen, schufen eine Fülle malerischer Ausdrücke und lehrten ihre Nachfolger, sich mit Grazie, Höflichkeit und Anstand ausdrücken.

Von Athen gehe ich nach Rom. Dort finde ich eine Republik, die lange gegen ihre Nachbarn ringt, die um Ruhm und Herrschaft kämpft. Alles im römischen Staate war Nerv und Kraft. Erst nach der Niederwerfung seiner Nebenbuhlerin Karthago bekam Rom Geschmack für die Wissenschaften. Der große Africanus,[1] der Freund des Laelius und Polybios, war der erste

---

[1] Der jüngere Scipio.

Römer, der die Wissenschaften schirmte. Nach ihm kamen die Gracchen, dann Antonius und Crassus, zwei zu ihrer Zeit berühmte Redner. Kurz, die Sprache, der Stil, die römische Beredsamkeit gelangten zur Vollendung erst in der Zeit des Cicero und Hortensius und durch die Schöngeister, die das augusteische Zeitalter zierten.

Diese kurze Übersicht zeigt mir den Gang der Dinge. Ich bin überzeugt, daß ein Autor nicht gut zu schreiben vermag, wenn die Sprache, die er spricht, nicht geformt und geschliffen ist. Ich sehe, daß man in allen Ländern mit dem Notwendigen beginnt und erst später das Angenehme hinzufügt. Die römische Republik entsteht; sie kämpft um die Eroberung von Ländern und kultiviert sie. Sobald sie nach den Punischen Kriegen feste Gestalt gewonnen hat, stellt sich der Geschmack an den Künsten ein; die lateinische Sprache und Beredsamkeit vervollkommnen sich. Allein ich übersehe nicht, daß zwischen dem ersten Africanus und Ciceros Konsulat eine Zeitspanne von hundertsechzig Jahren liegt.

Daraus schließe ich, daß die Fortschritte in allen Dingen langsam sind, und daß der Kern, den man in die Erde legt, erst Wurzel schlagen, wachsen, seine Zweige ausbreiten und kräftig werden muß, bevor er Blüten und Früchte hervorbringt.

Nach dieser Regel untersuche ich nun Deutschland, um die gegenwärtige Lage richtig zu beurteilen. Ich reinige meinen Geist von allen Vorurteilen: die Wahrheit allein soll mir leuchten. Ich finde eine halbbarbarische Sprache, die in ebenso viele Mundarten zerfällt, als Deutschland Provinzen hat. Jeder Kreis bildet sich ein, seine Redeweise sei die beste. Es gibt noch keine von der Nation anerkannte Sammlung einer Auswahl von Wörtern und Ausdrücken, die die Reinheit der Sprache feststellt. Was man in Schwaben schreibt, wird in Hamburg nicht verstanden, und der österreichische Stil erscheint den Sachsen dunkel. Aus diesem äußeren Grunde ist ein Schriftsteller auch bei der schönsten Begabung außerstande, diese rohe Sprache in vorzüglicher Weise zu handhaben. Verlangt man von einem Phidias, er solle eine knidische Venus bilden, so gebe man ihm einen fehlerlosen Marmorblock, feine Meißel und gute Spitzhämmer. Dann kann es ihm gelingen: ohne Werkzeuge keine Künstler.

Vielleicht wird man mir einwenden, daß die griechischen Republiken einst ebenso viele verschiedene Mundarten hatten wie wir. Man wird hinzufügen, daß man selbst in unsren Tagen die engere Heimat der Italiener an Stil und Aussprache erkennt, die von Landschaft zu Landschaft wechseln. Ich zweifle diese Wahrheiten nicht an, aber das darf uns nicht hindern, den Verlauf der Tatsachen im alten Griechenland wie im modernen Italien zu verfolgen. Die berühmten Dichter, Redner und Geschichtsschreiber stellten die Sprache durch ihre Schriften fest. Das Publikum übernahm durch stillschweigende Übereinkunft die Wendungen, Ausdrücke und Bilder, die die großen Künstler in ihren Werken geprägt hatten. Diese Ausdrücke wurden Allgemeingut. Sie verfeinerten, bereicherten und veredelten jene Sprachen.

Werfen wir nun einen Blick auf unser Vaterland. Ich höre ein Kauderwelsch reden, dem jede Anmut fehlt, das jeder nach seiner Laune handhabt. Die Ausdrücke werden wahllos angewandt, die treffendsten und bezeichnendsten Wörter vernachlässigt, und der eigentliche Sinn ertrinkt in einem Meer von Beiwerk.

Ich stelle Nachforschungen an, um unsern Homer, unsern Virgil, Anakreon und Horaz, unsern Demosthenes, Cicero, Thukydides und Livius auszugraben. Ich finde nichts, meine Mühe ist umsonst. Seien wir also aufrichtig und gestehen wir uns ehrlich: die schönen Künste sind auf unserm Boden bisher nicht gediehen. Deutschland hat Philosophen hervorgebracht, die den Vergleich mit den alten aushalten, ja, sie in mehr als einer Hinsicht übertroffen haben. Ich behalte mir vor, in der Folge darauf zurückzukommen.

Was die schöne Literatur angeht, so wollen wir unsre Armut nur ruhig zugeben. Alles, was ich Ihnen einräumen kann, ohne mich zum niedrigen Schmeichler meiner Landsleute zu machen, ist dies: Wir haben in der kleinen Gattung der Fabeln einen Gellert gehabt, der sich neben Phädrus und Äsop zu stellen gewußt hat. Die Dichtungen von Canitz[2] sind erträglich, nicht wegen ihrer Diktion, sondern eher als schwache Nachahmung des Horaz. Nicht übergehen will ich die Idyllen von Geßner,[3] die einige Anhänger gefunden haben. Erlauben Sie mir jedoch, den Werken des Catull, Tibull und Properz den Vorzug zu geben.

Gehe ich die Historiker durch, so finde ich nur die deutsche Geschichte von Professor Mascov,[4] die ich als die wenigst unvollständige anführen kann. Soll ich ehrlich vom Verdienst unsrer Redner sprechen? Da kann ich nur den berühmten Quandt[5] aus Königsberg vorführen, der das seltene und einzige Talent besaß, seiner Sprache Wohllaut zu verleihen. Und ich muß zu unsrer Schande hinzufügen, daß sein Verdienst weder anerkannt noch gefeiert wurde. Wie kann man von den Menschen verlangen, daß sie sich Mühe geben, sich in ihrem Fache zu vervollkommen, wenn der Ruhm nicht ihr Lohn ist?

Ich füge zu den Genannten noch einen anonymen Autor hinzu, dessen ungereimte Verse ich las.[6] Ihr Tonfall und Wohlklang kam von einem Gemisch von Daktylen und Spondäen. Sie hatten Sinn und Verstand, und mein Ohr wurde angenehm berührt von wohlklingenden Lauten, die ich unsrer Sprache

---

2 Freiherr Friedrich Rudolf von Canitz (1654–1699), dessen Poesien 1700 unter dem Titel: »Nebenstunden unterschiedlicher Gedichte« erschienen.
3 Salomon Geßner (1730–1788). Seine »Idyllen« erschienen 1756 und 1772.
4 Johann Jacob Mascov (1689–1761), Professor der Geschichte in Leipzig. Offenbar denkt der König nicht an dessen »Geschichte der Teutschen«, die schon mit dem Ausgang der Merowinger schließt, sondern an die 1747 erschienene und später erweiterte »Einleitung zu den Geschichten des Römisch-Teutschen Reichs bis zum Absterben Kaiser Karls VI.«.
5 Johann Jakob Quandt (1686–1772), Oberhofprediger in Königsberg. Dort hörte ihn Friedrich im August 1739 und dann im Herbst 1740, wo Quandt die Huldigungspredigt hielt.
6 Früher bezogen auf die Elegie »Die Mädcheninsel« von Johann Nikolaus Goetz (1721–1781). Es handelt sich aber wahrscheinlich um Ewald Christian von Kleists Gedicht »Der Frühling«, das 1749 ohne Nennung des Verfassers erschienen war.

nicht zugetraut hätte. Ich gestatte mir die Vermutung, daß diese Art des Versbaus für unsre Sprache vielleicht die angemessenste und überdies dem Reim vorzuziehen ist. Wahrscheinlich würde man Fortschritte machen, wenn man sich die Mühe gäbe, sie auszubilden.

Vom deutschen Theater will ich garnicht reden. Melpomene ist nur von sehr rauhen Liebhabern umworben worden. Die einen liefen auf Stelzen, die andern krochen im Schlamme, aber alle verstießen gegen ihre Gesetze. Sie wußten weder zu fesseln noch zu rühren und wurden von ihren Altären gestürzt. Thaliens Liebhaber waren glücklicher. Sie haben uns wenigstens ein wirkliches, bodenwüchsiges Lustspiel geliefert: den »Postzug«.[7] Es sind unsre Sitten, unsre Lächerlichkeiten, die der Dichter da auf der Bühne bloßstellt. Das Stück ist gut gearbeitet. Hätte Molière das gleiche Thema bearbeitet, er hätte es nicht besser machen können.

Es tut mir leid, Ihnen kein größeres Verzeichnis unsrer guten Erzeugnisse vorlegen zu können. Ich klage die Nation deshalb nicht an: es fehlt ihr weder an Geist noch an Talent, aber äußere Ursachen verhinderten sie daran, sich mit ihren Nachbarn zugleich emporzuschwingen.

Gehen wir, wenn es Ihnen gefällt, bis zur Wiedergeburt der Künste und Wissenschaften zurück, und vergleichen wir die Lage Italiens, Frankreichs und Deutschlands zur Zeit jener Umwälzung des menschlichen Geistes.

Wie Sie wissen, stand ihre Wiege wieder in Italien. Das Haus Este, die Mediziäer und Papst Leo X., die sie beschützten, trugen zu ihren Fortschritten bei. Während Italien sich kultivierte, zerfiel Deutschland, durch Theologen verhetzt, in zwei Parteien, die sich durch ihren Haß aufeinander, durch Schwärmerei und Fanatismus hervortaten. Zur selben Zeit versuchte Franz I. von Frankreich, sich mit Italien in den Ruhm zu tei-

---

7 »Der Postzug oder die noblen Passionen« (1769) von Cornelius Hermann von Ayrenhoff (1733–1819).

len, zur Wiederherstellung der Künste und Wissenschaften beizutragen. Er erschöpfte sich in vergeblichen Anstrengungen, sie in sein Land zu verpflanzen: seine Bemühungen blieben fruchtlos. Die Monarchie war durch das Lösegeld erschöpft, das sie für ihren König an Spanien zahlen mußte,[8] und befand sich in einem Zustande der Entkräftung. Die Kriege der Ligue, die nach dem Tode Franz' I. ausbrachen, hinderten die Bürger, sich den schönen Künsten zu widmen. Erst gegen Ende der Regierungszeit Ludwigs XIII., als die Wunden der Bürgerkriege verheilt waren, unter dem Ministerium des Kardinals Richelieu, in einer Zeit, die dem Unternehmen günstig war, nahm man den Plan Franz' I. wieder auf. Der Hof ermunterte die Gelehrten und Schöngeister. Alles wurde von Wetteifer ergriffen, und bald darauf, unter Ludwig XIV., stand Paris weder Rom noch Florenz nach.

Was geschah damals in Deutschland? Gerade als Richelieu sich durch die Geschmacksbildung seiner Nation mit Ruhm bedeckte, tobte der Dreißigjährige Krieg. Deutschland wurde von zwanzig verschiedenen Heeren verwüstet und geplündert, die bald siegreich, bald unterliegend, Not und Elend verbreiteten. Das Land war verheert, die Felder lagen brach, die Städte waren fast menschenleer. Nach dem Westfälischen Frieden fand Deutschland keine Zeit, sich zu erholen. Bald kämpfte es gegen die Macht des türkischen Reiches, das damals sehr furchtbar war. Bald widerstand es den französischen Heeren, die Germanien überschwemmten und das Reich der Gallier vergrößern wollten. Als die Türken Wien belagerten (1683) oder Mélac die Pfalz verwüstete (1689), als die Flammen Häuser und Städte in Asche legten, als die wilde Zügellosigkeit der Soldateska selbst das Asyl des Todes entweihte und die toten Kaiser aus ihren Gräbern[9] riß, um sie ihrer elenden Hüllen zu berauben, als verzweifelte Mütter sich mit ihren verhungerten

---

8 Nach der Schlacht von Pavia (1525).
9 Im Dom zu Speyer.

Kindern im Arm aus den Trümmern der Heimat retteten – sollte man da zu Wien oder Mannheim Sonette dichten oder Epigramme machen? Die Musen verlangen ruhige Heimstätten. Sie fliehen die Orte, wo Verwirrung herrscht und alles zusammenstürzt. Wir fingen daher erst nach dem Spanischen Erbfolgekrieg an, das wiederherzustellen, was wir durch eine solche Kette von Mißgeschicken verloren hatten. Die geringen Fortschritte, die wir gemacht haben, fallen also weder dem Geist noch den Talenten der Nation zur Last. Wir dürfen sie nur einer Reihe unseliger Umstände zuschreiben, einer Verkettung von Kriegen, die uns zugrunde gerichtet, uns an Menschen und Geld arm gemacht haben.

Verlieren Sie den Faden der Ereignisse nicht. Folgen Sie unsren Vätern auf ihrem Wege, und Sie werden ihrem weisen Benehmen Beifall zollen. Sie haben genau so gehandelt, wie es sich in ihrer Lage gebührte. Sie haben sich zunächst der Landwirtschaft zugewandt, haben die Felder, die aus Mangel an Arbeitskräften unbestellt dalagen, wieder ertragfähig gemacht, die zerstörten Häuser aufgebaut, die Fortpflanzung aufgemuntert. Überall ging man emsig an die Urbarmachung brachliegenden Landes. Die zunehmende Bevölkerung erzeugte den Gewerbfleiß. Selbst der Luxus, der in kleinen Staaten eine Geißel ist, aber den Geldumlauf großer Reiche vermehrt, hat sich eingestellt. Kurz, reisen Sie jetzt in Deutschland, durchziehen Sie es von einem Ende zum andern, so werden Sie auf Ihrem Weg überall Flecken in blühende Städte verwandelt sehen, hier Münster, weiterhin Kassel, dort Dresden und Gera.[10] In Franken finden Sie Würzburg und Nürnberg. Auf dem Wege nach dem Rhein kommen Sie nach Fulda und Frankfurt, und weiterhin nach Mannheim, Mainz und Bonn. In jeder dieser Städte findet der erstaunte Reisende Bauten, die er im Hercynischen Walde wohl nicht anzutreffen glaubte. Die mannhafte Tatkraft unsrer Landsleute hat sich also nicht darauf beschränkt, die

---

10 Vielmehr ist an Leipzig zu denken.

durch früheres Unglück erlittenen Verluste zu ersetzen. Sie strebte höher hinaus und verstand das zu vollenden, was unsre Vorfahren begonnen hatten.

Seit diesen vorteilhaften Veränderungen sehen wir den Wohlstand allgemeiner werden. Der dritte Stand schmachtet nicht mehr in schmählicher Erniedrigung. Die Väter können den Unterricht ihrer Kinder bestreiten, ohne sich in Schulden zu stürzen. Das sind die Grundlagen der glücklichen Umwälzung, die wir erwarten. Die Fesseln, die den Geist unsrer Vorfahren ketten, sind zerbrochen. Schon merkt man, daß die Saat edlen Wetteifers in den Geistern aufkeimt. Wir schämen uns, unsren Nachbarn in manchem nicht gleichzustehen. Mit unermüdlicher Arbeit streben wir danach, die Zeit wieder einzuholen, die wir durch unser Mißgeschick verloren haben. Im allgemeinen ist der nationale Geschmack entschieden für alles, was unsrem Vaterlande zum Ruhm gereichen kann. Bei solcher Gesinnung liegt es fast auf der Hand, daß die Musen auch uns in den Tempel des Ruhmes einführen werden.

Prüfen wir also, was uns zu tun übrig bleibt, um aus unsren Feldern das letzte Dorngestrüpp der Barbarei auszurotten und die so erwünschten Fortschritte zu beschleunigen, nach denen unsre Landsleute streben.

Wie ich schon sagte: man muß damit anfangen, die Sprache zu vervollkommnen. Sie muß gehobelt und gefeilt, muß von geschickten Händen geformt werden. Klarheit ist die erste Regel für alle, die reden und schreiben wollen, da sie ja ihre Gedanken veranschaulichen, ihre Ideen durch Worte ausdrücken müssen. Was helfen die richtigsten, stärksten, glänzendsten Gedanken, wenn man sich nicht verständlich machen kann? Viele unsrer Schriftsteller gefallen sich in weitschweifigem Stil. Sie häufen Einschaltung auf Einschaltung, und oft findet man das Zeitwort, von dem der Sinn des ganzen Satzes abhängt, erst am Ende der Seite. Nichts verdunkelt den Satzbau mehr. Sie sind weitläufig, wo sie reich sein sollten. Das Rätsel der Sphinx läßt sich leichter erraten als ihre Gedanken.

Etwas andres schadet dem Fortschritt der Literatur ebensosehr wie die Mängel, die ich unsrer Sprache und dem Stil unsrer Schriftsteller vorwerfe, nämlich das Fehlen guter Studien. Unser Volk wurde der Pedanterie beschuldigt, weil wir eine Menge kleinlicher und schwerfälliger Kommentatoren gehabt haben. Um sich von diesem Vorwurf zu reinigen, fängt man an, das Studium der gelehrten Sprachen zu vernachlässigen. Um nicht für pedantisch zu gelten, ist man drauf und dran, oberflächlich zu werden. Wenige von unsren Gelehrten können mühelos die klassischen Autoren, griechische wie lateinische, lesen. Will man aber sein Ohr am Wohllaut Homerischer Verse bilden, so muß man sie fließend lesen können, ohne Beihilfe eines Wörterbuches. Ein gleiches gilt für Demosthenes, Aristoteles, Thukydides und Plato. Auf dieselbe Weise muß man sich mit den lateinischen Autoren vertraut machen. Die heutige Jugend befaßt sich fast garnicht mehr mit dem Griechischen, und wenige lernen Latein genug, um die Werke der großen Schriftsteller, die Zierden des augusteischen Zeitalters, mittelmäßig übersetzen zu können. Und doch sind das die reichen Quellen, aus denen die Italiener, Franzosen und Engländer, unsre Vorgänger, ihre Kenntnisse geschöpft haben. An diese großen Vorbilder haben sie sich soviel wie möglich gehalten und von ihnen denken gelernt. Aber bei aller Bewunderung der großen Schönheiten, von denen die Werke der Alten wimmeln, sind ihnen auch deren Mängel nicht entgangen. Bei aller Hochschätzung soll man Kritik üben und niemals in blinde Schmeichelei verfallen.

Die schönen Tage, die Italiener, Franzosen und Engländer vor uns genossen haben, beginnen jetzt merklich abzunehmen. Das Publikum ist gesättigt von den bereits erschienenen Meisterwerken. Die Kenntnisse werden seit ihrer größeren Verbreitung weniger geachtet. Kurz, diese Völker glauben sich im Besitze des Ruhmes, den ihre Schriftsteller ihnen erworben haben, und schlafen auf ihren Lorbeeren ein.

Aber ich weiß nicht, wie mich diese Abschweifung von meinem Gegenstand abgebracht hat. Kehren wir zum heimischen Herde zurück und fahren wir fort in der Prüfung der Mängel, die unsren Studien anhaften.

Ich glaube zu bemerken, daß die kleine Zahl guter und geschickter Lehrer für die Bedürfnisse unsrer Schulen nicht ausreicht. Wir haben viele Schulen, und alle wollen versorgt sein. Sind die Lehrer Pedanten, so verweilt ihr kleinlicher Geist bei Nichtigkeiten und vernachlässigt die Hauptsache. Breit, weitschweifig, langweilig, gehaltlos in ihrem Unterricht – so ermüden sie ihre Schüler und flößen ihnen Widerwillen gegen die Studien ein. Andre versehen ihr Amt nur ums Geld. Ob ihre Zöglinge durch ihren Unterricht etwas lernen oder nicht, ist ihnen gleich, wenn sie nur ihr Gehalt pünktlich ausgezahlt bekommen. Noch schlimmer ist es, wenn solche Lehrer selbst mangelhafte Kenntnisse besitzen. Wie sollen sie andren etwas beibringen, wenn sie selber nichts wissen? Aber Gott verhüte, daß es von dieser Regel keine Ausnahmen gäbe und daß man in Deutschland nicht einige tüchtige Lehrer fände! Ich bestreite das durchaus nicht. Nur wünschte ich innigst, ihre Zahl möchte größer sein.

Was wäre nicht über die fehlerhafte Methode zu sagen, mit der die Lehrer in Grammatik, Logik, Rhetorik und andren Wissenschaften unterrichten! Wie können sie den Geschmack ihrer Schüler bilden, wenn sie selber das Gute vom Mittelmäßigen und dies vom Schlechten nicht zu unterscheiden wissen, wenn sie Weitschweifigkeit mit reichem Stil, den gemeinen und niedrigen mit dem naiven, nachlässige, fehlerhafte Prosa mit schlichtem Stil, Schwulst mit dem Erhabenen verwechseln, wenn sie die Arbeiten ihrer Schüler nicht gewissenhaft verbessern, ihre Fehler nicht rügen, ohne sie zu entmutigen, und ihnen nicht mit Sorgfalt die Regeln einprägen, die sie beim Schreiben stets vor Augen haben sollen? Das gleiche gilt für die Richtigkeit der bildlichen Ausdrücke. Ich erinnere mich aus meiner Jugendzeit, in dem Widmungsbrief eines Professor Heineccius an eine Königin die schönen Worte gelesen zu haben: »Ihro Majestät glänzen wie ein Karfunkel am Finger der jetzigen Zeit.«[11] Kann man ein schieferes Bild gebrauchen? Warum ein Karfunkel? Hat die Zeit einen Finger? Man stellt sie mit Flügeln dar, weil sie unablässig entflieht, mit einem Stundenglase, weil sie die Stunden einteilt. Man gibt ihr eine Sense in die Hand, zum Zeichen, daß sie alles Lebende niedermäht und zerstört. Wenn aber schon Professoren sich in so läppischem und niedrigem Stil ausdrücken, was soll man dann von ihren Schülern erwarten?

Gehen wir nun von den Schulen zu den Universitäten über und untersuchen wir sie ebenso unparteiisch. Der Fehler, der mir am meisten in die Augen springt, ist der Mangel einer allgemeinen Methode für den gelehrten Unterricht. Jeder Professor hat seine eigne. Nach meiner Ansicht gibt es nur e i n e gute Methode; an die muß man sich halten. Wie aber geht es heute zu? Ein Professor der Jurisprudenz z. B. hat einige Lieblingsjuristen, deren Meinungen er erklärt. Er hält sich an ihre Werke und verschweigt, was andre Autoren über das Recht geschrieben haben. Er streicht die Würde seiner Wissenschaft heraus, um seine eignen Kenntnisse ins Licht zu setzen. Er glaubt für ein Orakel zu gelten, wenn er in seinen Vorträgen dunkel ist. Er spricht von den Gesetzen von Memphis, wenn es sich um das Osnabrücker Gewohnheitsrecht handelt,[12] oder bläut einem

---

11 Diese Wendung stammt nicht von dem berühmten Juristen Heineccius, sondern von Adam Ebert, Professor zu Frankfurt a.O., der 1723 unter dem Pseudonym Aulus Apronius die Beschreibung einer Reise durch Deutschland veröffentlichte. 1724 erschien eine zweite Auflage mit einer Widmung an Königin Sophie Dorothea von Preußen, die er »Höchststrahlender Karfunkel an der Stirn der Tugendkönigin von Europa« anredet, während er den König »den großen Diamanten an dem Finger der itzigen Zeit« nennt.
12 Die Schriften von Justus Möser waren dem König jedenfalls unbekannt. In dem Hinweis auf das »Osnabrücker Gewohnheitsrecht«, auf das im folgenden erwähnte Kloster Sankt Gallen liegt bittere Ironie, verband doch die damalige Zeit mit allem Westfälischen die Vorstellung des Groben und Bäurischen und mit dem Kloster Sankt Gallen den Begriff der Einfalt und Beschränktheit.

würdigen Zögling des Klosters Sankt Gallen die Gesetze des Minos ein. Der Philosoph hält sich ungefähr in der gleichen Weise an sein Lieblingssystem. Die Schüler verlassen sein Kolleg voller Vorurteile. Sie haben nur einen kleinen Teil der Philosophischen Systeme vernommen und kennen weder all ihre Irrtümer noch all ihre Ungereimtheiten. Was die Medizin betrifft, so schwanke ich noch, ob sie eine Kunst ist oder nicht. Jedenfalls aber bin ich überzeugt, daß kein Mensch die Macht besitzt, einen Magen, Lungen oder Nieren zu erneuern, wenn diese wichtigen Organe des menschlichen Lebens schadhaft sind. Meinen Freunden rate ich ernstlich, im Krankheitsfalle lieber einen Arzt zu rufen, der schon mehrere Kirchhöfe angefüllt hat, als einen Schüler Hoffmanns[13] oder Boerhaves,[14] der noch keinen umgebracht hat. Gegen die Mathematiklehrer habe ich nichts einzuwenden. Die Mathematik ist die einzige Wissenschaft, die keine Sekten erzeugt hat. Sie beruht auf Analysis, Synthese und Berechnung. Sie beschäftigt sich nur mit greifbaren Wahrheiten, und so hat sie denn in allen Ländern die gleiche Methode. Auch der Theologie gegenüber hülle ich mich in ehrfürchtiges Schweigen. Man sagt, sie sei eine göttliche Wissenschaft und Ungeweihte dürften das heilige Rauchfaß nicht berühren. Mit den Herren Geschichtsprofessoren darf ich wohl etwas weniger behutsam verfahren und bei ihrer Prüfung einige leise Zweifel ausdrücken. Ich gestatte mir die Frage an sie: Ist das Studium der Chronologie das Wichtigste in der Geschichte? Ist es eine unverzeihliche Sünde, sich im Todesjahr des Belos[15] zu irren, oder in dem Tage, da Darius durch das Wiehern seines Pferdes auf den persischen Thron erhoben wurde? Zu welcher Stunde die Goldene Bulle bekannt gemacht wurde, ob um sechs Uhr morgens oder um vier Uhr nachmittags? Was mich betrifft, so genügt mir der Inhalt der Goldenen

---

13 Friedrich Hoffmann (1660–1742), Professor in Halle.
14 Hermann Boerhave (1668–1738), Professor der Medizin, Botanik und Chemie in Leiden.
15 Ein alter König der Ägypter.

Bulle und daß sie im Jahre 1356 erlassen wurde. Ich will damit zwar nicht die Historiker in Schutz nehmen, die Verstöße in der Zeitrechnung begehen. Aber ich würde ihnen solche kleinen Fehler eher nachsehen als bedeutende Mängel, wie z.B. verworrene Darstellung der Begebenheiten, unklare Entwicklung der Ursachen und Wirkungen, Außerachtlassen aller Methode, schwerfälliges Verweilen bei Kleinigkeiten und oberflächliches Berühren der Hauptsachen. Über die Genealogie denke ich fast ebenso. Ich meine, man soll einen Gelehrten nicht steinigen, weil er den Stammbaum der heiligen Helena, Kaiser Konstantins Mutter, oder der Hildegard, der Gattin oder Geliebten Karls des Großen, nicht zu entwirren vermag. Man soll nur das Wissenswerte lehren und den Rest übergehen.

Vielleicht finden Sie mein Urteil zu streng. Da hienieden nichts vollkommen ist – so werden Sie schließen –, haften auch unsrer Sprache, unsren Schulen und Universitäten Mängel an. Sie werden hinzufügen, die Kritik sei leicht, aber die Kunst schwer, und wenn man es besser machen wolle, müsse man die Regeln angeben, die zu befolgen sind. Ich bin gern erbötig, mein Herr, Sie zufriedenzustellen. Ich glaube, wenn andre Nationen sich vervollkommnen konnten, so haben wir die gleichen Mittel wie sie, und es kommt nur auf ihre Anwendung an. Schon lange habe ich in meinen Mußestunden darüber nachgedacht. Der Gegenstand ist mir also geläufig genug, um ihn zu Papier zu bringen und ihn Ihrer Einsicht zu unterbreiten, zumal ich nicht den geringsten Anspruch auf Unfehlbarkeit mache.

Beginnen wir mit der deutschen Sprache. Ich werfe ihr vor, daß sie weitschweifig, spröde und unmelodisch ist und daß es ihr an der Fülle bildlicher Ausdrücke gebricht, die so notwendig sind, um gebildeten Sprachen neue Wendungen und Anmut zu geben. Zur Bestimmung des Weges, den wir einschlagen müssen, um dies Ziel zu erreichen, untersuchen wir, welchen Weg unsre Nachbarn gegangen sind.

In Italien sprach man zur Zeit Karls des Großen noch eine barbarische Mundart, ein Gemisch hunnischer und longobardischer Worte, mit lateinischen Wendungen vermengt, die aber dem Ohr eines Cicero oder Virgil unverständlich gewesen wären. Diese Mundart blieb, wie sie war, in den nachfolgenden Jahrhunderten der Barbarei. Lange nachher erschien Dante. Seine Verse entzückten seine Leser, und die Italiener begannen zu glauben, daß ihre Sprache die der Welteroberer ablösen könnte. Später, kurz vor und während der Wiedergeburt der Künste und Wissenschaften, blühten Petrarca, Ariost, Sannazaro[16] und Kardinal Bembo.[17] Der Genius dieser berühmten Männer legte die italienische Sprache im wesentlichen fest. Zugleich bildete sich die Akademie *della Crusa*,[18] die über die Erhaltung und Reinheit des Stils wacht.

Ich gehe nun zu Frankreich über. Ich finde die Art, wie man am Hofe Franz' I. sprach, mindestens ebenso mißtönig wie unser heutiges Deutsch. Mögen die Bewunderer von Marot,[19] Rabelais[20] und Montaigne[21] mir vergeben: ihre rohen, anmutlosen Schriften haben mir nichts als Langeweile und Ekel verursacht. Nach ihnen, gegen Ende der Regierung Heinrichs IV., erschien Malherbe,[22] der erste Dichter, den Frankreich gehabt hat. Oder besser gesagt, als Versmacher ist er weniger fehlerhaft wie seine Vorgänger. Zum Beweis dafür, daß er es in seiner Kunst noch nicht zur Vollendung gebracht hat, brauche ich Sie nur an die Verse zu erinnern, die Sie aus einer seiner Oden kennen:

16 Jacopo Sannazaro (1458–1530), Verfasser des Gedichts »*Arcadia*«.
17 Pietro Bembo (1470–1547), italienischer Humanist, schrieb in lateinischer und italienischer Sprache.
18 Die noch jetzt bestehende Akademie wurde 1582 in Florenz zum Zweck der Reinigung der italienischen Sprache begründet. Ihr Name *Cusca* (Kleie) bedeutet, daß sie das Mehl von der Kleie sondern soll. Sie bearbeitet das italienische Wörterbuch.
19 Nicht Clément Marot (1495–1544), dessen anmutiger Stil vorbildlich wurde, sondern dessen Vater Jean Marot (1463–1523) ist gemeint.
20 François Rabelais (1483–1553), Verfasser des »Gargantua und Pantagruel«.
21 Michel de Montaigne (1533–1592), Verfasser der »*Essais*«, einer ganz neuen Literaturgattung.
22 François de Malherbe (1555–1628).

Nimm, Ludwig, Deinen Blitz, und wie ein Leu
Schlag mit dem letzten Schlag das letzte Haupt
Der Rebellion entzwei!

Sah man je einen Löwen mit einem Blitzstrahl bewaffnet? Die Fabel legt den Blitz in die Hand des Göttervaters oder leiht ihn beim Adler, der ihn begleitet, aber nie hat der Löwe dies Attribut gehabt. Doch verlassen wir Malherbe mit seinen schiefen Bildern und kommen wir zu Corneille, Racine, Boileau, Bossuet, Fléchier, Pascal, Fénelon, Boursault[23] und Vaugelas, den wahren Vätern der französischen Sprache. Sie haben den Stil gebildet, den Wortgebrauch festgelegt, den Tonfall der Sätze harmonisch gemacht und der alten mißtönigen, barbarischen Mundart ihrer Voreltern Kraft und Energie verliehen. Die Werke dieser Schöngeister wurden verschlungen. Was gefällt, bleibt im Gedächtnis. Wer literarisches Talent besaß, ahmte sie nach. Stil und Geschmack dieser großen Männer teilte sich seitdem der ganzen Nation mit.

Gestatten Sie mir jedoch, einen Augenblick stehenzubleiben. Ich möchte Sie darauf aufmerksam machen, daß in Griechenland, in Italien und Frankreich die Dichter die ersten waren, die ihre Sprache biegsam und wohlklingend machten. Dadurch war sie schon geschmeidiger und bildsamer, als die nachfolgenden Prosaschriftsteller sie übernahmen.

Gehe ich nun zu England über, so finde ich ein ähnliches Bild, wie ich es von Italien und Frankreich entworfen. England wurde von den Römern, den Sachsen, den Dänen und endlich von Wilhelm dem Eroberer, Herzog der Normandie, unterjocht (1066). Aus dem Sprachwirrwarr seiner Besieger entstand unter Beimischung der Mundart, die noch jetzt in Wales gesprochen wird, die englische Sprache. Ich brauche Ihnen nicht erst zu sagen, daß sie in jenen barbarischen Zeiten mindestens ebenso roh war wie die Sprachen, von denen vorhin die Rede

---

23  Edme Boursault (1636–1701), französischer Dramatiker.

war. Doch die Wiedergeburt der Künste und Wissenschaften hatte bei allen Völkern die gleiche Wirkung. Europa war der krassen Unwissenheit müde, in der es so viele Jahrhunderte geschmachtet hatte: es wollte sich aufklären. England, stets eifersüchtig auf Frankreich, strebte nach Hervorbringung eigner Schriftsteller, und da man zum Schreiben eine Sprache haben muß, fing es an, die seine zu vervollkommnen. Um schneller vorwärts zu kommen, eignete es sich aus dem Lateinischen, Französischen und Italienischen alle Ausdrücke an, die ihm notwendig erschienen. Es brachte berühmte Schriftsteller hervor, aber sie konnten die scharfen Laute ihrer Sprache, die jedes fremde Ohr verletzen, nicht mildern. Andre Sprachen verlieren in der Übersetzung; das Englische allein gewinnt. Bei dieser Gelegenheit fällt mir ein: als ich einmal mit Gelehrten zusammen war, fragte jemand, welche Sprache wohl die Schlange gesprochen hätte, die unsre Urmutter verführte. »Sie sprach Englisch,« antwortete ein Gelehrter, »denn die Schlange zischt.« Nehmen Sie den schlechten Scherz für das, was er wert ist.

Nachdem ich Ihnen dargelegt habe, auf welche Weise bei andren Völkern die Sprache ausgebildet und vervollkommnet wurde, werden Sie gewiß meinen, wir könnten mit den gleichen Mitteln dasselbe erreichen. Wir müssen also große Dichter und Redner haben, die uns diesen Dienst leisten. Von den Philosophen dürfen wir ihn nicht erwarten; ihnen kommt es zu, die Irrtümer auszurotten und neue Wahrheiten zu entdekken. Die Dichter und Redner aber sollen uns durch ihren Wohllaut entzücken, uns überzeugen und rühren.

Da sich indes kein Genie nach Belieben erzeugen läßt, wollen wir zusehen, ob wir nicht auch so einige Fortschritte machen können, indem wir uns an provisorische Hilfsmittel halten. Um unsern Stil gedrungener zu machen, ist jede unnütze Einschaltung fortzulassen. Um Energie zu erlangen, laßt uns die alten Autoren übersetzen, die den kraftvollsten und anmutigsten Ausdruck hatten. Nehmen wir von den Griechen Thukydides und Xenophon. Vergessen wir die Poetik des Aristoteles nicht. Bemühen wir uns vor allem, die Kraft des Demosthenes wiederzugeben. Von den Lateinern nehmen wir Epiktets Handbuch, die Selbstbetrachtungen des Kaisers Mark Aurel,[24] Cäsars Kommentarien, Sallust, Tacitus und die »*Ars poetica*« des Horaz. Die Franzosen können uns die »Gedanken« von Larochefoucauld,[25] die »Persischen Briefe« und den »Geist der Gesetze« von Montesquieu liefern. Alle diese vorgeschlagenen Bücher, meist in Spruchform geschrieben, werden die Übersetzer zur Vermeidung aller unnützen und überflüssigen Worte zwingen. Unsre Schriftsteller werden ihren ganzen Scharfsinn aufbieten, um ihre Gedanken zusammenzudrängen und ihrer Übersetzung die gleiche Kraft zu geben, die man an den Originalen bewundert. Indes werden sie bei allem Streben nach Energie darauf zu achten haben, daß sie nicht dunkel werden. Um die Klarheit des Stils, die oberste Pflicht jedes Schriftstellers, zu bewahren, werden sie nie von den Regeln der Grammatik abweichen und die Zeitwörter, die die Sätze regieren sollen, so stellen, daß kein Doppelsinn möglich ist. Derartige Übersetzungen werden dann als Muster dienen, nach denen unsre Schriftsteller sich bilden können. Dann werden wir uns schmeicheln dürfen, die Vorschrift befolgt zu haben, die Horaz in seiner Poetik den Schriftstellern erteilt: *tot verba, tot pondera.*[26]

Es wird schwer sein, die harten Laute zu mildern, an denen unsre meisten Worte reich sind. Die Vokale schmeicheln dem Ohr. Zu viele Konsonanten hintereinander verletzen es, da sie schwer auszusprechen sind und keinen Wohllaut haben. Auch haben wir viele Tätigkeits- und Hilfszeitwörter, deren letzte

---

24 Epiktetos, griechischer Stoiker (geb. um 50 n. Chr.), lehrte meist in Rom, hinterließ aber nichts Schriftliches. Sein Schüler Arrianos (um 100–180 n. Chr.) gab das »*Enchiridion Epicteti*« in griechischer Sprache heraus. Auch die Selbstbetrachtungen Mark Aurels sind griechisch geschrieben.
25 François de Larochefoucauld (1613–1680).
26 »Soviel Worte, soviel Gewichte.« Diese Vorschrift findet sich weder bei Horaz noch sonst bei einem römischen Autor.

Silbe stumm und unschön ist, wie sagen, geben, nehmen. Man füge diesen Endungen ein a hinzu und bilde daraus sagena, gebena, nehmena: diese Laute tun dem Ohre wohl.[27] Allein ich weiß auch: selbst wenn der Kaiser mit seinen acht Kurfürsten auf feierlichem Reichstage das Gesetz erließe, daß die Worte so ausgesprochen werden sollen, die eifrigen Deutschtümler würden sich doch darüber lustig machen und auf gut Lateinisch schreien: *Caesar non est super grammaticos!*[28] Und das Volk, das in jedem Land über die Sprache entscheidet, würde nach wie vor sagen und geben wie gewöhnlich aussprechen. Die Franzosen haben durch die Aussprache viele Worte gemildert, die das Ohr verletzten. Kaiser Julian sagte einst, die Gallier krächzten wie die Krähen. Solche Worte sind nach der alten Aussprache *cro-jo-gent, voi-yai-gent*. Heute spricht man *croient* und *voient* aus. Wenn das auch nicht schön klingt, so doch weniger unangenehm. Ich glaube, wir könnten es mit manchen Worten ebenso machen.

Es gibt noch einen Fehler, den ich nicht übergehen darf, nämlich die niedrigen und trivialen Vergleiche, die der Sprache des gemeinen Volks entnommen sind. So z. B. drückte sich ein Dichter aus, der seine Werke ich weiß nicht welchem Gönner widmete: »Schieß, großer Gönner, schieß deine Strahlen armdick auf deinen Knecht hernieder.« Was sagen Sie zu diesen armdicken Strahlen? Hätte man zu jenem Dichter nicht sagen sollen: »Mein Freund, lerne erst denken, ehe du zur Feder greifst«? Ahmen wir also nicht die Armen nach, die reich scheinen wollen. Gestehen wir ehrlich unsre Dürftigkeit ein und lassen wir uns durch dies Geständnis lieber ermuntern, uns durch Fleiß die Schätze der Literatur anzueignen, deren Besitz unsren nationalen Ruhm krönen wird.

---

27 Diesem Gedanken des Königs spricht Herder geschichtliche Berechtigung zu, indem er 1793 zum Ludwigslied und zu Otfrieds Evangelienharmonie aus dem 9. Jahrhundert bemerkt: »Flexionen hatte die Sprache damals, wie sie der unsterbliche König Friedrich für sein Ohr wünschen mochte.«
28 »Der Kaiser steht nicht über den Grammatikern.«

Nachdem ich Ihnen dargelegt habe, wie man unsre Sprache veredeln könnte, bitte ich Sie, mir die gleiche Aufmerksamkeit bei der Wahl der Mittel zu leihen, durch die man den Kreis unsrer Kenntnisse erweitern, die Studien leichter und nützlicher machen und zugleich den Geschmack der Jugend bilden könnte.

Ich schlage erstens vor, eine überlegtere Wahl der Schullehrer zu treffen und ihnen eine verständige, sinnreiche Lehrmethode der Grammatik und Logik vorzuschreiben. Die fleißigen Kinder sollen kleine Auszeichnungen erhalten und die nachlässigen leichte Rügen. Ich glaube, das beste und klarste Handbuch der Logik ist das von Wolff.[29] Man müßte also alle Schullehrer nötigen, danach zu lehren, zumal das Handbuch von Batteux[30] nicht übersetzt und auch nicht besser ist. Für die Rhetorik halte man sich an Quintilian. Wer bei seinem Studium keine Beredsamkeit lernt, wird sie nie erlangen. Der Stil seines Werkes ist klar; es enthält alle Regeln und Vorschriften der Redekunst. Daneben aber müssen die Lehrer auch die Aufsätze ihrer Schüler sorgfältig durchsehen, ihnen die Gründe für die gemachten Verbesserungen angeben und die gelungenen Stellen loben.

Bei Befolgung der vorgeschlagenen Methode werden die Lehrer die Keime der natürlichen Anlagen entwickeln, das Urteil ihrer Schüler bilden, sie daran gewöhnen, nicht ohne Kenntnis des Grundes zu entscheiden und richtige Schlüsse aus ihren Regeln zu ziehen. Die Rhetorik wird ihren Geist methodisch machen. Sie werden die Kunst lernen, ihre Ideen zu ordnen, in Zusammenhang zu bringen und sie durch natür-

---

29 Christian Wolff (1679–1754), Professor in Halle, 1723 von Friedrich Wilhelm I. ausgewiesen, 1740 von König Friedrich zurückberufen. Sein Werk über Logik erschien 1712 unter dem Titel: »Vernünftige Gedanken von den Kräften des menschlichen Verstandes.«
30 Charles Batteux (1713–1780), französischer Ästhetiker und Professor in Paris. Ein Handbuch der Logik gibt es von ihm nicht. Der König meint vielleicht das von Bayle, das er 1785 für sich und seinen Neffen Friedrich Wilhelm drucken ließ: »*Système de philosophie, contenant la logique et la métaphysique.*«

liche, unmerkliche und geschickte Übergänge zu verknüpfen. Sie werden den Stil dem Gegenstand anpassen lernen, richtige Bilder wählen, sowohl um Abwechslung hineinzubringen, wie um Blumen auf die geeigneten Stellen zu streuen. Sie werden es vermeiden, zwei bildliche Ausdrücke miteinander zu verquikken, was so leicht einen schiefen Sinn gibt. Durch die Rhetorik werden sie weiterhin lernen, die vorzubringenden Beweise dem Verständnis ihrer Zuhörer anzupassen, sich in die Geister einzuschmeicheln, zu gefallen und zu rühren, Abscheu und Mitleid zu erregen, zu überzeugen und den Beifall aller zu gewinnen. Welch göttliche Kunst ist es, durch das bloße Wort, ohne äußere Macht und Gewalt, die Geister zu unterjochen, die Herzen zu beherrschen und in einer zahlreichen Gesellschaft die Leidenschaften zu erregen, die man ihr einflößen will!

Wären die guten Autoren ins Deutsche übersetzt, so würde ich ihre Lektüre als etwas Wichtiges und Notwendiges empfehlen. So gibt es zur Ausbildung der Logik nichts Besseres als Bayles Abhandlungen über die Kometen und über das »Nötige sie hereinzukommen!«[31] Nach meiner schwachen Einsicht ist Bayle der erste Logiker Europas. Seine Schlüsse besitzen nicht nur Kraft und Schärfe, sondern er zeichnet sich vor allem auch dadurch aus, daß er eine Behauptung mit einem Blick übersieht, ihre starke und schwache Seite erkennt, wie man sie stützen und wie man die Gegner widerlegen kann. In seinem großen »*Dictionnaire*« greift er Ovid wegen der Entstehung der Welt aus dem Chaos an. Da findet man vorzügliche Artikel über die Manichäer, über Epikur, Zaroaster usw. Alle verdienen gelesen und studiert zu werden. Das wird ein unschätzbarer Gewinn für die Jugend sein, die sich die Urteilskraft und den durchdringenden Verstand dieses großen Mannes zu eigen machen kann.

---

31 Der vollständige Titel lautet: »*Commentaire philosophique sur ces paroles de Jésus-Christ: Contrains-les d'entrer ou traité de la tolérance universelle.*« Vgl. Lukas XIV, 23. Den Anlaß für diese Schrift bildete die Aufhebung des Edikts von Nantes (1685).

Sie erraten schon im voraus, welche Autoren ich den Schülern der Beredsamkeit empfehle. Damit sie den Grazien opfern lernen, wünschte ich, sie läsen die großen Dichter, Homer, Virgil, ein paar ausgewählte Oden des Horaz, einige Verse des Anakreon. Damit sie Geschmack an der hohen Redekunst gewinnen, würde ich ihnen Demosthenes und Cicero in die Hand geben. Man müßte ihnen klarmachen, worin der Unterschied zwischen beiden Redekünstlern besteht. Dem einen ließe sich nichts hinzufügen, dem andern nichts fortnehmen.[32] Auf diese Lektüre könnten die schönen Grabreden Bossuets[33] und Fléchiers,[34] des französischen Demosthenes und Cicero, und die kleinen Fastenpredigten von Massilon[35] folgen, die voller Züge erhabenster Beredsamkeit sind.

Damit die Schüler lernen, wie man Geschichte schreiben soll, möchte ich, daß sie Livius, Sallust und Tacitus läsen. Man müßte sie auf den Adel des Stils, die Schönheit der Darstellung aufmerksam machen, aber zugleich die Leichtgläubigkeit rügen, mit der Livius am Ende jedes Jahres eine Aufstellung von Wundern gibt, deren eins immer lächerlicher ist als das andre. Danach könnten die jungen Leute die Weltgeschichte von Bossuet und die »Römischen Staatsumwälzungen« vom Abbé Vertot[36] lesen. Auch könnte man die Einleitung zur »Geschichte Karls V.« von Robertson[37] hinzufügen. Auf die Weise würde

---

32 Nach Quintilian, »*Institutio oratoria*«, Buch X, 1, 106. »*Illi* (Demosthenes) *nihil detrahi potest, huic* (Cicero) *nihil adjici.*«
33 Jacques Bénigne Bossuet (1627–1704), Bischof von Meaux, Verfasser der berühmten »*Oraisons funèbres*« und des »*Discours sur l'histoire universelle*« (1679).
34 Auch Esprit Fléchier (1632–1710), Bischof von Nimes, hat »*Oraisons funèbres*« veröffentlicht.
35 Jean Baptiste Massilon (1662–1742), französischer Kanzelredner, Verfasser der berühmten Fastenpredigten »*Petit-carême*« (1718).
36 René Aubert, Abbé de Vertot (1655–1735), Verfasser der »*Histoire des révolutions arrivées dans le gouvernement de la République romaine.*«
37 William Robertson (1721–1793), englischer Historiker, Verfasser von »*History of the reign of the Emperor Charles V.*« (1769; eine französische Übersetzung erschien 1771 in Amsterdam).

man ihren Geschmack bilden und sie lehren, wie man schreiben muß. Besitzt aber der Lehrer selbst solche Kenntnisse nicht, so wird er sich mit dem Hinweis begnügen: »Hier wendet Demosthenes das große oratorische Argument an. Hier und im größten Teil seiner Rede bedient er sich des Enthymema.[38] Hier ist eine Apostrophe, dort eine Prosopopöe,[39] hier eine Metapher, eine Hyperbel.« Das ist ja gut; wenn aber der Lehrer die Schönheiten des Autors nicht besser hervorhebt und nicht auf die Fehler aufmerksam macht, die auch dem größten Redner unterlaufen, so hat er seine Aufgabe nur halb erfüllt. Ich dringe so sehr auf alle diese Dinge, weil ich möchte, daß die Jugend mit klaren Begriffen die Schule verläßt, daß man nicht nur ihr Gedächtnis anfüllt, sondern vor allem auch ihr Urteil zu bilden sucht, damit sie das Gute vom Schlechten unterscheiden lerne und nicht bloß sage: »Das gefällt mir«, sondern künftig auch stichhaltige Gründe angeben könne, warum sie etwas billigt oder verwirft.

Um sich von dem Mangel an Geschmack zu überzeugen, der bis auf diesen Tag in Deutschland herrscht, brauchen Sie nur ins Schauspiel zu gehen. Da sehen Sie die abscheulichen Stücke von Shakespeare[40] in deutscher Sprache aufführen, sehen alle Zuhörer vor Wonne hinschmelzen beim Anhören dieser lächerlichen Farcen, die eines kanadischen Wilden würdig sind. Ich nenne sie so, weil sie gegen alle Regeln des Theaters verstoßen. Diese Regeln sind nicht willkürlich. Sie finden sie in der Poetik des Aristoteles. Dort sind Einheit der Zeit, des Ortes und der Handlung als die einzigen Mittel vorgeschrieben, ein Trauerspiel packend zu machen. In den englischen Stücken dagegen umspannt die Handlung den Zeitraum von Jahren. Wo bleibt da die Wahrscheinlichkeit? Da treten Lastträger und

---

38 Schlußfolgerung mit stillschweigend vorausgesetzter Prämisse.
39 Personifikation.
40 Die deutschen Schauspieler der Döbbelinschen Truppe spielten in Berlin 1768 »Romeo und Julia«, 1775 »Othello«, 1777 »Hamlet«, 1778 »Macbeth« und »Lear«.

Totengräber auf und halten Reden, die ihrer würdig sind; dann kommen Fürsten und Königinnen. Wie kann dies wunderliche Gemisch von Hohem und Niedrigem, von Hanswurstereien und Tragik gefallen und rühren? Man mag Shakespeare solche wunderlichen Verirrungen verzeihen; denn die Geburt der Künste ist niemals die Zeit ihrer Reife. Aber nun erscheint noch ein »Götz von Berlichingen« auf der Bühne,[41] eine scheußliche Nachahmung der schlechten englischen Stücke, und das Publikum klatscht Beifall und verlangt mit Begeisterung die Wiederholung dieser abgeschmackten Plattheiten. Ich weiß, über Geschmack läßt sich nicht streiten. Gleichwohl erlauben Sie mir, Ihnen eins zu sagen: wer an Seiltänzern und Marionetten ebensoviel Vergnügen findet wie an den Tragödien von Racine, der will nur die Zeit totschlagen. Der zieht das, was zu seinen Augen spricht, dem vor, was zum Geiste spricht, die bloße Schaustellung dem, was zu Herzen geht. Doch kehren wir zu unserm Thema zurück.

Nachdem ich von den Schulen gesprochen habe, muß ich den Universitäten gegenüber mit dem gleichen Freimut auftreten und Ihnen die Verbesserungen vorschlagen, die allen denen als die vorteilhaftesten und nützlichsten erscheinen werden, die sich die Mühe reiflichen Nachdenkens geben. Man glaube nur ja nicht, die Lehrmethode der Wissenschaften sei gleichgültig. Wenn es den Professoren an Klarheit und Deutlichkeit gebricht, ist ihre Mühe umsonst. Sie haben ihre Vorträge schon im voraus fertig und halten sich daran. Ob nun dieser Lehrgang gut oder schlecht ausgearbeitet sei, danach fragt niemand. Man sieht denn auch, wie wenig Nutzen die Studenten von ihrem Studium haben. Sehr wenige verlassen die Universität mit den Kenntnissen, die sie von dort mitbringen sollten. Meine Idee wäre also die, jedem Professor die Regel vorzuschreiben, nach der er sich bei seinen Vorlesungen zu richten hätte. Hier ein Entwurf dazu.

41 Goethes Jugenddrama wurde in Berlin zum erstenmal durch die Wandertruppe von Heinrich Gustav Koch am 12. April 1774 aufgeführt.

Lassen wir den Mathematiker und Theologen beiseite, da sich der Gewißheit des einen nichts hinzufügen läßt und man die Volksmeinungen in Bezug auf den andern nicht antasten darf.

Ich nehme mir zuerst den Philosophen vor. Ich würde verlangen, daß er seinen Kursus mit einer genauen Definition des Begriffes Philosophie beginnt. Dann soll er bis auf die fernsten Zeiten zurückgehen und all die verschiedenen philosophischen Systeme in der Reihenfolge, in der sie gelehrt worden sind, nacheinander durchgehen. So würde es z.B. nicht genügen, wenn er seinen Schülern von den Stoikern sagt, sie nähmen in ihrem System an, daß die menschlichen Seelen Teile der Gottheit seien. So schön und erhaben dieser Gedanke auch ist, so muß der Professor doch auf den in ihm liegenden Widerspruch hinweisen. Denn wäre der Mensch ein Teil der Gottheit, so besäße er unbegrenztes Wissen; das aber hat er nicht. Wäre Gott in den Menschen, so könnte es jetzt geschehen, daß der englische Gott sich mit dem französischen und spanischen bekriegte, daß diese verschiedenen Teile der Gottheit sich gegenseitig zu vernichten suchten und daß endlich alle von den Menschen begangenen Missetaten und Verbrechen göttliche Werke wären. Welcher Aberwitz, solche Abscheulichkeiten anzunehmen! Sie sind also nicht wahr.

Kommt er zum System Epikurs, so wird er vor allem auf die Gleichgültigkeit verweisen, die der Philosoph seinen Göttern beilegt, die aber der göttlichen Natur widerspricht. Er wird nicht vergessen, auf die Ungereimtheit der Lehre von der Abweichung der Atome,[42] sowie auf alles aufmerksam zu machen, was der Exaktheit und Folgerichtigkeit des logischen Denkens widerstrebt. Er wird ohne Zweifel auch die Sekte der Skeptiker erwähnen und darauf hindeuten, wie notwendig es oft ist, sein Urteil in metaphysischen Fragen zurückzuhalten, da weder

---

42 Die Lehre Epikurs von der Abweichung der Atome von der senkrechten Fallinie.

Analogie noch Erfahrung uns einen Faden reichen, der uns durch dies Labyrinth führt.

Dann wird er auf Galilei kommen, wird dessen System klarlegen und dabei den Aberwitz des römischen Klerus ins rechte Licht setzen, der nicht dulden wollte, daß die Erde sich dreht, und der sich gegen die Antipoden auflehnte, aber trotz seiner vermeintlichen Unfehlbarkeit seinen Prozeß wenigstens diesmal vor dem Richterstuhl der Vernunft verlor. Dann kommt Kopernikus, Tycho de Brahe, das System der Wirbel.[43] Der Professor wird seinen Hörern die Unmöglichkeit des vollen Raumes klarmachen, die jede Bewegung ausschlösse. Er wird trotz Descartes klar beweisen, daß die Tiere keine Maschinen sind. Daran wird sich ein Abriß des Newtonschen Systems vom leeren Raume schließen, den man annehmen muß, ohne sagen zu können, ob das eine Negation des Daseins oder ob die Leere ein Wesen sei, von dessen Natur wir uns keinen bestimmten Begriff machen können. Das hindert jedoch nicht, daß der Professor seine Hörer von der völligen Übereinstimmung des von Newton berechneten Systems mit den Naturerscheinungen unterrichtet, die die Neueren zur Annahme der Schwere, der Gravitation, der Zentripetal- und Zentrifugalkraft nötigt, verborgenen Eigenschaften der Natur, die bis auf diesen Tag unerforscht geblieben sind.

Nun wird die Reihe an Leibniz kommen, an das Monadensystem und die prästabilierte Harmonie. Der Professor wird zweifellos darauf hinweisen, daß es ohne Einheit keine Zahl gibt. Es müssen also unteilbare Körper angenommen werden, aus denen die Materie besteht. Er wird seinen Zuhörern klarmachen, daß die Materie theoretisch unendlich teilbar ist, daß aber in der Wirklichkeit die Urkörper sich wegen ihrer zu großen Kleinheit der Wahrnehmung entziehen und daß man notwendig unzerstörbare Atome annehmen muß, die die Grundlage der Elemente bilden; denn aus nichts entsteht nichts, und

---

43 Von Descartes.

nichts geht zu Grunde. Der Professor wird das System der prästabilierten Harmonie als den Roman eines genialen Mannes darstellen und gewiß hinzufügen, daß die Natur den kürzesten Weg nimmt, um zu ihren Zielen zu gelangen. Er wird bemerken, daß man die Dinge nicht ohne Notwendigkeit vervielfältigen darf.

Dann wird Spinoza an die Reihe kommen. Er wird ihn ohne Mühe mit den gleichen Argumenten widerlegen, die er gegen die Stoiker angewandt hat. Wenn er Spinozas System da angreift, wo es die Existenz des höchsten Wesens zu leugnen scheint, so wird es ihm leicht fallen, es zu Staub zu zermalmen, zumal wenn er die Bestimmung jedes Dinges, den Zweck aufzeigt, wozu es geschaffen ist. Alles, selbst das Wachstum eines Grashalmes, beweist das Dasein Gottes. Wenn der Mensch auch nur einen Funken von Verstand besitzt, den er sich nicht selbst gegeben hat, mit wieviel mehr Grund muß dann das Wesen, von dem er alles hat, einen unendlich tieferen und unermeßlichen Verstand besitzen!

Unser Professor wird Malebranche nicht ganz übergehen. Er wird die Grundlehren dieses gelehrten Paters aus dem Orden des Oratoriums entwickeln und dabei zeigen, daß sie daraus von selbst entfließenden Folgerungen zur Lehre der Stoiker zurückführen, zur Annahme einer Weltseele, von der alle lebenden Wesen Teile sind. Wenn wir aber in Gott alles sehen, wenn unsre Gefühle, Gedanken und Wünsche und unser Wille unmittelbar aus seiner geistigen Einwirkung auf unsre Organe entstehen, so werden wir zu Maschinen, die Gottes Hand bewegt. Gott allein bleibt, und der Mensch verschwindet.

Ich gebe mich der Hoffnung hin, daß der Professor, wenn er Verstand hat, nicht den weisen Locke vergißt, den einzigen Metaphysiker, der die Phantasie dem gesunden Menschenverstand geopfert hat, sich an die Erfahrung hält, soweit sie ihn führen kann, und klüglich haltmacht, wenn dieser Führer versagt.

In der Sittenlehre wird der Professor einige Worte über Sokrates sagen, Mark Aurel gerecht werden und ausführlicher auf Ciceros Buch »Von den Pflichten« eingehen, das beste Moralbuch, das man je geschrieben hat und schreiben wird.

Den Ärzten will ich nur zwei Worte sagen. Sie müssen ihre Schüler vor allem zu genauer Beobachtung der Symptome der Krankheiten anhalten, damit sie deren Wesen gut kennen lernen. Diese Symptome sind ein rascher und schwacher Puls, ein starker und heftiger Puls, ein aussetzender Puls, trockene Zunge, die Augen, die Art der Transpiration, der Ausscheidungen, sowohl des Urins wie der Exkremente. Aus alledem können sie Schlüsse ziehen und die Art des Übels, das die Krankheit verursacht, mit größerer Bestimmtheit erkennen. Nach dieser Diagnose müssen sie die richtigen Heilmittel wählen. Auch wird der Professor seine Schüler sorgfältig auf die eigenartige Verschiedenheit der Temperamente hinweisen und auf die Berücksichtigung, die sie erfordern. Er wird die gleiche Krankheit bei den verschiedenen Temperamenten verfolgen und vor allem darauf dringen, daß bei ein und derselben Krankheit die Arznei stets der Konstitution des Kranken angepaßt werde. Trotz aller dieser Belehrungen wage ich nicht zu behaupten, daß die jungen Äskulape Wunder verrichten werden. Das Publikum wird nur den Gewinn haben, daß weniger Menschen durch die Unwissenheit und Trägheit der Ärzte ums Leben gekommen.

Der Kürze halber übergehe ich die Botanik, die Chemie und die physikalischen Experimente, um mich mit dem Herrn Professor der Rechtsgelehrsamkeit zu befassen, der mir eine recht mürrische Miene zeigt. Zu ihm werde ich sagen: »Herr Professor, wir leben nicht mehr im Jahrhundert der Worte, sondern der Tatsachen. Haben Sie zu Nutz und Frommen der Menschen die Gewogenheit, etwas weniger Pedanterie und etwas mehr gesunden Menschenverstand in Ihre vermeintlich so tiefen Vorlesungen zu bringen. Sie verlieren Ihre Zeit mit dem Vortrag eines Völkerrechts, das nicht einmal Privatpersonen, geschweige denn die Mächtigen achten und das die Schwachen nicht schützt. Sie unterweisen Ihre Schüler in den Gesetzen des Minos, Solon, Lykurg, der zwölf Tafeln Roms, des *Codex Justinianus*. Aber kein Wort oder nur wenig von den Gesetzen und Bräuchen in unsren Provinzen. Zu Ihrer Beruhigung versprechen wir Ihnen zu glauben, daß Ihr Hirn eine miteinander verschmolzene Quintessenz des Cujaz und Bartolos[44] ist. Geruhen Sie jedoch zu beachten, daß nichts kostbarer ist als Zeit, und daß der, welcher sie mit unnützen Phrasen vergeudet, ein Verschwender ist, den Sie unter Kuratel stellen würden, wenn er vor Ihren Richterstuhl käme. Gestatten Sie daher, Herr Professor, so gelehrt Sie auch sind, daß ein Unwissender meines Schlages, wenn Sie seine Schüchternheit ermutigen, Ihnen eine Art von Kursus der Rechtslehre vorschlägt, den Sie abhalten könnten. Sie würden damit beginnen, die Notwendigkeit der Gesetze zu beweisen, weil keine Gesellschaft ohne sie bestehen kann. Sie würden zeigen, daß es bürgerliche Gesetze, Strafgesetze und andre, die auf Übereinkunft[45] beruhen, gibt. Die ersten sollen das Eigentum schützen, sowohl Erbschaften, Mitgiften, das Erbteil der Witwen, wie das Handels- und Verkehrsrecht. Sie geben an, nach welchen Grundsätzen bei Grenzstreitigkeiten zu verfahren und überhaupt strittige Rechte zu entscheiden sind. Die Strafgesetze hingegen sollen das Verbrechen mehr zu Boden schlagen, als bestrafen. Die Strafen müssen dem Vergehen angemessen sein, und die milderen sind den strengeren allemal vorzuziehen. Die Übereinkunftsgesetze endlich werden von den Regierungen geschaffen, um Handel und Industrie zu begünstigen. Die beiden ersten Gesetzesarten sind stetiger Natur, die letzteren hingegen dem Wechsel unterworfen, mögen nun äußere oder innere Ursachen zur Abschaffung oder zur Einführung dieser oder jener Bestimmungen nötigen.« Ist diese Einleitung mit aller nötigen Klarheit erfolgt,

---

44 Bartolo (1314–1357), berühmter italienischer Rechtslehrer; Jacques Cujas (Cujacius), französischer Rechtslehrer (1522–1590).
45 Staatsverträge.

so wird der Herr Professor, ohne Pufendorf[46] oder Grotius[47] zu Rate zu ziehen, gütigst die Gesetze des Landes erläutern, in dem er lebt. Er wird sich vor allem hüten, seinen Schülern den Geist der Streitsucht einzuimpfen. Statt Verwirrer wird er Entwirrer aus ihnen machen und sich sorgfältig bemühen, Richtigkeit, Klarheit und Genauigkeit in seine Vorlesungen zu bringen. Um seine Schüler von Jugend auf zu dieser Methode zu erziehen, wird er insbesondere nicht versäumen, ihnen Verachtung für sophistische Rechthaberei einzuflößen, die offenbar eine unerschöpfliche Fundgrube für Spitzfindigkeiten und Rechtsverdrehung ist.

Ich wende mich nun an den Herrn Geschichtsprofessor. Ihm schlage ich als Muster den weisen und berühmten Thomasius[48] vor. Unser Professor wird Ruf gewinnen, wenn er diesem großen Manne nahekommt, und Ruhm, wenn er ihm gleicht. Er wird seinen Kursus chronologisch mit der alten Geschichte beginnen und mit der neueren enden. Er wird in der Abfolge der Jahrhunderte kein Volk auslassen, weder die Chinesen noch die Russen, weder die Polen noch den Norden, wie es Bossuet in seinem sonst sehr schätzenswerten Werke getan hat. Unser Professor wird sich namentlich der Geschichte Deutschlands widmen, da sie für die Deutschen am fesselndsten ist. Er wird sich indes hüten, sich zu sehr in die Dunkelheit der ältesten Zeiten zu vertiefen, über die uns die Urkunden fehlen und deren Kenntnis im übrigen sehr unnütz ist. Er wird ohne längeres Verweilen das neunte bis zwölfte Jahrhundert durchgehen. Erst beim dreizehnten Jahrhundert, wo die Geschichte mehr Interesse verdient, wird er ausführlicher werden. Je weiter er vorrückt, um so mehr wird er sich auf Einzelheiten einlassen,

---

46 Freiherr Samuel von Pufendorf (1632–1694), Begründer des Naturrechts, Verfasser des Werkes »De jure naturae et gentium«.
47 Hugo Grotius (1583–1645), Verfasser des grundlegenden Werkes über das Völkerrecht »De jure belli et pacis«.
48 Christian Thomasius (1655–1728), Rechtslehrer, Professor an der Universität Halle. Der König stellt Thomasius lediglich wegen seiner Vortragsweise als Muster hin.

weil diese immer enger mit der Geschichte der Gegenwart zusammenhängen. Insbesondere wird er sich länger bei Ereignissen aufhalten, die Folgen gehabt haben, als bei denen, die sozusagen ohne Nachkommenschaft gestorben sind. Der Professor wird auf den Ursprung der Rechte, Bräuche und Gesetze eingehen, wird zur Kenntnis bringen, bei welchen Anlässen sie im Reich eingeführt wurden. Er wird die Entstehung der freien Reichsstädte und ihre Privilegien, die Entstehung der Hansa und der Landeshoheit von Bischöfen und Äbten schildern. Er wird, so gut er kann, erklären, wie die Kurfürsten das Recht erwarben, den Kaiser zu wählen. Die verschiedenen Formen der Rechtspflege im Laufe der Jahrhunderte dürfen nicht übergangen werden. Besonders aber von der Zeit Karls V. an muß der Professor all seine Einsicht und Geschicklichkeit aufbieten. Von jener Epoche ab wird alles fesselnd und denkwürdig. Er wird nach bestem Vermögen die Ursachen der großen Ereignisse aufzuklären suchen. Parteilos wird er die Taten derer loben, die sich berühmt gemacht haben, und die tadeln, die Fehler begingen.

Nun beginnen die Religionswirren: diesen Teil wird der Professor als Philosoph behandeln. Es folgen die Kriege, die aus jenen Wirren entstanden. Diese Fragen, die großes Interesse beanspruchen, sind mit der gebührenden Würde zu erörtern. Schweden nimmt Partei gegen den Kaiser. Der Professor wird sagen, aus welchem Anlaß Gustav Adolf nach Deutschland ging und weshalb Frankreich für Schweden und die Sache des Protestantismus eintrat. Aber er wird nicht die alten Lügen wiederholen, die allzu leichtgläubige Geschichtsschreiber verbreitet haben. Er wird nicht sagen, Gustav Adolf sei von einem deutschen Fürsten getötet worden, der in seinem Heere diente,[49] weil das weder wahr noch erwiesen noch wahrscheinlich ist. Der Westfälische Friede wird ein umständlicheres Ein-

---

49 Pufendorf bezichtigte in seinen »Commentarien« zur schwedischen Geschichte den Herzog Franz Albrecht von Lauenburg des Mordes an Gustav Adolf in der Schlacht bei Lützen (1632).

gehen erfordern, da er die Grundlage der deutschen Freiheit bildet, das Grundgesetz, das den kaiserlichen Ehrgeiz in gebührenden Schranken hält. Auf ihm beruht unsre jetzige Verfassung.

Hiernach wird der Professor berichten, was sich unter der Regierung der Kaiser Leopold, Josef und Karl VI. zutrug. Dies weite Feld bietet ihm Gelegenheit zur Betätigung seiner Gelehrsamkeit und seines Geistes, besonders wenn er nichts Wesentliches fortläßt.

Nach der Darstellung der denkwürdigen Ereignisse jedes Jahrhunderts wird er nicht vergessen, über die jeweiligen Geistesströmungen und über die Männer zu berichten, die sich durch ihre Talente, ihre Entdeckungen oder ihre Werke hervorgetan haben. Er wird auch die ausländischen Zeitgenossen der Deutschen, von denen er spricht, nicht unerwähnt lassen.

Hat er derart die Geschichte Volk für Volk durchgenommen, so würde er, glaube ich, den Studierenden einen Dienst erweisen, wenn er den ganzen Stoff zusammenfaßte und ihn in einer allgemeinen Übersicht darstellte. Dabei wäre besonders die chronologische Anordnung nötig, damit man die Zeitalter nicht verwechselt und jedes wichtige Ereignis an die Stelle setzt, die ihm in der Zeitfolge zukommt, die Zeitgenossen neben die Zeitgenossen. Um das Gedächtnis nicht mit Daten zu überlasten, wäre es gut, die Epochen zu bezeichnen, in denen die wichtigsten Umwälzungen stattfanden. Das sind lauter Anhaltspunkte für das Gedächtnis, die man leicht behält und ohne die das ungeheure Chaos der Geschichte im Kopfe der jungen Leute wirr durcheinanderwogt.

Ein Geschichtskursus, wie ich ihn vorschlage, muß reiflich überlegt, gründlich durchdacht und von allen Kleinigkeiten frei sein. Weder das *Theatrum europaeum*[50] noch Bünaus

---

50 Das »*Theatrum europaeum*« bildet eine umfangreiche Materialiensammlung für die Zeit von 1616 bis 1718 in 21 Foliobänden. König Friedrich Wilhelm I. hatte bestimmt, ihre Lektüre dem Geschichtsunterricht des Kronprinzen zugrunde zu legen.

»Deutsche Geschichte«[51] darf der Professor zu Rate ziehen. Lieber möchte ich ihn auf die Kolleghefte von Thomasius verweisen, wenn solche noch vorhanden sind.

Was ist für einen Jüngling, der in die Welt treten will, notwendiger und unterrichtender als die Betrachtung der Reihe von Wechselfällen, die das Antlitz der Welt so oft verändert haben? Wo lernt er die Richtigkeit alles Menschlichen besser kennen, als wenn er auf den Trümmern der Königreiche und Weltmonarchien umhergeht? Aber welche Freude muß ihn erfüllen, wenn er in dem Wust von Verbrechen, den man an seinen Augen vorüberziehen läßt, hier und da eine jener tugendhaften, göttlichen Seelen findet, die für die Verderbtheit des Menschengeschlechts um Gnade zu bitten scheint! Das sind die Vorbilder, denen er folgen soll. Er hat eine Menge glücklicher, von Schmeichlern umgebener Menschen gesehen. Der Tod trifft den Abgott, die Schmeichler entfliehen, die Wahrheit tritt zutage, und die Flüche des Volkes ersticken die Stimme der Lobredner. Ich hoffe, der Professor wird Einsicht genug haben, seinen Schülern die Grenzen zwischen edlem Wetteifer und maßlosem Ehrgeiz zu zeigen und sie zum Nachdenken über so viele verderbliche Leidenschaften anzuregen, die den Untergang der größten Reiche verschuldet haben. Mit hundert Beispielen wird er ihnen beweisen, daß gute Sitten die wahren Wächter der Staaten sind, wogegen Verderbtheit, Luxus und übermäßige Sucht nach Reichtum jederzeit die Vorläufer ihres Verfalls waren. Bei Befolgung des vorgeschlagenen Lehrplans wird der Herr Professor sich nicht darauf beschränken, das Gedächtnis seiner Schüler mit Tatsachen anzufüllen, sondern danach trachten, ihr Urteil zu bilden, ihre Denkweise zu berichtigen und ihnen vor allem Liebe zur Tugend einzuflößen. Das ist nach meiner Ansicht all den unverdauten Kenntnissen vorzuziehen, mit denen man die Köpfe der Jugend vollstopft.

51 Graf Heinrich Bünau (1697–1762), Verfasser des Werkes »Genaue und umständliche deutsche Kaiser- und Reichshistorie«, das aber nur bis zum Jahre 918 reicht.

Aus allem bisher Dargelegten ergibt sich allgemein die Notwendigkeit, alle alten und neuen Klassiker mit Fleiß und Eifer ins Deutsche zu übertragen. Das brächte uns den doppelten Vorteil, unsre Sprache auszubilden und Kenntnisse zu verbreiten. Wenn wir alle guten Autoren bei uns einbürgern, bringen sie uns neue Ideen und bereichern uns mit der Anmut und den Reizen ihrer Schreibweise. Und wieviel würde das Publikum nicht daraus lernen! Von den sechsundzwanzig Millionen, die in Deutschland wohnen, können wohl keine hunderttausend gut Lateinisch, besonders, wenn man den Haufen von Priestern und Mönchen abzieht, deren Kenntnisse kaum so weit reichen, daß sie etwas von der Syntax verstehen. So sind also 25 900 000 Seelen von allem Wissen ausgeschlossen, nur weil sie es nicht in der Landessprache erwerben können. Welche günstigere Veränderung könnte uns wohl widerfahren als die Verbreitung und Verallgemeinerung des Wissens? Der Edelmann, der auf dem Lande lebt, würde eine Auswahl von Büchern treffen, die ihm zusagen; er würde sich unterhalten und dabei belehren. Der grobe Bürgersmann würde weniger ungeschliffen sein. Die Müßiggänger fänden ein Mittel gegen die Langeweile. Der Sinn für die schöne Literatur würde allgemein werden. Liebenswürdigkeit, Sanftmut und Grazie würden sich über die Gesellschaft verbreiten, und der Unterhaltung würden unerschöpfliche Quellen erschlossen. Aus der Reibung der Geister entspränge jener feine Takt, jener gute Geschmack, der mit raschem Unterscheidungsvermögen das Schöne erfaßt, das Mäßige verwirft und das Schlechte verschmäht. Das Publikum würde zum aufgeklärten Richter werden und die neuen Schriftsteller zwingen, ihre Werke mit größerer Emsigkeit und Sorgfalt auszuarbeiten und sie nicht eher herauszugeben, als bis sie gründlich gefeilt und geglättet sind.

Der Weg, den ich weise, ist nicht aus meiner Phantasie entsprungen. Er ist der Weg aller Völker, die zur Kultur gelangt sind. Einen andren gibt es nicht. Je mehr der Sinn für die Literatur zunimmt, um so mehr Auszeichnung und Erfolg haben die zu erwarten, die sie in hervorragender Weise pflegen, und um so mehr wird ihr Beispiel andre ermutigen. Deutschland erzeugt Männer der emsigen Forschung, Philosophen, Genies und alles, was man wünschen kann. Es fehlt nur ein Prometheus, der das himmlische Feuer raubt und sie beseelt.

Der Boden, der den berühmten de Vinea, den Kanzler des unglücklichen Kaisers Friedrich II., erzeugte, das Land, wo die Verfasser der berühmten Dunkelmännerbriefe geboren wurden, die ihrer Zeit weit voraus waren und Rabelais zum Muster gedient haben, der Boden, der den berühmten Erasmus hervorbrachte, dessen »Lob der Narrheit« von Witz sprudelt und noch besser wäre, wenn man ein paar mönchische Plattheiten entfernte, denen man den schlechten Geschmack der Zeit anmerkt, das Land, wo Melanchthon geboren wurde, so klug wie gelehrt – der Boden, sage ich, der diese großen Männer hervorgebracht hat, ist nicht erschöpft und wird noch viele andre erzeugen. Wieviel große Männer könnte ich ihnen zur Seite stellen! Dreist zähle ich zu den unsren Kopernikus, der durch seine Berechnungen das Planetensystem berichtigte und das bewies, was Ptolemäos[52] ein paar tausend Jahre vor ihm zu behaupten gewagt hatte. Derweil entdeckte am andren Ende von Deutschland ein Mönch durch seine chemischen Versuche die erstaunlichen Wirkungen des Schießpulvers, und ein andrer erfand die Buchdruckerkunst, diese glückliche Erfindung, die gute Bücher verewigt und dem Volke für geringes Geld Bildung ermöglicht. Dem erfinderischen Geiste Otto von Guerickes verdanken wir die Luftpumpe. Unvergessen ist der berühmte Leibniz, der Europa mit dem Rufe seines Namens erfüllte. Seine Einbildungskraft hat ihn zwar zu einigen Hirngespinsten in seinem Systeme verleitet, aber seine Irrtümer sind doch nur die eines großen Geistes. Ich könnte meine Liste

---

52 Vielmehr schon Aristarch von Samos, der 281 v. Chr. den Stillstand der Sonne und die Bewegung der Erde um die Sonne lehrte.

durch die Namen Thomasius, Bilfinger,[53] Haller[54] und viele andre erweitern. Allein die Gegenwart gebietet mir Schweigen. Das Lob der einen würde die andren zurücksetzen.

Ich sehe einen Einwand voraus. Man wird mir vielleicht vorhalten, es habe während der italienischen Kriegswirren einen Pico von Mirandola gegeben. Gewiß, aber der war doch nur ein Gelehrter. Man wird hinzufügen: während Cromwell sein Vaterland umstürzte und seinen König[55] auf dem Blutgerüst enthaupten ließ, veröffentlichte Toland seinen »Leviathan«[56] und kurz darauf Milton sein »Verlorenes Paradies«. Ja selbst zur Zeit der Königin Elisabeth hatte der Kanzler Bacon schon Aufklärung in Europa verbreitet und war zum Orakel der Philosophie geworden, indem er die zu machenden Entdeckungen angab und den Weg zu diesem Ziele wies. Auch während der Kriege Ludwigs XIV. machten gute Schriftsteller aller Art Frankreich berühmt. Warum also, wird man sagen, sollten unsre deutschen Kriege der Literatur verderblicher gewesen sein als die unsrer Nachbarn?

Darauf kann ich leicht antworten. In Italien blühten die Künste und Wissenschaften eigentlich nur unter dem Schutze des Lorenzo von Medici, des Papstes Leo X. und des Hauses Este. Damals gab es wohl vorübergehende Kriege, aber sie waren nicht verderblich. Italien wachte eifersüchtig über den Ruhm, den ihm die Wiedergeburt der schönen Künste verschaffen mußte, und munterte sie mit allen Kräften auf. In England richtete sich Cromwells Politik, von Fanatismus geschürt, nur gegen den Thron. Er war grausam gegen seinen Kö-

---

53 Georg Bernhard Bilfinger (1693–1750), Anhänger der Leibniz-Wolffschen Schule.
54 Albrecht von Haller (1708–1777), Schweizer Dichter und Gelehrter, Anatom, Physiologe und Botaniker, 1736–1753 Professor in Göttingen. König Friedrich machte 1749 den vergeblichen Versuch, ihn für die Berliner Akademie zu gewinnen.
55 Karl I. († 1649).
56 Der Verfasser des »Leviathan« (London 1651) war der Philosoph Thomas Hobbes und nicht John Toland.

nig, aber er regierte sein Volk mit Weisheit, und daher blühte der Handel nie mehr als unter seinem Protektorat. So kann man den »Leviathan« denn nur als Schmähschrift einer Partei ansehen. Miltons »Verlorenes Paradies« ist zweifellos besser. Der Dichter besaß stärkere Einbildungskraft. Er hatte den Stoff seiner Dichtung aus einem jener religiösen Spiele entlehnt, die noch zu seiner Zeit in Italien aufgeführt wurden, und wie vor allem betont werden muß, herrschte damals Friede und Wohlstand in England. Bacon, der sich unter der Regierung Elisabeths hervortat, lebte an einem gebildeten Hofe. Er besaß den Scharfblick von Jupiters Adler zur Erforschung der Wissenschaften und die Weisheit Minervas zu ihrem reiflichen Durchdenken. Bacons Genie ist eine jener seltenen Erscheinungen, die von Zeit zu Zeit auftauchen und ihrem Jahrhundert so viel Ehre machen wie dem menschlichen Geiste. In Frankreich hatte Richelieus Regierung das große Zeitalter Ludwigs XIV. vorbereitet. Aufklärung begann sich zu verbreiten; der Krieg der Fronde war nur ein Kinderspiel. Ludwig XIV., nach jeder Art von Ruhm begierig, wollte, daß seine Nation in der Literatur und im guten Geschmack ebenso die erste wäre, wie in der Macht, in Eroberungen, in Politik und Handel. Er trug seine Waffen siegreich in Feindesland. Frankreich rühmte sich der Erfolge seines Monarchen, ohne die Verheerungen des Krieges zu spüren. Es ist also natürlich, daß die Musen, die sich nur in Ruhe und Überfluß wohl fühlen, sich in seinem Reiche niederließen.

Besonders aber sollte man eins beachten: in Italien, England und Frankreich schrieben die ersten Schriftsteller und ihre Nachfolger in der eignen Sprache. Das Publikum verschlang ihre Werke, und das Wissen wurde Allgemeingut des Volkes.

Bei uns lagen die Dinge ganz anders. Unsre Religionsstreitigkeiten brachten einige Zänker hervor, die in dunklen Ausdrücken unverständliche Dinge verfochten, stets die gleichen Argumente anführten oder bestritten und abwechselnd Sophismen und Beleidigungen gebrauchten. Unsre ersten Gelehrten waren wie überall Männer, die in ihrem Gedächtnis Tatsachen auf Tatsachen häuften, urteilslose Pedanten, wie Lipsius, Freinshemius, Gronovius, Graevius,[57] schwerfällige Wiederkäuer einiger dunkler Phrasen, die sie in den alten Handschriften fanden. Das mochte bis zu einem gewissen Grade nützlich sein, allein sie hätten nicht ihren ganzen Fleiß auf Nebensachen und Nichtigkeiten verwenden dürfen. Das Ärgerlichste dabei war, daß diese Herren in ihrer pedantischen Eitelkeit den Beifall ganz Europas beanspruchten. Teils um mit ihrem schönen Latein zu prunken, teils um von fremden Pedanten bewundert zu werden, schrieben sie nur Lateinisch, sodaß ihre Werke für Deutschland fast ganz verloren gingen. Daraus entsprang ein doppelter Nachteil. Erstens wurde die deutsche Sprache nicht geformt und blieb in ihrem rohen Zustande stecken, und zweitens konnte die Masse des Volkes, die kein Latein verstand, sich nicht bilden und verharrte nach wie vor in der tiefsten Unwissenheit. Das sind einwandfreie Wahrheiten. Möchten die Herren Gelehrten sich bisweilen erinnern, daß die Wissenschaften Nahrungsmittel des Geistes sind. Das Gedächtnis nimmt sie auf, wie der Magen die Speisen, aber sie verursachen Verdauungsbeschwerden, wenn der Verstand sie nicht verarbeitet. Ist unser Wissen ein Schatz, so muß man es nicht vergraben, sondern nutzbar machen, indem man es in einer allen Mitbürgern verständlichen Sprache verbreitet.

Erst seit kurzem wagen die Gelehrten, in ihrer Muttersprache zu schreiben, und schämen sich nicht mehr, Deutsche zu sein. Wie Sie wissen, ist es noch nicht lange her, daß das erste Wörterbuch der deutschen Sprache[58] erschienen ist. Ich erröte, daß

---

57 Justus Lipsius (1547–1606), Jurist und Philologe, Professor in Jena, dann in Leiden und Löwen; Johann Freinsheim (1608–1660), Philologe, Professor in Uppsala, dann in Heidelberg; Johann Friedrich Gronov (1611–1671), Philologe, Professor in Leiden; Johann Georg Graeve (1632 bis 1703), Professor der Beredsamkeit in Utrecht.
58 Adelungs Wörterbuch kam in den Jahren 1774 bis 1786 in Leipzig heraus, unter dem Titel: »Versuch eines vollständigen grammatisch-kritischen Wörterbuchs der hochdeutschen Mundart.« Andrerseits wird Friedrichs

ein so nützliches Werk nicht ein Jahrhundert vor mir auf die Welt kam. Indes mehren sich die Anzeichen, daß ein Umschwung der Geister sich vorbereitet. Der Nationalruhm macht sich geltend. Man hegt den Ehrgeiz, den Nachbarn gleichzukommen, und will sich Wege zum Parnaß und zum Tempel des Gedächtnisses bahnen. Die Feinfühligen unter uns spüren das schon. Man übersetze also die Werke der alten und neuen Klassiker in unsre Sprache. Soll das Geld bei uns in Umlauf kommen, so bringen wir es unter die Leute, indem wir die einst so seltenen Kenntnisse verallgemeinern!

Um schließlich nichts zu vergessen, was unsre Fortschritte gehemmt hat, füge ich hinzu, daß die wenigsten deutschen Höfe sich der deutschen Sprache bedient haben. Unter Kaiser Josef sprach man in Wien nur Italienisch; unter Karl VI. wurde Spanisch gevorzugt; unter Franz I., einem geborenen Lothringer, war die Umgangssprache mehr Französisch als Deutsch. Ebenso war es an den kurfürstlichen Höfen. Was konnte der Grund sein? Ich wiederhole: das Spanische, Italienische, Französische waren Sprachen mit feststehenden Regeln, das Deutsche aber nicht. Doch trösten wir uns: in Frankreich ging es ebenso. Unter Franz I., Karl IX., Heinrich III. sprach man in der guten Gesellschaft mehr Spanisch und Italienisch als Französisch, und die heimische Sprache nahm erst ihren Aufschwung, als sie geschliffen, klar und elegant wurde, als sie durch Entlehnung malerischer Ausdrücke aus zahllosen klassischen Werken Farbe und zugleich grammatische Regeln bekam. Unter Ludwig XIV. verbreitete sich das Französische über ganz Europa, und zwar zum Teil den guten Schriftstellern zuliebe, die damals blühten, ja sogar wegen der guten Übersetzungen der Alten, die man in Frankreich hatte. Heutzutage ist diese Sprache zum Schlüssel geworden, der Ihnen in allen Häusern und Städten Einlaß verschafft. Reisen Sie von Lissabon

Angabe auch bezogen auf das 1741 erschienene »Teutsch-lateinische Wörterbuch« des Rektors vom Grauen Kloster in Berlin, Johann Leonhard Frisch.

nach Petersburg, von Stockholm nach Neapel: mit Französisch werden Sie überall durchkommen. Durch diese einzige Sprache sparen Sie sich viele andre, die Sie sonst lernen müßten und die Ihr Gedächtnis belasten würden. Anstatt dessen können Sie es mit Wissen erfüllen, was bei weitem vorzuziehen ist.

Das, mein Herr, sind die verschiedenen Hindernisse, infolge deren wir nicht so schnell vorwärts gekommen sind wie unsre Nachbarn. Doch wer zuletzt kommt, überholt bisweilen seine Vorgänger. Das könnte bei uns schneller geschehen, als man glaubt, sobald die Herrscher Geschmack an der Literatur finden, sobald sie Die ermuntern, die sich ihr widmen, und Die loben und belohnen, die am meisten geleistet haben. Wenn wir erst Medizäer haben, werden wir auch Genies erblühen sehen. Ein Augustus wird einen Virgil hervorbringen. Wir werden unsre Klassiker haben. Jeder wird sie lesen, um von ihnen zu lernen. Unsre Nachbarn werden Deutsch lernen. Die Höfe werden mit Vergnügen Deutsch sprechen, und es kann geschehen, daß unsre geschliffene und vervollkommnete Sprache sich dank unsren guten Schriftstellern von einem Ende Europas zum andren verbreitet. Diese schönen Tage unsrer Literatur sind noch nicht gekommen, aber sie nahen. Ich künde sie Ihnen an, sie stehen dicht bevor. Ich werde sie nicht mehr sehen. Mein Alter raubt mir die Hoffnung darauf. Ich bin wie Moses: ich sehe das gelobte Land von ferne, aber ich werde es nicht betreten. Entschuldigen Sie diesen Vergleich. Moses bleibt darum doch, was er ist, und ich will mich durchaus nicht mit ihm in Vergleich stellen. Die schönen Tage der Literatur aber, die wir erwarten, sind mehr wert als die kahlen und dürren Felsen des unfruchtbaren Idumäa.

# BRIEFE

## An Voltaire

Berlin, 25. Dezember 1737.

... Ich erhielt Ihr Kapitel aus der Metaphysik »Über die Willensfreiheit«[1] und muß Ihnen leider sagen, daß ich Ihre Ansicht nicht ganz teile. Ich gründe mein System darauf, daß man nicht aus freien Stücken auf die Kenntnisse verzichten darf, die man sich durch folgerichtiges Denken aneignen kann. Dies vorausgesetzt, bemühe ich mich, von Gott soviel wie möglich zu erkennen, wozu mir der Analogieschluß nicht wenig verhilft. Ich finde zunächst, daß der Schöpfer weise und allmächtig sein muß. Als weise hat er in seiner ewigen Weisheit den Weltplan erdacht, und als allmächtig hat er ihn ausgeführt.

Daraus folgt unweigerlich, daß der Weltenschöpfer beim Erschaffen der Welt ein Ziel gehabt haben muß. Hat er eins gehabt, so muß alles, was geschieht, darauf gerichtet sein. Dann aber müssen die Menschen dem Plane des Schöpfers gemäß handeln und in allem, was sie tun, nur den unabänderlichen Gesetzen ihres Schicksals folgen, denen sie unwissentlich gehorchen. Sonst müßte ja Gott ein müßiger Zuschauer der Natur sein, die Welt würde nach der Laune der Menschen regiert, und der, dessen Allmacht die Welt gestaltet hat, wäre überflüssig, seitdem schwache Sterbliche die Welt bevölkern. Da man

---

[1] Auf die Bitte Friedrichs, Voltaire möge ihn in seine Metaphysik einführen, übersandte dieser ihm einen Aufsatz über die Willensfreiheit; in bedingter Weise gestand er darin die Freiheit des Willens zu. Über Gott schreibt er: »Meine Vernunft sagt mir, daß Gott existiert, aber dieselbe Vernunft sagt mir, daß ich ihn nicht erkennen kann. Und wie wollen wir sehen, was die Seele ist, da wir uns, sind wir blind geboren, nicht einmal eine Vorstellung vom Licht machen können. Mithin kann alles, was über die Seele geschrieben ist, uns nicht im entferntesten die Wahrheit bieten.« Weiter wies er auf die Verschiedenheit der moralischen Anschauungen hin: »Was in Europa als Verbrechen gilt, ist dem Asiaten Tugend.«

also nur die Wahl hat, den Schöpfer oder die Schöpfung zum passiven Wesen zu machen, so entscheide ich mich unbedingt sogleich zugunsten Gottes. Es ist natürlich, sich vorzustellen, daß Gott alles tut und daß der Mensch nur ein Werkzeug seines Willens ist, als daß ein Gott eine Welt erschafft, sie mit Menschen bevölkert und dann mit verschränkten Armen zusieht, ja seinen Willen und seine Allmacht den Launen der Menschen unterordnet. Nehmen wir einmal an, ein Indianer oder irgendein Wilder sähe zum erstenmal eine Uhr. Er wird glauben, dem Stundenzeiger stände es frei, sich selbst zu drehen, und er wird nicht ahnen, daß der Zeiger durch verborgene Federn getrieben wird, noch weniger, daß der Uhrmacher die Uhr eigens dazu verfertigt hat, um die ihr vorgeschriebene Bewegung zu machen. Dieser Uhrmacher ist Gott. Die Federn, aus denen er uns zusammengesetzt hat, sind unendlich feiner, zarter und mannigfacher als bei der Uhr. Der Mensch vermag vieles, und da das Uhrwerk bei uns weit verborgener ist und die uns bewegenden Triebfedern unsichtbar sind, so halten wir uns an das Sichtbare, und alles, was die Federn treibt, entgeht unsern schwachen Augen. Aber trotzdem hat Gott die Absicht gehabt, uns just zu dem zu bestimmen, was wir sind. Trotzdem hat er gewollt, daß alles, was wir tun, auf ein Ziel gerichtet ist, und dies Ziel ist die Erhaltung der Gesellschaft und die Wohlfahrt des gesamten Menschengeschlechts.

Betrachtet man die Gegenstände einzeln, so kann es geschehen, daß man sich von ihnen eine ganz andere Vorstellung macht, als wenn man sie im Zusammenhang des Ganzen betrachtete. Man kann ein Gebäude nicht nach einem Säulenkapitell beurteilen; studiert man aber das ganze Bauwerk, so kann man sich eine genaue und deutliche Vorstellung von seinen Verhältnissen und seiner Schönheit bilden. Ein gleiches gilt für die philosophischen Systeme. Sobald man einzelne Bruchstücke aufschichtet, erhält man einen Turm ohne Fundamente, der daher von selber zusammenfällt. Sobald man also das Dasein eines Gottes zugibt, muß dieser Gott notwendig zum System gehören; sonst wäre es besser und bequemer, ihn ganz zu leugnen. Der bloße Name Gottes ohne seine Eigenschaften, besonders ohne den Begriff seiner Allmacht, seiner Weisheit und seines Vorwissens, ist ein leerer Laut und völlig beziehungslos. Man muß – wenn ich mich so ausdrücken darf – alles Edelste, Erhabenste und Majestätischeste zusammennehmen, um sich einen, wenn auch nur ganz unvollkommenen Begriff davon zu machen, was dieser Schöpfer, dies ewige und allmächtige Wesen usw. ist. Immerhin ziehe ich es vor, mich in seine Unermeßlichkeit zu verlieren, als auf seine Erkenntnis und auf jede geistige Vorstellung, die ich mir von ihm bilden kann, zu verzichten.

Mit einem Wort: gäbe es keinen Gott, so wäre Ihr System das einzige, das ich annehmen würde. Da es aber gewiß ist, daß dieser Gott existiert, so kann man ihm nicht Macht und Größe genug zuschreiben. Hinzuzufügen habe ich noch eins: da alles seinen Grund hat oder besser, da alles im Kausalzusammenhange steht, finde ich den Grund für das Temperament und den Charakter eines jeden in der Mechanik seines Körpers. Einem Jähzornigen läuft die Galle leicht über, ein Misanthrop hat eine geschwollene Leber, der Trinker ausgetrocknete Lungen, der Liebeslustige überschüssige Kräfte usw. Kurz, da ich dies alles derart in unserm Körper eingerichtet finde, schließe ich daraus, daß jeder Mensch in bestimmter Weise determiniert ist und daß es uns nicht frei steht, einen anderen Charakter zu besitzen. Was soll ich ferner von den äußeren Umständen sagen, die in uns bestimmte Gedanken auslösen und uns zu Entschlüssen bewegen, wie z. B. das gute Wetter, das mich einlädt, Luft zu schöpfen, der Rat eines geschmackvollen Menschen, der mir ein Buch empfiehlt und mich veranlaßt, es zu lesen usw.? Hätte man mir also nicht gesagt, daß es einen Voltaire gibt, und hätte ich seine trefflichen Werke nicht gelesen, – wie hätte dann mein freier Wille mich bestimmen können, ihm meine ganze Hochachtung zu schenken? Kurz, wie kann ich etwas wollen, wenn ich es nicht kenne?

Um schließlich die Willensfreiheit in ihren letzten Verschanzungen anzugreifen, frage ich: wie kann ein Mensch eine Wahl treffen oder sich zu einer Handlung entschließen, wenn ihm die Ereignisse nicht die Gelegenheit bieten? Und wer lenkt diese Ereignisse? Der Zufall kann es nicht sein, denn Zufall ist ein sinnloses Wort. Es kann also nur Gott sein. Lenkt Gott die Ereignisse also nach seinem Willen, so lenkt und regiert er ebenso notwendig die Menschen. Dies Prinzip ist die Grundlage und gleichsam das Fundament der göttlichen Vorsehung. Es gibt mir die edelste, höchste und großartigste Vorstellung, die ein so beschränktes Wesen wie der Mensch sich von einem so unendlichen Wesen wie dem Schöpfer machen kann, und läßt mich Gott als ein unendlich großes und weises Wesen erfassen, das auch im Größten nicht aufgeht und sich auch im Kleinsten nicht erniedrigt. Wie ungeheuer ist ein Gott, der alle Dinge umspannt, und dessen Weisheit seit dem Ursprung der Welt alles vorbereitet hat, was er am Ende der Zeiten ausführt! Gleichwohl wage ich die Geheimnisse Gottes nicht an dem schwachen menschlichen Begriffsvermögen zu messen. Ich blicke, soweit ich kann; entgeht aber auch manches meinen Blicken, so verzichte ich doch nicht auf das, was meine Augen klar und deutlich sehen.

Vielleicht verblendet mich ein Vorurteil, eine Voreingenommenheit und der schmeichelhafte Gedanke, meiner eignen Meinung zu folgen. Vielleicht setze ich die Menschen zu sehr herab. Mag sein – ich streite es nicht ab. Aber wenn der König von Frankreich sich im Konflikt mit dem König von Yvetot[2] befände, so bin ich gewiß, daß jeder Vernünftige König Ludwig XV. mehr Macht zuerkennen wird als jenem. Um wieviel

---

2 Ein Miniaturkönigreich in der Normandie, das Ende des 14. Jahrhunderts zuerst sicher nachweisbar ist; seine Entstehung ist so zu erklären, daß seine Besitzer mit keinem Herrn, auch dem König nicht, durch vasallitische Huldigung verbunden waren, sondern ihren Besitz zu freiem Eigen gewahrt hatten, ein in Frankreich übrigens wohl ungemein seltener, aber nicht ganz vereinzelter Fall.

mehr müssen wir da für die Allmacht Gottes eintreten, der sich in keiner Weise mit uns kurzlebigen Wesen vergleichen läßt, uns Spielbällen des Schicksals, die die Zeit hervorbringt und nach kurzer, vergänglicher Dauer wieder zerstört.

Sobald Sie von der Tugend sprechen, merkt man, Sie sind auf bekanntem Boden; Sie beherrschen den Gegenstand, den Sie theoretisch und praktisch kennen; kurz, es fällt Ihnen leicht, gelehrt über sich selbst zu reden. Sicherlich gibt es Tugenden nur in Bezug auf die Gesellschaft. Die Grundlage der Tugend ist der Eigennutz[3] – erschrecken Sie nicht darüber –, denn es liegt auf der Hand, daß die Menschen einander ausrotten würden, wenn die Tugenden es nicht verhinderten. Die Natur bringt von selber Diebe, Neidbolde, Fälscher und Mörder hervor: sie bedecken die ganze Erdoberfläche, und ohne die Gesetze, die das Laster unterdrücken, gäbe sich jedes Individuum dem Naturtrieb hin und dächte nur an sich. Zur Vereinigung aller dieser Sonderinteressen bedurfte es eines gemeinsamen Interesses, und so kam man überein, daß keiner dem anderen sein Gut rauben, keiner seinem Nächsten nach dem Leben trachten dürfte und daß man sich gegenseitig bei allem unterstützen sollte, was dem Gemeinwohl förderlich wäre.

Es gibt bevorzugte Sterbliche, edle Seelen, die die Tugend um ihrer selbst willen lieben; ihr Herz ist empfänglich für die reine Freude des Wohltuns. Sie selbst fragen wenig danach, ob der Vorteil oder die Wohlfahrt der Gesellschaft die Tugend von Ihnen verlangen. Der Schöpfer hat Sie so glücklich geschaffen, daß Ihr Herz dem Laster verschlossen bleibt, und dieser Schöpfer benutzt Sie als Organ, als Werkzeug und Mittel, um die Tugend achtbarer und der Menschheit annehmbarer zu machen. Sie haben Ihre Feder der Tugend gewidmet, und wie man gestehen muß, ist dies die größte Gabe, die ihr jemals beschert worden ist. Die Tempel, die ihr die Römer unter verschiedenen Benennungen erbaut haben, dienten nur dazu, sie zu ehren;

---

[3] Vgl. Friedrichs Abhandlung: Die Eigenliebe als Moralprinzip (1770).

Sie aber werden ihr Schüler. Sie arbeiten daran, ihre Untertanen zu erziehen und durch Ihren Lebenswandel ein Vorbild des Löblichsten zu geben, was die Menschheit besitzt.

Ich erwarte die »Philosophie Newtons« und die »Geschichte Ludwigs XIV.«, die mir Cäsarion am 16. Januar überbringen soll. Gicht, Fieber und Liebe haben meinen kleinen Gesandten verhindert, mich eher zu erreichen. Ein einziges dieser Übel genügt, um unsere Willensfreiheit wild über den Haufen zu werfen. Ich werde Ihnen meine Meinung über die Werke, die Sie mir gütigst zusandten, mit der größten Offenheit sagen: das ist der handgreiflichste Beweis meiner Hochachtung für Sie. Nicht aus Anmaßung, noch weniger aus Überschätzung meiner Einsicht lege ich Ihnen meine Zweifel dar, sondern um zur Wahrheit zu gelangen. Meine Zweifel sind Fragen, um gründlicher belehrt zu werden und alle Hindernisse hinwegzuräumen, die sich bei einem so stacheligen Gegenstand wie der Metaphysik einstellen könnten.

Das sind die Gründe, aus denen ich Ihnen nie meine Meinung verhehlen werde. Es wäre zu wünschen, daß jeder Verkehr ein Austausch von Wahrheiten wäre, aber wie wenige sind imstande, die Wahrheit zu hören? Unseliger Eigendünkel, verderblicher Unfehlbarkeitsglaube und die verhängnisvolle Gewohnheit, daß sich alles vor ihnen beugt, halten die meisten davon ab. Sie können nur das Echo ihrer eignen Gedanken ertragen und treiben die Tyrannei so weit, daß sie über Gedanken und Meinungen ebenso despotisch schalten wollen, wie die Russen eine knechtische Sklavenhorde im Zaum halten können. Nur die Tugend ist würdig, die Wahrheit zu hören. Da die Welt den Irrtum liebt und getäuscht sein will, muß man sie ihrem Unstern überlassen. Dagegen ist es nach meiner Ansicht die schmeichelhafteste Huldigung, wenn man jemand rückhaltlos sein tiefstes Denken anvertraut. Kurz, wenn man einem Schriftsteller zu widersprechen wagt, so bringt man damit seiner Mäßigung, Gerechtigkeit und Vernunft eine stumme Huldigung dar ...

Potsdam, 19. Januar 1738.

Hoffentlich haben Sie jetzt die Denkschriften über die Regierung des Zaren Peter[4] und die Verse, die ich Ihnen schickte, erhalten. Ich habe als Mittelsmann einen Kapitän[5] meines Regiments namens Plötz benutzt, der in Luneville ist und sie Ihnen offenbar nicht früher übersenden konnte, weil er abwesend war, oder weil er keine passende Gelegenheit fand.

Ich weiß, daß ich nichts aufs Spiel setze, wenn ich Ihnen geheime und merkwürdige Schriftstücke anvertraue. Ihre Verschwiegenheit und Vorsicht verscheuchen alle etwaigen Befürchtungen. Wenn ich Ihnen angab, welchen Gebrauch Sie von diesen russischen Denkwürdigkeiten machen sollten, so geschah es nur, um Ihnen die Notwendigkeit begreiflich zu machen, daß bei der Behandlung so heikler Dinge einige Zurückhaltung walten müsse. Die meisten Fürsten haben eine merkwürdige Vorliebe für ihre Stammbäume. In einer Art von Eigenliebe gehen sie bis auf ihre fernsten Vorfahren zurück und geben nicht allein viel auf den guten Ruf ihrer direkten Vorfahren, sondern auch den der Nebenlinien. Ihnen zu sagen, daß unter ihren Ahnen Männer ohne Tugend und somit höchst verächtliche Menschen waren, heißt ihnen eine unsühnbare Kränkung zufügen, und wehe dem profanen Schriftsteller, der so vermessen war, in das Heiligtum ihrer Geschichte einzudringen und die Schmach ihres Hauses zu verkünden! Erstreckte sich diese Empfindlichkeit nur auf den Ruf ihrer mütterlichen Vorfahren, so könnte man das noch als Grund für ihren glühenden Eifer gelten lassen. Wer aber behauptet, daß fünfzig, ja sechzig Ahnen samt und sonders die größten Ehrenmänner gewesen sind, macht die Tugend zum Vorrecht eines einzigen Geschlechts und beleidigt die Menschheit auf das Schwerste.

---

4 Friedrich hatte Suhm einer Bitte Voltaires entsprechend mit der Übersendung russischer Geschichtswerke beauftragt. Voltaire hatte die *Considérations sur la Russie sous Pierre le Grand* von Vockerodt erhalten.
5 Kapitäne entsprechen den heutigen Hauptleuten.

Ich war einmal so unbesonnen, in Gegenwart eines Herrn zu sagen, daß der und der etwas begangen hätte, was eines Edelmannes unwürdig sei. Unglücklicherweise war der, von dem ich so frei gesprochen hatte, sein Vetter zweiten Grades, und er wurde sehr böse darüber. Ich fragte nach dem Grunde; man klärte mich auf, und ich mußte alle möglichen genealogischen Details über mich ergehen lassen, um zu erkennen, worin meine Dummheit bestand. Mir blieb nichts andres übrig, als dem Zorn des Beleidigten alle meine Verwandten zu opfern, die der Verwandtschaft unwürdig waren. Ich wurde deshalb sehr getadelt, rechtfertigte mich aber damit, daß jeder Ehrenmann mein Verwandter sei, und daß ich keine anderen anerkennte.

Fühlt sich schon ein Privatmann so tief verletzt durch die üble Nachrede über seine Familie, wie weit kann dann erst der Zorn einer Herrscherin[6] gehen, wenn sie erfährt, was man einem ihrer Verwandten nachsagt, den sie verehrt und dem sie all ihre Größe verdankt! ...


Remusberg, 19. Februar 1738.

... Alles, was ich Ihnen zu sagen habe, gründe ich auf die Vorsehung, die Weisheit und das Vorwissen Gottes.[7] Entweder ist Gott weise oder er ist es nicht. Ist er weise, so darf er nichts

---

6 Die russische Zarin Anna, Peters des Großen Nichte, regierte 1730–1740.
7 Voltaire hatte auf Friedrichs Brief vom 25. Dezember 1737 im Januar erwidert. Er hielt seine Meinung von der Willensfreiheit des Menschen aufrecht. Er fragte: »Handelt denn ein anderer für mich? Täuscht mich dieser andere, wenn ich zu handeln glaube? Wer ist es? Gibt es einen Gott, dann ist er es, der mich ununterbrochen täuscht«, während doch Gottes Wesen die Wahrheit sei. Er schloß mit der Schmeichelei: »Ich glaube also Eurer Königlichen Hoheit nicht als einem Automaten zu schreiben, der geschaffen ist, um ein paar tausend menschliche Marionetten zu beherrschen, sondern als einem der freiesten und weisesten Wesen, das Gott zu erschaffen geruht hat.«

dem Zufall überlassen; er muß sich ein Ziel setzen, einen Zweck bei allem verfolgen, was er tut. Daher sein Vorwissen, seine Vorsehung und die Lehre vom unwiderruflichen Schicksal. Ist Gott ohne Weisheit, so ist er kein Gott mehr, sondern ein vernunftloses Wesen, ein blinder Zufall, ein widerspruchsvolles Gemisch von Eigenschaften, die kein wirkliches Dasein haben können. Somit müssen Weisheit, Vorsehung und Vorwissen notwendig Eigenschaften Gottes sein. Das beweist zur Genüge, daß Gott die Wirkungen in ihren Ursachen sieht und daß sein allmächtiger Wille allem zustimmt, was er voraussieht. Bemerken Sie hierbei, daß dadurch alle künftigen Zufälle im Hinblick auf Gott verschwinden; denn die Zukunft kann für ein allwissendes Wesen, das alles will, was es kann, und alles kann, was es will, nichts Ungewisses bergen.

Nun werden Sie den Augenblick für gekommen halten, wo ich Ihnen auf Ihre Einwände antworte. Ich werde die Reihenfolge Ihrer Gedanken innehalten, damit die Wahrheit durch diese Parallele desto deutlicher hervortritt.

Die Willensfreiheit des Menschen, wie Sie sie definieren, kann nach meinem Grundsatz keinen zureichenden Grund haben. Sie könnte einzig von Gott stammen, aber ich werde Ihnen beweisen, daß darin ein Widerspruch läge; somit ist sie unmöglich.

1. Gott kann das Wesen der Dinge nicht ändern; denn sowenig er einem Dreieck vier Seiten geben kann, wenn es ein Dreieck bleiben soll, und sowenig er die Vergangenheit ungeschehen machen kann, sowenig kann er sein eigenes Wesen ändern. Nun aber gehört es zum Wesen eines weisen, allmächtigen und der Zukunft kundigen Gottes, die Ereignisse zu bestimmen, die in allen kommenden Zeiten stattfinden sollen. Er kann dem Menschen nicht die Freiheit geben, dem, was er gewollt hat, stracks zuwiderzuhandeln. Daraus folgt, daß man sich mit der Behauptung, Gott könne dem Menschen die Willensfreiheit geben, in einen Widerspruch verwickelt.

2. Gewiß: der Mensch denkt, bewegt sich und handelt. Aber

er ist dabei den ewigen Schicksalsgesetzen unterworfen. Die Gottheit hat alles vorhergesehen und bestimmt, aber der Mensch, der die Zukunft nicht kennt, wird nicht inne, daß er bei seinem scheinbar selbständigen Handeln in allem, was er tut, doch nur das Bestreben hat, die Ratschlüsse der Vorsehung zu erfüllen.

> Die Freiheit, diese stolze Sklavin, hängt
> An dieser Welt mit unsichtbarem Band.
> Ins unbekannte Joch, das nichts zersprengt,
> Hält Gott sie ohne Tyrannei gespannt.
> (Henriade VII, 289–292.)

3. Der Anfang Ihres dritten Einwands hat mich, wie ich gestehe, geblendet. Ich gebe zu, es überraschte mich, daß sich aus meinem eignen System ein Gott ergeben konnte, der uns täuscht. Aber man muß prüfen, ob dieser Gott uns in dem Maße täuscht, wie Sie es behaupten.

Nicht durch eine vorgebliche, der Kreatur nur scheinbar verliehene Willensfreiheit nötigt das unendlich weise, unendlich folgerichtige Wesen ihr Bewunderung ab. Gott sagt nicht zu uns: Ihr seid frei, Ihr könnte nach euerm Willen handeln usw.; sondern er hat es für besser gehalten, die uns bewegenden Triebfedern unsern Blicken zu verbergen. Es handelt sich hier nicht um das Werkzeug der Leidenschaften, durch das unsere Unterwerfung völlig erreicht wird; im Gegenteil, es handelt sich nur um die Motive, die unsern Willen bestimmen. Die Vorstellung von einem Glück, das uns lockt, oder von einem Vorteil, der uns schmeichelt, bestimmt alle unsere Willensakte. Z. B. würde der Dieb nie stehlen, wenn er mit dem Besitz des Gutes, das er stehlen will, nicht die Vorstellung eines Glückszustandes verknüpfte. Ein Geizhals häufte keine Schätze an, wenn er mit dieser Anhäufung nicht die Vorstellung eines idealen Glücks verbände. Ein Krieger setzte sein Leben nicht aufs Spiel, wenn er sein Glück nicht in dem Gedanken an Ruhm und Ehre fände, die er sich erwerben kann, andere finden es in der Beförderung, wieder andere in der erwarteten Belohnung. Kurz, alle Menschen lassen sich nur durch die Vorstellung ihres Vorteils und Wohlergehens leiten.

4. Überhaupt glaube ich, genügend auf den Widerspruch in dem System des freien Willens hingewiesen zu haben, sowohl in Bezug auf Gottes Vollkommenheiten wie in Bezug auf die Lehren der täglichen Erfahrung. Sie werden mir also zugeben, daß die geringsten Handlungen im Leben aus einem bestimmten Prinzip entspringen, aus der Vorstellung vom Vorteil, die uns bestrickt. Die sogenannten vernünftigen Motive, die nach meiner Ansicht allein die Fäden und Gegengewichte sind, die alle Maschinen der Welt in Bewegung setzen, sind die geheimen Triebfedern, die Gott benutzt, um unsere Handlungen seinem höchsten Willen dienstbar zu machen.

Die Temperamente der Menschen und die äußeren Ursachen, die alle in gleicher Weise dem göttlichen Willen unterworfen sind, beeinflussen dann ihren Willen und rufen die so beträchtlichen Unterschiede hervor, die wir bei den menschlichen Handlungen wahrnehmen.

5. Auch die Bewegungen der Himmelskörper und die Ordnung, die in allen diesen Welten herrscht, könnten mir offenbar noch ein recht starkes Argument für die absolute Notwendigkeit liefern.

Wer nur einige astronomische Kenntnisse besitzt, kennt die unendliche Regelmäßigkeit, mit der die Planeten ihre Bahn beschreiben. Überdies kennt man die Gesetze der Schwerkraft, der Anziehungskraft, der Bewegung – lauter unwandelbare Naturgesetze. Wenn Körper von diesem Umfang, wenn ganze Welten, ja das ganze All festen und dauernden Gesetzen gehorchen, wie wollen mir dann die Herren Clarke[8] und Newton weismachen, daß der Mensch, dies kleine, im Vergleich zum

---

8 Clarke (1675–1729) verteidigte in einem Briefwechsel mit Leibniz die Willensfreiheit des Menschen.

Weltall winzige Wesen, was sage ich, dies unglückliche Reptil, das auf der Oberfläche der Erde umherkriecht, die selbst nur ein Pünktchen im Weltall ist, – daß dies elende Geschöpf allein das Vorrecht habe, aus freien Stücken zu handeln, von keinem Gesetz regiert zu werden und, seinem Schöpfer zum Trotz, seine Handlungen ohne Grund selbst zu bestimmen? Denn wer die völlige Willensfreiheit des Menschen behauptet, leugnet positiv, daß die Menschen vernünftig sind und sich von den obengenannten Prinzipien leiten lassen. Das ist offenbar falsch; man muß sich nur selbst kennen, um davon überzeugt zu sein.

Nachdem ich Ihren sechsten Einwand schon beantwortet habe, brauche ich hier nur daran zu erinnern, daß Gott, da er das Wesen der Dinge nicht verändern kann, folglich auch seine Eigenschaften nicht aufzugeben vermag.

Da ich bewiesen habe, daß ein Widerspruch darin liegt, daß Gott dem Menschen die Willensfreiheit schenken kann, erübrigt sich die Antwort auf den siebenten Einwand, obwohl ich nicht umhin kann, mit Wolff und Leibniz den Clarke und Newton zu sagen, daß ein Gott, der in der Weltregierung auf die kleinsten Einzelheiten eingeht, alle menschlichen Handlungen ebenso lenkt, wie er für die Bedürfnisse unzähliger Welten sorgt, die er erhält, – mir weit bewundernswerter erscheint, als ein Gott, der nach dem Muster der spanischen Granden dem Müßiggang frönt und sich um nichts kümmert. Was wird aber vollends aus Gottes Unendlichkeit, wenn wir ihm, um sein Amt zu erleichtern, die Sorge für die kleinen Einzelheiten abnehmen?

Ich wiederhole: Wolffs System erklärt das Motiv der menschlichen Handlungsweise gemäß den Eigenschaften Gottes und aus der Erfahrung.

Was die Zornesausbrüche und die heftigen Leidenschaften der Menschen betrifft, so sind das Triebfedern, die uns auffallen, weil sie uns sinnlich fühlbar sind. Die anderen sind darum nicht minder vorhanden; nur erfordert es mehr Scharfsinn und Nachdenken, sie zu entdecken.

Begierden und Wille sind zweierlei; man darf sie nicht verwechseln. Zugegeben! Aber der Sieg des Willens über die Begierden beweist nichts für die Freiheit des Willens. Im Gegenteil! Dieser Sieg beweist nur das Dasein einer Vorstellung vom Ruhm, den man sich verspricht, wenn man seine Begierden unterdrückt. Stolz, bisweilen auch Klugheit, bestimmen uns, die Begierden zu bezwingen; das aber entspricht völlig dem oben Ausgeführten.

Da die Welt ohne Gott nicht erschaffen sein könnte, wie Sie selbst zugeben, und da der Mensch, wie ich Ihnen bewiesen habe, nicht frei ist, so folgt daraus, weil es einen Gott gibt, eine absolute Notwendigkeit, der der Mensch unterworfen sein muß; also kann er keine Willensfreiheit besitzen.

Solange man von den Menschen spricht, können alle Vergleiche aus der Menschenwelt zutreffen. Sobald man aber von Gott spricht, scheint es mir, daß alle diese Vergleiche falsch werden, da wir ihm menschliche Vorstellungen zuschreiben, indem wir ihn wie einen Menschen handeln lassen und ihm eine Rolle zuweisen, die seiner Majestät gerade zuwiderläuft.

Soll ich noch das System der Sozinianer[9] widerlegen, nachdem ich das meine hinreichend begründet habe? Sobald erwiesen ist, daß Gott nichts tun kann, was seinem Wesen widerspricht, kann man daraus den Schluß ziehen, daß jede Beweisführung zugunsten der menschlichen Willensfreiheit falsch ist. Wolffs System beruht auf den nachgewiesenen Eigenschaften Gottes; das entgegengesetzte System stützt sich auf bloße Annahmen, und da erwiesen ist, daß die erste dieser Annahmen offenbar falsch ist, so werden Sie leicht einsehen, daß alle anderen von selbst hinfällig werden.

Um nichts zu übergehen, muß ich Sie auf eine Inkonsequenz hinweisen. Sie scheint mir darin zu liegen, daß Gott Freude empfinden soll, wenn er freie Geschöpfe handeln sieht. Dabei

---

9 Die von Faustus Sozinus (1539–1604) begründete Sekte der Sozinianer leugnete die Gottheit Christi und die Dreieinigkeit.

merkt man nicht, daß auf diese Weise alle Dinge vom Standpunkt des Menschen betrachtet werden. Weil z. B. ein Mensch Vergnügen daran findet, einen emsigen Ameisenstaat mit einer Art von Klugheit für seinen Unterhalt sorgen zu s e h e n , wähnt er, Gott müsse das gleiche Vergnügen angesichts der menschlichen Handlungen empfinden. Bei derartigen Schlußfolgerungen übersieht man, daß das Vergnügen eine menschliche Leidenschaft ist. Aber G o t t ist kein Mensch, sondern ein in sich völlig glückliches Wesen; er ist für Freude und Trauer, Haß und Liebe oder für irgendwelche Leidenschaften, die die Ruhe des Menschen stören, gleich unempfindlich.

Man behauptet allerdings, Gott sehe Vergangenheit, Gegenwart und Zukunft; er altere nie, und dieser Augenblick, Monate, Jahre und Jahrmillionen änderten nichts an seinem Wesen und seien im Vergleich zu seiner Dauer (die weder Anfang noch Ende hat) wie ein Augenblick und noch weniger als das.

Ich gestehe Ihnen, über den Gott des Herrn Clarke habe ich herzlich gelacht. Das ist sicher ein Gott, der die Cafés besucht und mit ein paar elenden Zeitungsschreibern über die gegenwärtige europäische Lage kannegießert. Ich glaube, er wird momentan sehr in Verlegenheit sein, zu erraten, was beim nächsten Feldzug in Ungarn geschehen wird, und mit großer Spannung den Eintritt der Ereignisse erwarten, um zu erfahren, ob er sich in seinen Mutmaßungen getäuscht hat oder nicht.

Ich füge zu den vorstehenden nur noch eine Erwägung hinzu: weder der freie Wille noch das absolute Verhängnis entlasten die Gottheit von der Mitschuld am Verbrechen; denn es kommt auf eins heraus, ob Gott uns die Freiheit zur Missetat gibt oder uns unmittelbar zum Verbrechen treibt; es handelt sich da nur um ein Mehr oder Weniger. Gehen Sie dem Bösen bis auf seinen Ursprung nach: Sie können es nur Gott zuschreiben, wofern Sie nicht die Lehre der Manichäer[10] über die bei-

---

10 Die Manichäer, Anhänger des Mani, waren eine im 4. und 5. Jahrhundert weitverbreitete Sekte. Ihr dualistisches System setzt einen ewigen Kampf zwischen Licht und Finsternis, »den beiden Prinzipien«, voraus.

den Prinzipien annehmen wollen, was aber mit Schwierigkeiten gespickt ist. Da Gott also nach unseren Systemen ebenso der Vater der Tugend wie des Verbrechens ist, da die Herren Clarke, Locke und Newton mir nichts bieten, was die Heiligkeit Gottes mit der Begünstigung von Verbrechen in Einklang bringt, so muß ich schon bei meinem System bleiben. Es hat mehr inneren Zusammenhang, mehr Folgerichtigkeit, und alles in allem, finde ich eine Art von Trost in diesem absoluten Schicksal, in der alles regierenden Notwendigkeit, die unsre Handlungen bestimmt und das Geschick besiegelt.

Sie werden mir sagen, das sei ein schwacher Trost, den man aus der Betrachtung unseres Elends und der Unveränderlichkeit unseres Schicksals schöpft. Zugegeben! Aber aus Mangel an Besserem muß man sich wohl mit diesem Troste bescheiden. Er gehört zu den schmerzstillenden Mitteln, die der Natur Zeit lassen, das übrige zu tun.

Nachdem ich Ihnen meine Ansichten dargelegt habe, komme ich mit Ihnen zur Unzulänglichkeit unserer Einsicht. Mir scheint, die Menschen sind zu gründlichem Nachdenken über abstrakte Themata nicht geschaffen. Gott hat ihnen so viel Verstand gegeben, als sie brauchen, um sich durch die Welt zu schlagen, nicht aber so viel, um ihre Wißbegier zu befriedigen. Denn der Mensch ist zum Handeln und nicht zum Grübeln geschaffen.

Halten Sie mich wofür Sie wollen, wenn Sie nur des Glaubens sind, daß Ihre Persönlichkeit das stärkste Argument ist, das man mir zugunsten unsres Wesens beibringen kann. Wenn ich Sie betrachte, habe ich einen vorteilhafteren Begriff von der Vollkommenheit der Menschen, zumal ich überzeugt bin, daß nur ein Gott oder etwas Göttliches in ein und demselben Wesen all die Vorzüge vereinen kann, die Sie besitzen. Nicht unabhängige Ideen leiten Sie; Sie handeln nach einem Prinzip, der erhabensten Vernunft gemäß, folglich handeln Sie mit Notwendigkeit. Dies System widerspricht der Menschlichkeit und den Tugenden keineswegs. Im Gegenteil, es ist ihnen sogar ersprießlich; denn finden wir unsern Vorteil, unser Glück und unsere Befriedigung in der Übung der Tugend, so ist es für uns eine Notwendigkeit, stets nach dem Tugendhaften zu streben; und da ich nicht undankbar sein könnte, ohne mir selbst zum Abscheu zu werden, so zwingt mich mein Glück, meine Ruhe und die Vorstellung von meinem Wohlergehen zur Dankbarkeit.

Ich gebe zu, daß die Menschen nicht stets der Tugend folgen. Aber das kommt daher, daß sie sich nicht alle die gleiche Vorstellung vom Glück machen, daß äußere Ursachen oder die Leidenschaften sie zu anderem Verhalten bestimmen, je nachdem, worin sie ihren Vorteil erblicken in den Augenblicken, wo der Aufruhr der Leidenschaften die Überlegungen der reifen Vernunft ausschaltet ... Man kann jahrhundertelang über die Dinge reden, und wenn man sie erschöpft zu haben glaubt, steht man wieder am Ausgangspunkt. Bald wird es uns gehen wie Buridans Esel ...

Voltaire berief sich in seiner Antwort darauf, daß das Gefühl der Freiheit, das alle Menschen beseele, nicht täuschen könne. Vor allem: »Wenn man sagt, daß Gott alle unsere Handlungen vorhergesehen hat und daß diese daher notwendig sind, dann hat Gott auch die seinigen vorher gewußt, die um so notwendiger sind, als Gott ja unveränderlich ist ... Wenn der Mensch also wählen muß, was ihm das Beste zu sein scheint, ist Gott hierzu noch viel mehr genötigt. Damit macht man Gott zu einem Sklaven des Schicksals.« Freilich wisse er nicht zu sagen, wie menschliche Willensfreiheit und göttliches Vorherwissen zu vereinbaren seien. Friedrich erwiderte ihm am 19. April 1738. Seine Ausführungen gipfelten in dem Satz: Gott selbst ist das Schicksal; wie könnte er also dessen Sklave sein!

Amalthea, den 17. Juni 1738.

... Ich bin mit meiner Metaphysik so völlig am Ende, daß ich außerstande wäre, Ihnen mehr darüber zu sagen. Ein jeder bemüht sich, die verborgenen Triebfedern zu entdecken. Könnten die Philosophen sich nicht samt und sonders irren? Soviel Philosophen, soviel Systeme! Alle haben einen Grad von Wahrscheinlichkeit, und doch widersprechen sich alle. Die Malabaren haben die Umläufe der Gestirne nach dem Grundsatz berechnet, daß die Sonne sich um einen hohen Berg in ihrem Lande dreht, und ihre Rechnung stimmt.[11]

Daraufhin rühme man uns die gewaltigen Anstrengungen der menschlichen Vernunft und die Tiefe und Weite unseres Wissens! In Wirklichkeit wissen wir nur sehr wenig und wollen in unserer Verblendung doch alles umfassen.

Früher erschien mir die Metaphysik als ein Land, in dem sich große Entdeckungen machen ließen; jetzt erscheint sie mir wie ein durch Schiffbrüche verrufenes Meer.

Als Jüngling liebt' ich den Ovid; jetzt ist's Horaz. (Boileau.) Die Metaphysik gleicht einem Quacksalber; sie verspricht viel, und die bloße Erfahrung beweist uns, daß sie nichts hält. Nach allem, was man beim Studium der Wissenschaften oder des Menschengeistes beobachtet, neigt man von selber zum Skeptizismus, und »viel erkennen wollen, heißt oft zweifeln lernen« – ich weiß nicht von welchem Dichter.

Die »Philosophie Newtons« ist hier, soviel ich sehe, eher angelangt als ihr Verfasser.[12] Der Titel hat mich befremdet. Er ist wohl der Liberalität des Verlegers zu danken. Ein tüchtiger Mathematiker in Berlin hat mich auf ein paar leichte Rechenfehler aufmerksam gemacht; im übrigen aber schienen die Kenner entzückt. Was mich betrifft, der ohne große Kenntnis über

---

11 Hiervon spricht Friedrich auch in seiner damals entstandenen Abhandlung: »Über die Unschädlichkeit des Irrtums des Geistes«; vgl. Werke Bd. VIII, S. 12.
12 »Elemente der Philosophie Newtons«, erschien Ende März 1738.

diese Art von Problemen urteilt, so muß ich Sie mal um ein paar Aufklärungen über den leeren Raum bitten, der mir höchst sonderbar und unverständlich erscheint, sowie über die durch die Anziehungskraft hervorgerufene Flut und Ebbe und über die Ursache der Farben usw. Ich werde Ihnen Fragen stellen wie Hinz und Kunz, wenn Sie sie über dergleichen Gegenstände belehrten, und es wird Ihnen noch etwas Mühe kosten, mich zu überzeugen ...

Anbei meine politische Schrift,[13] wie ich sie drucken lassen möchte. Ich hoffe, Sie werden sie nicht aus den Händen geben; Sie werden die Folgen davon selbst einsehen. Ich bitte Sie, mir Ihre Meinung im großen zu sagen, ohne auf irgendwelche Einzeltatsachen einzugehen. Es fehlt noch eine Denkschrift, die ich binnen kurzem haben werde und die Sie stets hinzufügen lassen können ...


Remusberg, den 30. September 1738.

... Scheint es Ihnen nicht, als ob es in der Physik[14] ebensoviel Ungewißheiten gibt wie in der Metaphysik? Ich sehe mich rings von Zweifeln umlagert. Ich glaube Wahrheiten mit der Hand zu greifen; ich prüfe sie und erkenne, auf wie schwachen Füßen mein Urteil steht. Die mathematischen Wahrheiten bilden keine Ausnahme davon (verzeihen Sie mir). Prüft man das Für und Wider der Behauptungen gründlich, so schwankt man nicht minder, wozu man sich entscheiden soll. Kurz, ich glaube, es gibt nur wenige ganz sichere Wahrheiten.

Diese Betrachtungen haben mich veranlaßt, meine Ansicht über den Irrtum zu entwickeln, und zwar in Form eines Zwie-

---

13 Die »Betrachtungen über den gegenwärtigen politischen Zustand Europas« (1738); vgl. Werke Bd. 1, S. 226 ff.
14 Friedrich schreibt diese Worte am Schluß einer Erörterung über Voltaires »Philosophie Newtons«.

gesprächs.[15] Ich will darin zeigen, daß die Meinungsverschiedenheiten der Menschen in philosophischer oder religiöser Beziehung nie dahin führen dürfen, die Bande der Freundschaft und Menschlichkeit zu lockern. Ich mußte beweisen, daß der Irrtum unschädlich ist: das habe ich getan. Ich bin sogar weitergegangen und habe zu verstehen gegeben, daß ein Irrtum, der daraus entspringt, daß man die Wahrheit sucht und sie nicht findet, lobenswert ist. Sie werden nach der Lektüre am besten selbst darüber urteilen; darum unterbreite ich die Schrift Ihrer Kritik ...

Berlin, 8. Januar 1739.

... Es scheint, daß eine Meinung sich bei uns befestigt, wenn wir alle Gründe, die sie stützen, im Geiste durchgehen. Das hat mich bestimmt, das Problem der Menschenliebe zu erörtern. Sie ist nach meiner Meinung die einzige Tugend und muß besonders denen zu eigen sein, die in der Welt einen hohen Rang bekleiden. Es ist das Amt jedes Herrschers, er sei groß oder klein, dem menschlichen Elend abzuhelfen, soviel er vermag. Er ist gleichsam ein Arzt, der nicht die körperlichen Gebrechen, wohl aber das Unglück seiner Untertanen heilt. Die Stimme der Unglücklichen, die Seufzer der Elenden, die Schreie der Bedrückten müssen bis zu ihm dringen. Aus Mitleid mit den anderen und im Gedanken an sich selbst oder auch aus eigner Erfahrung muß er vom Elend gerührt werden, und wenn er nur etwas Gefühl in der Brust hat, werden die Unglücklichen bei ihm alle Art von Erbarmen finden.

Ein Herrscher bedeutet für sein Volk dasselbe wie das Herz für den Mechanismus des Körpers. Es empfängt das Blut aus allen Gliedern und treibt es wieder in sie zurück. Der Herr-

---

15 »Über die Unschädlichkeit des Irrtums des Geistes«

scher empfängt Treue und Gehorsam von seinen Untertanen und gibt ihnen Überfluß, Wohlstand, Ruhe und alles zurück, was zur Wohlfahrt und zum Gedeihen der Gesellschaft beiträgt.

Diese Grundsätze müssen meiner Ansicht nach im Herzen eines jeden von selbst entstehen; man fühlt sie schon bei einigem Nachdenken, und man braucht keinen großen Moralkodex, um sie zu begreifen. Ich glaube, Mitleid und das Bestreben, einem Beistandsbedürftigen zu helfen, sind Tugenden, die den meisten Menschen angeboren sind. Wir denken an unsere eigenen Gebrechen, unser eignes Elend, wenn wir das der Nächsten sehen, und wir sind ebenso hilfsbereit gegen sie, wie wir wünschten, daß sie es gegen uns wären, wenn wir in die gleiche Lage kämen.

Der Fehler der Tyrannen besteht zumeist darin, daß sie die Dinge unter einem bestimmten Gesichtswinkel sehen. Sie betrachten die Welt nur von sich aus, und da sie über das Unglück des Durchschnitts so ziemlich erhaben sind, stumpft sich ihr Herz dagegen ab. Wenn sie ihre Untertanen bedrücken, wenn sie hart, gewalttätig und grausam sind, so kennen sie das Leid, das sie zufügen, nicht, und da sie es nicht am eigenen Leibe erlitten haben, halten sie es für allzu gering. Solche Menschen sind nicht wie Mucius Scävola,[16] der sich die Hand vor Porsenna verbrannte und die ganze Glut des Feuers an ihr verspürte.

Kurz, die ganze Organisation der Gesellschaft führt zur Menschlichkeit. Die Ähnlichkeit der meisten, die Gleichheit der Bedürfnisse, die stete Abhängigkeit voneinander, die gemeinsame Not, die die gesellschaftlichen Bande enger knüpft, die angeborene Zuneigung zu unseresgleichen, unser Selbster-

---

16 Die Sage erzählt, daß Gaius Mucius Scävola auf den Etruskerkönig Porsenna, als dieser Rom belagerte, ein Attentat versuchte. Da es mißglückte, steckte er vor dem König seine rechte Hand ins Feuer und ließ sie zum Beweise des unerschütterlichen Römermutes verbrennen; Porsenna hob hierauf die Belagerung als aussichtslos auf.

haltungstrieb, der uns Menschlichkeit predigt, die ganze Natur scheint sich zusammenzutun, um uns eine Pflicht einzuprägen, die unser Glück ausmacht und unserm Leben täglich neue Reize verleiht ...

Berlin, den 3. Februar 1739.

... Um Ihnen Rechenschaft über meine Beschäftigungen zu geben, will ich Ihnen sagen, daß ich einige Fortschritte in der Physik gemacht habe. Ich habe alle Experimente mit der Luftpumpe angestellt und zwei neue angegeben. Das sind: erstens eine offene Uhr unter die Glocke zu legen, um zu sehen, ob sie schneller oder langsamer läuft, weitergeht oder stehenbleibt. Durch das zweite Experiment soll die Keimkraft der Luft geprüft werden. Man nimmt etwas Erde, pflanzt eine Erbse hinein, tut sie unter die Glocke und pumpt die Luft aus: ich glaube, die Erbse wird nicht keimen, denn ich schreibe der Luft diese Keimkraft zu.

Außerdem habe ich unsern Akademikern etwas zu tun gegeben. Ich hatte einen Einfall über die Entstehung der Winde, den ich ihnen mitgeteilt habe, und unser berühmter Kirch[17] wird mir nach Jahresfrist sagen können, ob meine Behauptung zutrifft oder ob ich mich geirrt habe. Ich will Ihnen mit ein paar Worten sagen, um was es sich handelt. Als Ursachen für die Entstehung der Winde kommen nur zwei in Betracht: Luftdruck und Bewegung. Nun behaupte ich, wenn wir zur Zeit der Wintersonnenwende mehr Stürme haben, so hat dies den Grund, daß die Sonne uns näher steht und der Druck des Gestirns auf unsere Halbkugel die Winde hervorruft. Zweitens muß die Erde sich in Sonnennähe rascher bewegen, und zwar im umgekehrten Verhältnis zum Quadrat ihres Sonnenabstan-

---

17  Christfried Kirch, Astronom in Berlin (1694–1740).

des, und diese raschere Bewegung muß notwendig Winde und Stürme hervorrufen. Die andern Winde können von andern Planeten kommen, die uns nahekommen. Zieht ferner die Sonne viel Feuchtigkeit von der Erde an, so kann diese aufwärts steigen, sich in der mittleren Luftregion sammeln und durch ihren Druck gleichfalls Winde und Wirbelstürme hervorrufen. Kirch wird nun die Stellung unserer Erde zur Planetenwelt genau beobachten, wird die Wolken beachten und sorgfältig prüfen, ob die von mir angenommene Ursache der Winde zutrifft.

Soviel von der Physik. Was die Poesie betrifft, so habe ich etwas Großes vor. Aber der Plan ist so groß, daß ich selbst davor erschrecke, wenn ich ihn kaltblütig betrachte. Sollten Sie es für möglich halten? Ich habe eine Tragödie entworfen. Der Stoff ist aus der »Äneis«; das Stück soll die treue Busenfeundschaft des Nisus und Euryalus[18] darstellen. Ich gedenke den Stoff in drei Akte zu gliedern und habe das rein Stoffliche bereits geordnet und verdaut. Meine Krankheit kam dazwischen,[19] und nun erscheinen mir Nisus und Euryalus unheimlicher denn je.

Sie, lieber Freund, sind mir ein unbegreifliches Wesen. Ich zweifle, ob ein Voltaire lebt; ich habe ein System entworfen, um sein Dasein zu leugnen. Nein, gewiß, die gigantische Arbeit, die man Herrn von Voltaire zuschreibt, ist nicht die Arbeit eines Mannes. In Cirey befindet sich eine Akademie, die aus der Elite der ganzen Welt besteht. Da gibt es Philosophen, die Newton übersetzen, heroische Dichter, Corneilles, Catulls[20] und Thukydidesse,[21] und die Werke dieser Akademie erscheinen unter dem Namen Voltaire, wie die Taten eines ganzen Heeres dem Führer zugeschrieben werden. Die Fabel

18 Nisus und Euryalus waren Gefährten des Äneas.
19 Friedrich war im Januar an einem Magen- und Herzleiden erkrankt.
20 Gaius Valerius Catullus (87–54 v. Chr.) gehört zu den besten römischen Lyrikern.
21 Thukydides († 396 v. Chr.), der gerühmte Geschichtsschreiber des Peloponnesischen Krieges.

berichtet uns von einem hundertarmigen Riesen;[22] Sie besitzen tausend Genies. Sie umspannen die ganze Welt, wie Atlas, der sie trug.

Diese gigantische Arbeit macht mir, wie ich gestehen muß, Sorge. Vergessen Sie nicht, daß Ihr Geist zwar allumfassend, aber Ihr Körper gebrechlich ist. Nehmen Sie bitte einige Rücksicht auf die Freundschaft Ihrer Freunde. Sie erschöpfen Ihren Acker, wenn Sie ihn fortwährend Frucht tragen lassen. Ihr rastloser Geist untergräbt Ihre Gesundheit, und diese übermäßige Arbeit nutzt Ihr Leben zu rasch ab ...

Remusberg, den 22. März 1739.

Mein lieber Freund,
Es war von mir eine furchtbare Übereilung, Ihnen meine physikalischen Projekte zu verraten.[23] Ich muß gestehen, an diesem Zuge merkt man den jungen Menschen, der es sich beikommen läßt, den Meistern der Kunst Probleme vorzulegen, wenn er kaum erst die Anfangsgründe der Physik erfaßt hat. Ich leiste errötend Abbitte dafür und verspreche Ihnen, Sie sollen mich nie wieder von Erdnähe und Erdferne reden hören, bevor ich mich gründlich darüber unterrichtet habe. Gestatten Sie indessen einem Ignoranten eine kleine Einwendung in betreff des leeren Raumes, den Sie zwischen der Sonne und uns annehmen.

Soviel ich weiß, sagt Newton in seiner Abhandlung vom Licht,[24] die Sonnenstrahlen seien stofflich, und daher müßte ein leerer Raum vorhanden sein, damit sie in so kurzer Zeit bis zu uns dringen könnten. Da diese Strahlen nun stofflich sind und den ungeheueren Raum ausfüllen, ist also der ganze Zwi-

---

22 Geryon.
23 Vgl. den Brief vom 3. Februar 1739. Voltaire war am 28. Februar auf Friedrichs physikalische Interessen eingegangen.
24 *Optics or a Treatise of the refractions of light*, 1704.

schenraum von dieser Lichtmaterie erfüllt; folglich gibt es keinen leeren Raum, und die »feine Materie« des Descartes oder der Äther – wie Sie es nennen wollen – ist durch Ihr Licht ersetzt. Was wird also aus dem leeren Raum? Nun aber erwarten Sie von mir keine Silbe weiter über Physik.

In der Philosophie bin ich ein Freischärler. Ich bin fest überzeugt, daß wir die Geheimnisse der Natur nie entdecken werden; und da ich zwischen den Sekten neutral bleibe, kann ich sie ohne Vorurteil betrachten und mich auf ihre Kosten belustigen.

Nicht so gleichgültig stehe ich der Moral gegenüber. Sie ist der notwendigste Bestandteil der Philosophie und trägt zum menschlichen Glück das meiste bei. Ich bitte Sie, das beifolgende Gedicht »Über die Seelenruhe« korrigieren zu wollen; mein Gesundheitszustand hat mir nicht viel Arbeit erlaubt. Einstweilen habe ich diese Ode skizziert. Es sind hingeworfene Gedanken, die von Meisterhand ausgeführt werden müßten.

Ich erwarte die Rückkehr meiner Kräfte, um meine Tragödie zu beginnen; ich werde mein möglichstes tun, damit sie gelingt. Aber ich fühle schon, wenn das Stück fertig ist, wird es höchstens zu Lockenwickeln für die Marquise taugen.

Ich plane ein Werk über den »Fürsten« von Machiavell;[25] einstweilen wälze ich alles noch in meinem Kopfe, und der Beistand irgend einer Gottheit wird nötig sein, um dies Chaos zu entwirren.

Mit Ungeduld erwarte ich die »Henriade«, bitte Sie aber inständigst, mir die Kritik der Stellen zu schicken, die Sie ausmerzen. Zur Bildung des Geschmacks sind gerade solche Bemerkungen lehrreich. Benutzen Sie bitte als Vermittler Michelet,[26] um mir ihre Briefe zukommen zu lassen; das ist der beste Weg ...

In seiner Antwort vom 15. April schrieb Voltaire über Machiavelli: »Ihr Gedanke, Machiavelli zu widerlegen, ist eines Fürsten von Ihrer Bedeutung würdiger als die Widerlegung

---

25 Dies ist der erste Beleg für Friedrichs Plan, den Antimachiavell zu schreiben.
26 Michelet war Kaufmann in Berlin.

schlichter Philosophen; Menschenkenntnis und fürstliche Pflichten machen Ihr vornehmstes Studium aus; ein Fürst wie Sie muß Fürsten unterweisen. Ich bitte Sie dringend, bei diesem schönen Plan zu bleiben und ihn auszuführen.«

Potsdam, 9. September 1739.

... Mir scheint, daß jedes Oberhaupt der Gesellschaft ernstlich daran denken müßte, sein Volk zufrieden, wenn auch nicht reich zu machen; denn Zufriedenheit kann sehr wohl bestehen, ohne daß es großer Reichtümer bedarf. Wenn ein Mensch sich z. B. im Schauspiel, bei einem Feste, in einer zahlreichen Gesellschaft befindet, die ihm eine gewisse Befriedigung bereitet, so ist er in solchen Stunden glücklich, und wenn er nach Hause zurückkehrt, ist seine Phantasie voll von angenehmen Vorstellungen, die sein Herz erfüllen. Warum also strebt man nicht eifriger danach, der Öffentlichkeit solche angenehmen Stunden zu bereiten, die ihren Zauber über alle Bitternisse des Lebens verbreiten oder die Menschen doch wenigstens für Augenblicke von ihrem Kummer ablenken? Die Freude ist das wirklichste Gut dieses Lebens; man tut also sicherlich etwas Gutes, und das heißt viel tun, wenn man der Gesellschaft Mittel gibt, sich zu zerstreuen.

Die Welt scheint gern Feste zu feiern, denn bis in die Nähe von Nowaja Semlja und den hyperboreischen Meeren ist von weiter nichts als von Vergnügungen die Rede. Aus Petersburg wird nur von Bällen, Festen und Schmausereien zu Ehren der Hochzeit des Prinzen von Braunschweig[27] berichtet. Ich sah

27 Im September wurde in Petersburg die Vermählung Anton Ulrichs von Braunschweig-Wolfenbüttel mit Anna von Mecklenburg-Schwerin, einer Stiefenkelin Peters des Großen, gefeiert. Deren Sohn, Zar Iwan VI. (seit 1740), wurde 1741 von Elisabeth, der Tochter Peters des Großen und erbitterten Feindin Friedrichs, beseitigt.

diesen Braunschweiger in Berlin mit dem Herzog von Lothringen[28] und hörte die beiden in einer Weise miteinander spaßen, die nichts weniger als monarchisch war. Und doch scheinen diese zwei Häupter, ich weiß nicht durch welche Notwendigkeit oder Vorsehung dazu bestimmt, den größten Teil Europas zu regieren.

Träfe auf die Vorsehung alles zu, was von ihr behauptet wird, so müßten die Newton, Wolff, Locke, Voltaire, kurz, die, welche am meisten denken, die Herren der Welt sein. Diese Wahl wäre der Vorsehung würdig. Dann erwiese es sich klar, daß die unendliche Weisheit, die alles Geschehen lenkt, die weisesten Menschen in einer ihrer würdigen Wahl zur Herrschaft über die andern bestimmt. Aber so, wie es jetzt zugeht, scheint alles so ziemlich aufs Geratewohl zu geschehen. Ein verdienstvoller Mann wird nicht nach seinem Werte geschätzt; ein andrer steht nicht an der Stelle, die ihm gebührt. Ein Schurke wird berühmt, und ein edler Mensch schmachtet in finstrer Vergessenheit. Die Zügel der Regierung eines Reiches werden unkundigen Händen anvertraut, und erfahrene Männer bleiben den Ämtern fern. Darüber sage man mir, was man wolle, man wird mir für diese Wunderlichkeit des Schicksals nie einen triftigen Grund beibringen ...


Berlin, 4. Dezember 1739.

... Ich übersende ihnen die zwölf ersten Kapitel meines »Antimachiavell«,[29] die zwar durchgefeilt sind, aber noch immer von Fehlern wimmeln. Sie müssen sich meiner Kinder väterlich

---

28 Franz Stephan von Lothringen war im März 1732 zur Verlobung des Kronprinzen nach Berlin gekommen; er galt schon damals allgemein als künftiger Gemahl der Maria Theresia; die Vermählung fand 1736 statt.
29 Schon am 6. November hatte Friedrich fünf Kapitel davon an Voltaire geschickt.

annehmen und zu ihrer Erziehung so viel beitragen, als es die Reinheit der französischen Sprache verlangt, wenn man sie an die Öffentlichkeit bringen will. Inzwischen werde ich die übrigen Kapitel durcharbeiten und so weit zur Vollendung bringen, als ich vermag. Derart tausche ich nun meine schwachen Erzeugnisse gegen Ihre unsterblichen Werke ein, ungefähr wie die Holländer das Gold der Amerikaner gegen kleine Spiegel und Glas eintauschen; und doch bin ich tiefbeglückt, daß ich Ihnen überhaupt etwas zurückgeben kann.

Die Zerstreuungen des Hof- und Stadtlebens, Gefälligkeiten, Vergnügungen, unumgängliche Pflichten, bisweilen auch aufdringliche Menschen, lenken mich von meiner Arbeit ab, und Machiavell muß oft Leuten Platz machen, die seine Praktiken üben, mithin Leuten, die ich widerlege. Man muß sich diesen unvermeidlichen Anstandspflichten nun einmal fügen und dem Gott der Gewohnheit opfern, obwohl man nichts davon hat, nur um nicht für einen Sonderling und Eigenbrödler zu gelten.

Herr von Valory,[30] dessen Ankunft so oft gerüchteweise verlautete, von den Zeitungen so oft versprochen wurde, und der solange in Hamburg aufgehalten worden war, ist endlich in Berlin eingetroffen. Er macht uns den Verlust La Chétardies doppelt schwer. Tag für Tag zeigt uns Herr von Valory, was wir an jenem verloren haben. Jetzt bekommt man weiter nichts zu hören, als einen theoretischen Kursus über die Kriege in Brabant, Nichtigkeiten und Erbärmlichkeiten über die französische Armee, und ich sehe immerfort einen Mann, der sich vor dem Feinde und an der Spitze seiner Brigade wähnt. Ich fürchte immer, daß er mich für eine Kontreskarpe oder für ein Hornwerk hält und mich gröblich angreift. Valory hat fast immer Kopfschmerzen; ihm fehlt der gesellschaftliche Ton; er

---

30 Valory hatte am Spanischen Erbfolgekrieg teilgenommen: er war, als Nachfolger von La Chétardie 1739–1750, dann noch einige Monate 1756 französischer Gesandter in Berlin. Valory ist der Held des 1749 geschriebenen komischen Heldengedichtes »Das Palladion«.

gibt nie Soupers, und man sagt, das Kopfweh erweise ihm zuviel Ehre, und er verdiene diese Belästigung garnicht.

Wir haben hier eine Erwerbung in Gestalt eines sehr tüchtigen Mannes namens Sellius[31] gemacht; er ist ein sehr geschickter Physiker und weitberühmt für seine Experimente. Er bekommt für 20 000 Taler Instrumente. Dies Jahr soll er ein Werk vollenden, das ihm große Ehre machen wird: es ist ein Mechanismus, der alle Bewegungen der Gestirne und Planeten nach Newtons System wiedergibt. Vielleicht ist Ihnen auch ein junger Mann namens Lieberkühn[32] bekannt, der sich hervorzutun beginnt. Er ist ein Genie in der Mechanik. Mit Hilfe der Optik hat er erstaunliche Entdeckungen gemacht und es in seiner Kunst zu solcher Vollendung gebracht, daß er alle Vorgänger in Schatten stellt. Er hat drei Jahre in London gelebt und ist von allen englischen Gelehrten hochgeschätzt worden. Ich werde Ihnen mehr von ihm erzählen, sobald ich ihn nach seiner Rückkehr gesehen habe.

Es erfreut mich sehr, diese glücklichen Erzeugnisse meines Vaterlandes zu sehen; sie sind wie Rosen, die zwischen Dornen und Nesseln sprießen, Funken des Genius, die durch die Asche dringen, unter der die Künste hier leider begraben liegen. Sie haben in Frankreich Überfluß an diesen Künsten; wir sind hier so arm an Wissenschaften, daß wir das wenige, was wir haben, vielleicht höher schätzen ...

---

31 Hofrat Sellius, Professor der Physik und Mitglied der Akademie der Wissenschaften († 1767).
32 Johann Nathanael Lieberkühn, 1711–1756, seit 1740 in Berlin, ein hochgeschätzter Arzt.

Berlin, den 6. Januar 1740.

Mein lieber Voltaire,
Lange genug habe ich gezaudert, Ihnen zu schreiben, nur um nicht mit leeren Händen vor Sie zu treten. Ich schicke Ihnen mit dieser Post fünf Kapitel vom »Antimachiavell« und eine »Ode über die Schmeichelei«, die ich in einer müßigen Stunde niederschrieb. Wäre ich in Remusberg[33] gewesen, Sie hätten längst mein Werk bis zur Hefe erhalten; aber bei den Berliner Zerstreuungen kommt man nicht so schnell vorwärts.

Der »Antimachiavell« verdient es nicht, dem König von Frankreich als mein Werk verkündet zu werden. Der König besitzt viele gute und große Eigenschaften, die durch meine armseligen Schriften nicht weiter ausgebildet werden könnten. Außerdem schreibe ich unumwunden und rede von Frankreich wie von Preußen, England, Holland und allen Mächten Europas. Es ist gut, wenn der Stand eines Autors unbekannt bleibt, der für die Wahrheit schreibt und darum seine Gedanken in keiner Weise beschränkt. Wenn Sie das Ende des Werkes lesen, werden Sie selbst zugeben, daß es klug ist, den Namen des Verfassers in der Verschwiegenheit der Freundschaft zu begraben.

Ich bin nicht selbstsüchtig; wenn ich der Öffentlichkeit einen Dienst leisten kann, werde ich arbeiten, ohne von ihr Lohn und Lob zu erwarten, genau wie die Durchschnittsmenschen, die ebenso unbekannt wie nützlich sind.

Nach meinem Semester bei Hofe kommt das Studiersemester.

In vierzehn Tagen hoffe ich das stille, gelehrte Leben wiederaufzunehmen, das Sie so entzückt. Dann will ich die letzte Hand an mein Werk legen und es der Nachwelt würdig machen. Die Mühe rechne ich für nichts, denn man schreibt nur eine kurze Weile, aber das Werk, das ich schreibe, rechne ich

---

33 Seit Dezember 1739 bis in den April 1740 war Friedrich mit Unterbrechungen in Berlin.

für viel, denn es soll mich ja überleben. Glücklich die Schriftsteller, die, von schöner Einbildungskraft beflügelt und stets von der Weisheit geleitet, Werke schaffen können, die der Unsterblichkeit wert sind! Sie tun ihrer Zeit mehr Ehre an als Phidias, Praxiteles und Zeuxis der ihren. Das geistige Streben ist dem mechanischen Fleiße der Künstler weit vorzuziehen. Ein einziger Voltaire wird Frankreich mehr Ehre machen als tausend Pedanten, tausend verunglückte Schöngeister und tausend große Männer geringeren Schlages.

Ich sage Ihnen Wahrheiten, die ich nicht unterdrücken kann, ebenso wie Sie es nicht unterlassen könnten, die Grundsätze der Schwerkraft und Anziehungskraft zu verfechten. Eine Wahrheit ist der andern wert, und alle verdienen bekannt zu werden.

Die Frömmler beschwören hier von neuem ein furchtbares Gewitter gegen alle herauf, die sie die Gottlosen nennen. Der falsche Eifer ist ein Wahnsinn, der in allen Ländern grassiert. Ich bin überzeugt, daß er die vernünftigsten Köpfe verdreht, sobald er sich darin eingenistet hat. Das Scherzhafteste dabei ist: wenn dieser Taumelgeist eine Gesellschaft ergreift, kann keiner neutral bleiben; jeder soll Partei ergreifen und der Fahne des Fanatismus folgen. Ich für mein Teil gestehe, daß ich nichts dergleichen tun will; vielmehr werde ich mich damit begnügen, ein paar Psalmen zu verfassen, um eine gute Meinung von meiner Rechtgläubigkeit zu erwecken. Verlieren Sie auch ein paar Augenblicke, lieber Voltaire, und beflecken Sie die Harmonie Ihrer melodischen Verse mit etlichem heiligen Unsinn. Sokrates brachte seinen Penaten Weihrauch dar; Cicero, der alles andere als leichtgläubig war, tat ein gleiches. Man muß den Launen eines närrischen Volkes nachgeben, um Verfolgung und Tadel zu entgehen. Sie sind fast unvermeidlich für alle, deren Glauben man für ein Karat zu leicht hält; und schließlich ist ja nichts so wünschenswert auf der Welt, als in Frieden zu leben. Begehen wir ein paar Dummheiten – was tut's? Wenn wir nur diese friedliche und so wünschenswerte Lage erreichen! ...

# An Wilhelmine

Dresden, 30. November [1756].

Liebe Schwester,
Für mich brauchst Du von dem bevorstehenden Feldzuge nichts zu befürchten; ein Vorgefühl sagt mir, daß ich weder Tod noch Verwundung zu gewärtigen habe. Und doch muß ich gestehen: wenn etwa eine schlimme Wendung eintreten sollte, dann wünsche ich mir hundertmal lieber den Tod, als daß ich erlebte, was in diesem Falle meiner wartet! Du kennst ja meine Feinde und kannst ermessen, was sie mir zu schlucken geben würden. Aber da die Dinge nun einmal bis zu diesem Äußersten gediehen sind, so müssen wir hoffen, daß die Vorsehung, wofern sie sich überhaupt dazu herbeiläßt, sich in das Elend der Menschen einzumischen, nicht dulden werde, daß die Hoffahrt, Anmaßung und Niedertracht meiner Feinde über die Gerechtigkeit meiner Sache triumphiere ...


Dresden, 19. Februar 1757.

Meine liebe Schwester,
Ist's möglich, daß Du mitten im Drange Deiner häuslichen Verdrießlichkeiten[1] noch für meine Angelegenheiten Gedanken hast? Dein gütiges Herz und der freundliche Anteil, den Du mir in meinen heroischen Nöten vergönnst, könnte sich nicht schöner kundtun. Es ist freilich beschämend, daß ich mich in mei-

---

[1] Wilhelmine hatte ihrem Bruder über Zwistigkeiten zwischen ihrer Tochter und deren Gemahl, dem Herzog von Württemberg, geklagt.

nem Alter mit vier wütenden Weibern[2] herumschlage, die mir das Los des Orpheus zugedacht haben. Doch ich muß mich meiner Haut wehren und es diesen Damen beibringen, den Degen niederzulegen und wieder zu ihrer Spindel zu greifen.

Für meine Person, liebe Schwester, fürchte nichts von diesem Kriege. Nur die Tüchtigen kommen um, der Durchschnitt und Leute meines Schlages bleiben stets erhalten. Wir liegen noch immer in guter Ruhe in unseren Quartieren und ziehen täglich Verstärkungen an uns, sodaß die Armee gegen Ende dieses Monats vollzählig sein wird. An die Eröffnung des Feldzugs ist indes nicht vor dem Mai zu denken, und dann ist nicht sofort auf eine Entscheidung zu rechnen. Erst der Juni wird Klarheit schaffen, was aus uns wird. Sei bitte ganz ruhig über mein Geschick, damit Deine Freundschaft, die mir so wertvoll ist, mir nicht das Herz schwer macht.

Unsere teure Mutter ist völlig außer Gefahr. Sie ist noch schwach, doch das wird sich geben. Mir bangt wie Dir vor der Wiederkehr dieser Krankheit. Es wäre zu wünschen, daß sie sich mehr Bewegung machte, aber leider ist daran nicht zu denken, und wir sind mit unserm Latein zu Ende: sie ist nicht zu überzeugen. Ich bete zum Himmel um Deine Erhaltung und die Kräftigung Deiner kostbaren Gesundheit.

Leitmeritz, 1. Juli 1757.

Meine liebe Schwester,
Für den zärtlichen Anteil, den Du in Deiner Güte an meinem Schicksal[3] nimmst, bin ich so empfänglich wie nur möglich. Keine Sorge um mich, teure Schwester! Steht der Mensch doch

---

2 Die Kaiserinnen Elisabeth und Maria Theresia, die Königin von Polen, Maria Josepha, und die Marquise von Pompadour. Orpheus wurde von thrakischen Weibern zerrissen.
3 An der Niederlage von Kolin vom 18. Juni.

zu jeder Zeit in der Hand dessen, was wir Schicksal nennen. Wie vielen stößt ein Unfall beim Spaziergang, innerhalb ihrer vier Wände oder in ihrem Bett zu; und wie viele kommen wohlbehalten aus allen Kriegsgefahren davon. Dabei sind ja für einen Heerführer diese Gefahren nicht so zahlreich, wie für die übrigen Offiziere. Arbeit werde ich haben, doch ich fürchte mich nicht davor. Ich werde allerhand Mühsal zu bestehen haben, aber die Ärzte sagen ja, körperliche Anstrengung sei gesund. Es wird also dies alles so ausgehen, wie es dem Himmel gefällt ...

Deutschland befindet sich zur Stunde in einer furchtbaren Krisis. Mir ward die Aufgabe zuteil, ganz allein für seine Freiheiten, seine Rechte und seine Religion einzustehen; unterliege ich diesmal, so ist es darum geschehen. Trotzdem habe ich große Hoffnungen, und wie gewaltig auch die Zahl meiner Feinde sein mag, ich vertraue auf meine gute Sache, auf die bewunderungswürdige Tüchtigkeit meiner Truppen und den redlichen Willen, der alle beseelt, vom Feldmarschall bis zum geringsten Soldaten hinab.

Sei mir nicht böse, wenn ich mich diesmal kurz fasse; ich habe eine Fülle von Arbeit zu leisten, um mit allen meinen Maßnahmen fertig zu werden. Ich umarme Dich von ganzem Herzen und bitte Dich, meiner aufrichtigen Zuneigung und wärmsten Zärtlichkeit versichert zu sein.

Dein getreuer Bruder und Diener
                              Friderich.

Leitmeritz, 5. Juli 1757.

Meine liebe Schwester,
Ich benutze einen Kurier von Plotho,[4] der nach Regensburg geht, um Dir von dem neuen Leid, das uns niederdrückt, Mitteilung zu machen. Wir haben keine Mutter mehr. Dieser Verlust überbietet alles, was mir je Schmerzliches widerfuhr. Dabei bin ich gezwungen zu handeln, und habe garnicht die Zeit, meinen Tränen einmal freien Lauf zu lassen. Vergegenwärtige Dir diese Lage für ein empfindsames Herz, das auf eine so grausame Probe gestellt wird. Alle Verluste in der Welt sind zu ersetzen, nur die, die der Tod bringt, geben keiner Hoffnung Raum. Doch genug über einen so betrübenden Gegenstand. Ich bitte den Himmel, daß er Dich erhalte, sonst hätte ich ja fast gar keine Freunde mehr in der Welt. Ich bin mit vollkommster Zärtlichkeit, liebe Schwester,

Dein getreuster Bruder und Diener
                              Friderich.


Leitmeritz, 13. Juli 1757.

Liebe Schwester,
Dein Brief ist richtig an mich gelangt.[5] Ich ermesse daraus Dein Weh über den unersetzlichen Verlust, den wir an der verehrungswertesten und würdigsten Mutter der Welt erlitten haben. Mich haben so viele Schläge heimgesucht, daß ich wie betäubt bin. Die Franzosen haben sich Frieslands bemächtigt und wollen über die Weser gehen. Sie haben die Schweden aufgesta-

---

4 Erich Christoph Edler von Plotho (1707–1788) war 1754–1766 Friedrichs Gesandter beim Regensburger Reichstag.
5 Dieser Brief liegt nicht vor.

chelt, sich gegen mich zu erklären; die lassen 17000 Mann nach Pommern übersetzen.⁶ Die Russen belagern Memel. Lehwaldt ist von ihnen im Rücken und von vorn bedroht.⁷ Die Reichstruppen rüsten gleichfalls zum Vormarsch. Dies alles wird mich zur Räumung Böhmens nötigen, sobald eine solche Zahl von Feinden sich in Bewegung setzt. Ich bin zu den äußersten Kraftanstrengungen entschlossen, um mein Vaterland zu retten, und will es darauf ankommen lassen, ob das Glück sich eines Besseren besinnen will oder ob es mir gänzlich den Rücken kehrt. Das sind Zukunftsmöglichkeiten, auf die der menschlichen Voraussicht gar kein Einfluß gegeben ist. Ich segne die Stunde, da ich mich der Philosophie ergeben habe: sie allein vermag der Seele in einer Lage wie der meinen Halt zu bieten.

Du sollst bis ins einzelne wissen, was mich quält, liebe Schwester. Wenn es sich nur um meine Person handelte, wäre mein Gemüt nicht so tief erregt; doch ich habe über Heil und Glück eines mir anvertrauten Volkes zu wachen. Das ist der große Einsatz; da wird mir der geringfügigste Fehler zum Vorwurf, wenn ich durch Säumnis oder Übereilung dem kleinsten Unheil Raum gebe, zumal im gegenwärtigen Augenblick, wo jeder Fehler ein Hauptfehler ist.

Schließlich gilt es hier die Freiheit Deutschlands, die Freiheit der protestantischen Sache, für die schon soviel Blut geflossen ist. Diese beiden großen Fragen stehen auf dem Spiel. Die Krisis ist so gefährlich, daß eine unheilvolle Viertelstunde für alle Zeiten die Zwingherrschaft des Hauses Österreich einsetzen kann.

Mir geht es wie einem Reisenden, der unter eine Rotte verbrecherischer Gesellen geraten ist, die ihn ermorden wollen,

---

6 Schweden begann den Krieg zufolge einem im März 1757 mit Frankreich geschlossenen Bündnis; vgl. Werke Bd. III, S. 58.
7 Fermor nahm Memel am 5. Juli; vgl. Werke Bd. III, S. 112. Lehwaldt wurde von ihm und von Apraxin, der von Osten her anrückte, in seinem Lager bei Insterburg bedroht.

um sich seine Habe zu teilen. Seit der Liga von Cambrai[8] kenne ich kein Beispiel einer Verschwörung, wie sie dies schmachvolle Triumvirat wider mich darstellt. Es ist abscheulich und schlägt aller Menschlichkeit und allen anständigen Sitten ins Gesicht. Hat die Welt jemals dergleichen gesehen, daß drei große Fürsten sich zusammenrotten zur Vernichtung eines vierten, der ihnen nichts getan hat? Weder mit Frankreich habe ich Händel gehabt, noch mit Rußland, und noch weniger mit Schweden. Wenn in der bürgerlichen Gesellschaft drei Bürger sich verabreden wollten, ihren lieben Nachbarn auszurauben, hätten sie damit unfehlbar von Rechts wegen Rad und Galgen verwirkt. Und nun geben gar gekrönte Häupter, in deren Namen in ihren Staaten derartige Gesetze beobachtet werden, ihren Untertanen solch ein empörendes Beispiel! Sie, die zu Gesetzgebern auf der Welt berufen sind, werden durch ihren Vorgang Lehrmeister des Verbrechens! O Zeiten, o Sitten! Wahrhaftig, ebensogut könnte einer unter Tigern, Leoparden und Luchsen hausen, wenn er in einem Jahrhundert, das für gesittet gilt, unter solchem Mord- und Raubgesindel leben soll, solchen hinterlistigen Menschen, die unsere arme Welt beherrschen.

Glücklich, liebe Schwester, ist der Namenlose, dessen gesunder Verstand von Jugend an auf jeden Ruhm verzichtet hat, der keine Neider hat, weil er im Dunkeln lebt, dessen Lebenslos keines Frevlers Begehrlichkeit reizt. Doch diese Betrachtungen führen zu nichts. Wir sind wohl oder übel das, wozu die Geburt, die hierin allein den Ausschlag gibt, uns beim Eintritt in die Welt bestimmt hat. Ich habe nun geglaubt, da ich König bin, gezieme es mir, zu denken wie ein Fürst, und habe mir's zum Grundsatz gemacht, daß einem Fürsten sein guter Name teurer sein müsse als sein Leben. Man hat sich wider mich ver-

---

8  1508 verbanden sich in der Liga von Cambrai der Papst, der Kaiser, Frankreich und Spanien gegen Venedig. Vgl. Friedrichs Flugschrift von 1758 »Schreiben eines Schweizers an einen venezianischen Nobile«, Werke Bd. V, S. 194 ff.

schworen, der Wiener Hof hat sich so weit vergessen, daß er es darauf anlegt, mich zu mißhandeln; das zu dulden ging wider meine Ehre. So kam es zwischen uns zum Kriege. Eine Verbrüderung von Verbrechern fällt über mich her. Da hast Du die Geschichte, die mir widerfahren ist. Es hält schwer, mir zu helfen; gegen ganz schlimme Übel gibt es eben nur verzweifelte Kuren.

Ich bitte Dich tausendmal um Nachsicht: drei große Seiten lang rede ich nur von meinen Angelegenheiten; bei jedem andern wäre das ein ganz erstaunlicher Mißbrauch der Freundschaft. Indes ich kenne Deine Anhänglichkeit, liebe Schwester, und bin überzeugt, Du verübelst es mir nicht, wenn ich Dir einmal mein Herz ausschütte. Ist es Dir doch ganz ergeben, ganz beseelt von Gefühlen zärtlichster Verehrung, mit der ich bin, liebe Schwester,

Dein getreuer Bruder und Diener
                              Friderich.


                           Naumburg, 9. September 1757.

Meine teure Schwester,
Ich erhielt deinen Brief am 6. mit der Einlage von Voltaire. Deine Betrachtungen sind sehr wahr, nur leider, liebste Schwester, ist die Wahrheit für die Menschen nicht geschaffen. Politiker gängeln das Volk und es wird beständig hinters Licht geführt von jedem, der Lust hat, es zu betrügen. Das ist nicht meine Schuld, man muß sich eben in sein Geschick finden. Wenn Europa erst einmal von seinen wahnwitzigen Erregungen zu sich kommt, wird es vielleicht selber staunen, wohin es in seiner Tollheit geraten ist. Doch mir wird das alsdann kaum noch nützen oder schaden ... Alles, was mir in meiner gegenwärtigen Lage bleibt, liebe Schwester, ist der Versuch, mich

nach Kräften an der Philosophie aufzurichten. Bis zu diesem Augenblicke hat mir das Unglück den Nacken gesteift, statt mich in den Staub zu beugen. Gewiß, hart genug sind die Prüfungen, durch die ich hindurch muß, aber ich habe mich mit allem, was mir möglicherweise widerfahren kann, von vornherein abgefunden; nahe geht mir allein das Mißgeschick meines Volkes, das ich glücklich machen wollte. Nun, liebe Schwester, man muß sich in Geduld fassen und wider den Strom anschwimmen, solange die Kräfte reichen. Ich bitte Dich herzlich, Dich zu beruhigen. Freilich ist mir Dein lebhaftes Mitgefühl unschätzbar; ich bin sehr empfänglich dafür und sehe in Dir das einzige Beispiel vollkommener Freundschaft in diesem ruchlosen Zeitalter. Doch mit aller Unruhe ändert man sein Geschick nicht, vielmehr gilt es unter Umständen, wo man auf das Schlimmste gefaßt sein muß, sich gegen jede Wendung zu wappnen. Das heißt allerdings, wenn Du so willst, seinen Trost in der Notwendigkeit des Übels und der Vergeblichkeit aller Gegenmittel finden. Doch wenn einem nichts weiter übrig bleibt? Sechs Seiten könnte ich Dir schreiben, folgte ich nur meinem Herzen; indessen ich fühle, daß ich Schluß machen muß, sonst wird die Sendung zu umfangreich. Mein Herz ist ganz Zärtlichkeit und Dankbarkeit für Dich. Sei überzeugt, solange ich atme, wird das Gedenken an soviel Menschenwert meinem Innern eingeprägt bleiben. Es ist mir unmöglich, all meine Gefühle hier auszudrücken, aber sei gewiß, wenn ich Dich nicht seit langer Zeit leidenschaftlich liebte als Bruder, so würde ich Dich anbeten als das Wunder, den Phönix unserer Tage ...

Erfurt, 17. September 1757.

Meine liebe Schwester,
Deine lieben Briefe sind mein einziger Trost. Könnte der Himmel soviel Edelsinn und heroische Empfindungen vergelten! Seit meinem letzten Schreiben an Dich[9] häuft sich bei mir nur Unglück auf Unglück. Es scheint, das Schicksal will seinen ganzen wütenden Ingrimm auf meinen armen Staat entladen. Die Schweden sind in Pommern eingerückt.[10] Die Franzosen haben mit dem König von England einen für diesen erniedrigenden Neutralitätsvertrag[11] geschlossen. Seine Truppen sind jetzt gezwungen, sich aufzulösen und Quartiere zu nehmen, wo die Franzosen sie ihnen anweisen, ohne daß darum die betreffenden Staaten von Kontributionen und Lieferungen befreit wären. Die Franzosen sind im vollen Anmarsche, um die Gegend von Halberstadt und Magdeburg zu überschwemmen. Aus Ostpreußen erwarte ich von einem Tag zum andern die Nachricht von einem Treffen. Das Verhältnis der Streitkräfte ist 25 000 zu 80 000. Die Österreicher sind in Schlesien eingerückt, wohin der Prinz von Bevern ihnen folgt. Ich bin hier vorgegangen, um der vereinigten französischen und Reichsarmee auf den Hals zu kommen, die sich zurückgezogen und hinter Eisenach verschanzt hat, zwischen Bergen, wo alle Regeln des Krieges mir eine Verfolgung und erst recht einen Angriff verbieten. Sobald ich mich nach Sachsen zurückziehe, wird der ganze Schwarm mir folgen. Ich bin fest entschlossen, dem ersten besten von den feindlichen Generalen, der mir nahekommt, zuleibe zu gehen, entstehe daraus, was da mag. Ich will immer noch den Himmel für seine Güte segnen, wenn er mir nur die Gunst gewährt, mit dem Degen in der Faust unter-

---

9 Vom 15. September.
10 Auf dem pommerschen Kriegsschauplatz fiel nichts Bedeutendes vor.
11 Konvention von Kloster Zeven vom 8. September 1757, wonach zwischen England und Frankreich Waffenruhe eintrat. Die Konvention wurde nicht ratifiziert und blieb also bedeutungslos.

zugehen. Sollte auch diese Hoffnung mich täuschen, dann wirst Du mir zugeben, daß es allzu hart wäre, mich vor einer Rotte von Verrätern im Staube sehen zu müssen, deren glückgekrönte Verbrechen ihnen den Vorteil verschaffen, mir ihren Willen zu diktieren. Wie vermöchte ich, meine teure, meine unvergleichliche Schwester, der Gefühle der Rache und der Erbitterung Herr zu werden gegen all meine Nachbarn, unter denen nicht einer ist, der nicht an der Beschleunigung meines Sturzes mitgeholfen hätte, sich nicht seines Anteils freute an dem, was mir abgejagt ist? Kann wohl ein Fürst seinen Staat, den Ruhm seiner Nation, die Ehre seines eigenen Namens überleben? Mag doch ein Kurfürst von Bayern bei seiner großen Jugend, oder besser: in einer Art Abhängigkeit von seinen Ministern gegen die Stimme der Ehre taub und stumpf bleiben, sich knechtisch der herrischen Übermacht des Hauses Österreich ausliefern und die Hand küssen, die seinen Vater in den Staub gebeugt hat[12] – ich will es seiner Jugend und seiner geistigen Dürftigkeit zugute halten. Doch soll das für mich ein Vorbild sein? Nein, liebe Schwester, Du denkst zu groß, um mir solche Feigheit anzusinnen. Soll das kostbare Vorrecht der Freiheit den gekrönten Häuptern des achtzehnten Jahrhunderts weniger teuer sein als einst den Patriziern Roms? Und wo steht geschrieben, daß Brutus und Cato es an hoher Gesinnung Fürsten und Königen zuvortun würden? Die Festigkeit besteht im Widerstand gegen das Unglück; nur Memmen ducken sich unter das Joch, schleppen ergeben ihre Ketten und dulden ruhig die Unterdrückung. Nie wird es mir möglich sein, in solche Schmach zu willigen. Hat mich die Ehre doch schon hundertmal im Kriege mein Leben der Gefahr aussetzen und aus geringerem Anlaß als hier dem Tode trotzen lassen. Das Leben ist es sicherlich nicht wert, sich so fest daran zu klammern, zumal, wenn man voraussehen muß, daß es fortan nur ein Ge-

---

12 Kurfürst Maximilian Joseph, Kaiser Karls VII. Sohn, hatte am 22. April 1745 mit Österreich in Füssen seinen Frieden gemacht.

webe von Mühsal sein wird und daß man sein Brot wird mit Tränen essen müssen:

Endlos wie ein Jahrhundert Schmerz und Not,
Und nur ein kurzer Augenblick der Tod.

Hätte ich nur meiner Neigung folgen wollen, ich hätte gleich nach der unglücklichen Schlacht, die ich verloren hatte, ein Ende gemacht; doch ich fühlte, das wäre Schwäche und es sei meine Pflicht, die Scharte wieder auszuwetzen. Meine Hingebung an den Staat meldete sich wieder; ich sagte mir: Im Glück Verteidiger zu finden, das will nichts bedeuten, wohl aber im Unglück. So machte ich es mir zur Ehrensache, allen Schaden wieder gut zu machen, was mir noch letzthin in der Lausitz gelungen ist. Kaum aber bin ich hierher geeilt, neuen Feinden die Stirn zu bieten, da wird mir bei Görlitz Winterfeldt[13] geschlagen und getötet, da dringen die Franzosen ins Herz meiner Staaten ein, da blockieren die Schweden Stettin.[14] Nichts Förderliches bleibt mir jetzt bei der Übermacht der Feinde zu beginnen. Selbst wenn ich das Glück hätte, zwei Heere zu schlagen, würde das dritte mich vernichten. Die Dankbarkeit, die innige Anhänglichkeit an Dich, unsere altbewährte Freundschaft, die sich nie verleugnet, verpflichtet mich, hier ganz offen gegen Dich zu verfahren. Nein, meine herrliche Schwester, ich will keinen meiner Schritte vor Dir geheimhalten, von allem will ich Dich in Kenntnis setzen. Meine Gedanken, das Innerste meines Herzens, meine Entschließungen, alles soll Dir zu seiner Zeit eröffnet und bekannt werden. Überstürzen werde ich nichts, andererseits wird es mir aber auch unmöglich sein, meine Gesinnung zu ändern. Freilich schien nach der Prager Schlacht die Sache der Königin von Ungarn bedenklich genug; aber sie hatte doch mächtige Verbündete und noch bedeu-

---

13 Winterfeldt wurde am 7. September bei Moys geschlagen und fiel.
14 Dies versuchten die Schweden erst im Oktober.

tende Hilfsquellen; ich habe weder das eine noch das andere. Ich würde von einem Unglück nicht niedergeschlagen sein, ich habe schon so viele überstanden: die verlorenen Schlachten bei Kolin und bei Jägersdorf[15] in Ostpreußen; den unglückseligen Rückzug meines Bruders und den Verlust des Magazins von Zittau, die Einbuße aller meiner westfälischen Provinzen, das Unglück und den Tod Winterfeldts, die Besetzung Pommerns, Magdeburgs und des Halberstädtischen Landes, die Untreue meiner Verbündeten. Und trotz all dieser Schläge recke ich mich auf gegen das Mißgeschick, sodaß ich glauben darf, daß meine Haltung bis heute von jeder Schwäche frei ist. Ich bin fest entschlossen, gegen das Unheil anzukämpfen, zugleich aber auch, nie meinen Namen unter die Schande und Schmach meines Hauses zu setzen. Da hast Du alles, liebe Schwester, was im Grunde meiner Seele vorgeht, die Generalbeichte über alles, was mich zur Zeit innerlich bewegt.

Was Dich nun anlangt, meine unvergleichliche Schwester, so habe ich nicht das Herz, Dich in Deinen Entschließungen umstimmen zu wollen.[16] Unsere Denkweise ist ganz die gleiche; unmöglich kann ich Empfindungen, die ich täglich selber hege, bei Dir verdammen. Das Leben ward uns von der Natur als eine Wohltat gegeben; sobald es eine solche nicht mehr ist, läuft der Vertrag ab, wird jeder Mensch Herr darüber, seinem Mißgeschick ein Ende zu setzen in dem Augenblick, da er es für geraten hält. Einen Schauspieler, der auf der Bühne bleibt, wenn er nichts mehr zu sagen hat, pfeift man aus. Unglückliche beklagt die Welt nur in den ersten Augenblicken; bald wird sie ihres Mitgefühls müde; dann sitzt die Schmähsucht der Menschen über sie zu Gericht und befindet, alles, was sie betroffen, hätten sie sich nur durch eigne Schuld zugezogen; schon ist der Stab über sie gebrochen und schließlich fallen sie der Verach-

---

15 Am 30. August wurde Lehwaldt bei Groß-Jägersdorf von Apraxin geschlagen.
16 Wilhelmine hatte geäußert, sie wollte das Unglück Friedrichs und seines Hauses nicht überleben.

tung anheim. Überlasse ich mich fernerhin dem gewöhnlichen Lauf der Natur, so werden der Kummer und meine schlechte Gesundheit in wenigen Jahren meine Tage kürzen. Das hieße mich selber überleben und feige dulden, was zu vermeiden in meiner Hand liegt. Außer Dir bleibt mir in der weiten Welt niemand mehr, der mich noch ans Diesseits bände; meine Freunde, meine teuersten Verwandten ruhen im Grabe – mit einem Wort: ich habe alles verloren. Ist Dein Entschluß der gleiche wie meiner, so enden wir gemeinsam unser Unglück, unser unseliges Geschick; die in der Welt zurückbleiben, mögen sich dann mit den Sorgen abfinden, die auf ihnen lasten werden, und all das Schwere auf sich nehmen, das so lange unsere Schultern gedrückt hat. Das sind, meine angebetete Schwester, gar trübselige Betrachtungen, doch sie schicken sich zu meinem Zustand. Zum mindesten wird keiner sagen können, ich hätte die Freiheit meines Volkes, die Größe meines Hauses überlebt; mein Tod wird den Beginn der Zwingherrschaft des Hauses Österreich bezeichnen. Doch was liegt daran, wie es zugehen wird, wenn ich nicht mehr bin? Mein Gedächtnis wird dann nicht belastet sein mit all dem Elend, das nach meinem Erdenleben über die Welt kommen wird, und dann wird man dankbar, wenn auch zu spät, erkennen, daß ich mich bis zum letzten der Unterdrückung und Knechtung meines Vaterlandes entgegengestemmt habe und daß ich lediglich dank der Erbärmlichkeit derer unterlegen bin, die es mit ihrem tyrannischen Unterjocher gehalten haben, anstatt sich mit ihrem Verteidiger zu verbünden ...

Buttelstädt, 28. September 1757.

Meine liebe Schwester,
Wenn etwas in der Welt mich trösten könnte, so wäre es Deine zartfühlende Teilnahme an meinem Unglück. Doch, meine

liebe, meine anbetungswürdige Schwester, das Maß muß demnächst voll sein und nur wenig fehlt noch daran, so befinde ich mich in der Lage, die Du schilderst ...

Ich wünsche mir nur den Tod. In welcher Gestalt ich ihn suchen soll, das scheint mir noch dunkel; vielleicht hängt es gar nicht einmal mehr lange von meiner Wahl ab, ihn so zu finden, wie ich ihn haben möchte. Urteile also selbst, was mir übrig bleibt, welchen Entschluß ein Mann von Ehre zu ergreifen hat, der zeitlebens wie Cato gedacht hat und es sich wünscht, zu sterben wie dieser. Es gibt für mich nur eine Tür ins Freie; mir diese versperren zu wollen, wäre grausam. Täglich leide ich tausend Tode, dabei kann ein einziger mich von allen meinen Leiden erlösen.

Könnte etwas mich noch in meinem Entschluß wanken machen, so wäre es höchstens, ich schwöre es Dir, meine Freundschaft zu Dir. Andrerseits wird mir die Welt so unerträglich, meine Lage so gräßlich und die Zukunft so grausam, daß ich, von aller Unentschiedenheit weit entfernt, von Tag zu Tag in meinem Entschlusse nur fester werde. Ich bin nun einmal verpflichtet, diesen Feldzug zu Ende zu führen; ich werde es tun, was es mich auch kosten mag. Doch sobald ich meiner Pflicht gegen mein Vaterland ledig bin, dem ich fortan nicht mehr von Nutzen sein kann, mag ich nicht einen müßigen Zuschauer seines Falles abgeben: Ein Tag soll uns beide untergehen sehen.

Blickt man solchem Entschlusse zum ersten Male ins Angesicht, so scheint er furchtbar. Heute habe ich mich schon so daran gewöhnt, daß diese Vorstellung mir beglückend und trostvoll ist. Ich gebe der Natur, was sie doch bald von mir heimgefordert hätte, ich tausche des Lebens schale Neige gegen eine Ruhe ein, die mir keiner mehr rauben kann. Wozu da noch schwanken? Liegt es nicht auf der Hand, daß ich mir den Vollgewinn einer löblichen Tat sichere, einer Tat, die unter den gegebenen Verhältnissen eine Notwendigkeit ist? Ich habe den ganzen Gegenstand des Briefes, den ich Dir, ich glaube am 22.

oder 23. schrieb, in Verse gebracht.[17] Finde ich in diesen Tagen die Zeit dazu, so will ich Dir eine Abschrift zusenden. Schließlich, liebe Schwester, bin ich bemüht, die kurze Frist, die mir noch zu leben vergönnt ist, mir einigermaßen zu versüßen, um möglichst ruhig zu enden. Ich kann Dich nur immer wieder bitten, mache Dir den Gedanken zu eigen: dies ist das einzig Gute für mich, der einzige Ausweg, der mir verblieb, um glücklich zu sein. Es ist ein Augenblick, der uns früher oder später doch nicht erspart bleibt, und sind wir einmal tot, so kann weder Neid noch Haß, noch menschliche Bosheit uns verfolgen, selbst der Blitzstrahl der Götter trifft nur noch ohnmächtig auf unsern Leichenstein.

Ich fühle es, der Gegenstand meiner Briefe ist todtraurig. Sie verlangen vom Leser eine gehörige Grundlage an Stoizismus. Indessen ist es mehr nach meinem Sinne, Dir in voller Natürlichkeit mein Inneres zu erschließen, als vor Dir auszukramen, was ich nicht empfinde, und bei meinem verfluchten Geschick den Glücklichen zu spielen. Ja, meine herrliche, unvergleichliche Schwester, ich spreche meine Gedanken frei vor Dir aus, ich vertraue Dir alle Geheimnisse meiner Seele und meine verschwiegensten Entschlüsse an. Ich weiß, mein Vorsatz widerspricht der christlichen Lehre vollständig. Soll ich es Dir bekennen, daß er mir darum desto lieber ist? Früher oder später wird die Welt sich über mein Ende ihre besonderen Gedanken machen und daran herumdeuten. Was tut's auch? Genug, ich habe alles reiflich geprüft, habe mir jedes Einzelne vorgestellt und mir alles mögliche gesagt. Auf jeden Zweifel habe ich Antwort gefunden; so bleibt mir nur noch übrig, das Ende der Weinlese oder den ersten Heurigen abzuwarten, um vom Herbst und dem ganzen Elend Abschied zu nehmen. Ich würde zufrieden sterben, könnte ich Dich im Glück zurücklassen. Doch leider darf ich das nicht hoffen; kenne ich doch viel zu ge-

---

17 Friedrich meint den Brief vom 17. September und die Epistel an d'Argens »Verteidigung des Selbstmordes«.

nau Deine treue Gesinnung gegen mich und die Zärtlichkeit eines Herzens, das einzig in der Welt ist. Kurz, liebe Schwester, diese Vorstellungen beherrschen mich so ganz, daß ich nichts anderes zu denken oder Dir zu schreiben vermag. Sei überzeugt, solange ich noch atme, wird meine Dankbarkeit, meine Bewunderung und lebhafte Zärtlichkeit kein Ende haben.

Dein getreuster Bruder und Diener
Friderich.


Bei Weißenfels, 5. November (1757).

Liebste Schwester,
Endlich, teure Schwester, kann ich Dir etwas Gutes melden. Du wußtest ohne Zweifel, daß die Franzosen nebst der Reichsarmee Leipzig einnehmen wollten. Ich bin herbeigeeilt und habe sie über die Saale zurückgejagt. Der Herzog von Richelieu[18] hatte ihnen eine Verstärkung von 20 Bataillonen und 40 Schwadronen geschickt; sie selbst haben ihre Stärke auf 63 000 Mann angegeben. Gestern habe ich sie rekognosziert, konnte sie aber in ihrer Stellung nicht angreifen; das hat sie verwegen gemacht. Heute rückten sie vor, um mich anzugreifen, ich bin ihnen aber zuvorgekommen. Das war eine sanfte Schlacht. Gottlob hatte ich keine hundert Tote; der einzig schwer verwundete General ist Meinecke.[19] Mein Bruder Heinrich und General Seydlitz haben leichte Streifschüsse am Arm. Wir haben alle Kanonen des Feindes erbeutet; seine Verwirrung ist vollständig; ich bin in vollem Marsche, um ihn über die Unstrut zurückzuwerfen. Nach soviel Aufregung dank dem Himmel ein günstiges Ereig-

---

18 Das mit der Reichsarmee vereinigte französische Heer, das bei Roßbach besiegt wurde, stand unter dem Prinzen Soubise; der Herzog von Richelieu befehligte das andere französische Heer in Niederdeutschland.
19 Generalmajor von Meinecke war der Chef der Bayreuther Dragoner.

nis! Es wird heißen, daß 20 000 Preußen 50 000 Franzosen und Deutsche geschlagen haben. Jetzt werde ich zufrieden ins Grab steigen, seit der Ruhm und die Ehre meines Volkes gerettet sind. Wir können wohl noch unglücklich sein, aber nicht mehr ehrlos. Du, meine liebe Schwester, meine gute, göttliche und liebevolle Schwester, die Du so gütig am Schicksal eines Bruders, der Dich anbetet, teilnimmst, teile auch meine Freude mit mir. Sobald ich Zeit habe, werde ich mehr davon schreiben. Ich umarme Dich von ganzem Herzen. Lebwohl.

Breslau, 14. Januar 1758.

... Es freut mich sehr, daß Du Musik hast und Dich etwas zu zerstreuen beginnst. Glaube mir, liebe Schwester, es gibt im Leben keinen anderen Trost als etwas Philosophie und Kunstgenuß. Hier sind meine beiden Nichten aus Schwedt zu Gast.[20] Mein Bruder Ferdinand hat sich von seinem hitzigen Fieber noch nicht ganz erholt, ist aber außer Gefahr.

Ich habe stets viel Geschäfte und Zurüstungen für den kommenden Feldzug. Ich schwöre Dir, ich werde den Himmel an dem Tage segnen, wo ich von dem Seil herabsteigen kann, auf dem ich tanzen muß. Wünsche ich doch nichts so sehnlich herbei, als den Augenblick, wo ich Dich wieder persönlich meiner zärtlichen Dankbarkeit, meiner Hochachtung und all der Gefühle versichern kann, mit denen ich, liebste Schwester, verbleibe

Dein treuer Bruder und Diener
        Friderich.

---

20 Die Töchter der Markgräfin Sophie von Schwedt, die mit Friedrich Wilhelm von Schwedt vermählt war. Ihre Töchter waren Friederike Dorothea Sophie, die Gemahlin des Prinzen Friedrich Eugen von Württemberg, und Anna Elisabeth Luise, die Gemahlin des Prinzen Ferdinand von Preußen.

Breslau, 8. Februar [1758].

... Wir sind hier in leidlicher Ruhe, liebe Schwester. Wir ergänzen unsere Verluste und rüsten uns, unseren Feinden im nächsten Frühjahr so gut wie möglich entgegenzutreten. Meine Schwester Amalie[21] ist nach Berlin zurückgekehrt und ich führe ungefähr das Leben eines Einsiedlers. Ich arbeite viel, gehe garnicht aus und erhole mich abends mit meiner kleinen Gesellschaft und mit Musik.

Es tut mir wirklich sehr leid, daß Euer Land für alle möglichen Besuche so bequem liegt. Die Triumvirn Europas haben Gewalt anstatt der Herrschaft der Gesetze eingeführt. Auf dem weiten Erdenrund sieht man nur noch Unrecht und Gewalttat, und wenn das Glück uns nicht wunderbar begünstigt, wird die Tyrannei die ganze bekannte Welt in Ketten schlagen. Wir alle müssen uns damit trösten, daß unser Zeitalter in der Weltgeschichte Epoche machen wird und daß wir die außerordentlichsten Ereignisse erlebt haben, die der Wechsel aller Erdendinge seit lange hervorgebracht hat. Das ist viel für unsere Neugier, aber wenig für unser Glück. Kurz, liebe Schwester, die Lumpen von Kaisern, Kaiserinnen und Königen zwingen mich dies Jahr noch zum Seiltanzen. Ich tröste mich mit der Hoffnung, daß ich dem einen oder andern mit der Balancierstange tüchtig eins auswischen werde; ist das aber geschehen, so muß man wahrhaftig an den Frieden denken. Welche Menschenopfer, welch entsetzliche Schlächterei! Ich denke nur mit Schaudern daran. Was man aber auch dabei empfinden mag, es gilt, sich ein ehernes Herz zu schaffen und sich auf Mord und Gemetzel vorzubereiten. Das Vorurteil der Welt stempelt diese Bluttaten zwar zum Heldentum, wenn man sie aber aus der Nähe sieht, sind sie stets grauenvoll ...

---

21 Amalie reiste am 3. Februar von Breslau ab.

Lager bei Skalitz, 4. August 1758.

Liebe Schwester,
Wie ich höre, geht es Dir sehr schlecht. Du kannst Dir denken, wie groß meine Besorgnis, mein Kummer, meine Verzweiflung ist. Habe ich je einen Freundschaftsbeweis von Dir gefordert, hast Du je Liebe für mich empfunden, so bitte ich Dich jetzt um eine Probe davon. Erhalte Dich am Leben, und wenn es nicht um Deiner selbst willen ist, so denke: es geschieht für einen Bruder, der Dich anbetet, der Dich als seine Herzensfreundin, als seinen Trost ansieht. Denke daran, daß Du mir von allen meinen überlebenden Verwandten die teuerste bist. Ich werde Mittel finden, mich aller meiner Feinde zu entledigen; ich werde, wenn es dem Himmel gefällt, den Staat aus der Gefahr retten; aber verliere ich Dich, so ist es nicht wieder gutzumachen und Du selbst stößt mir den Dolch ins Herz. Alle äußeren Ereignisse können sich ändern, aber der Verlust eines Menschen wie Du ist ein unheilbares Unglück. Bei allem, was Dir lieb und teuer ist, suche Deinen eignen großen Kummer zu bezwingen und auch den, den wir etwa teilen; vor allem aber erhalte Dich am Leben. Das meine ist an das Deine geknüpft; ohne Dich wird es mir unerträglich. Du bist mein Trost, nur Dir allein kann ich mein Herz zwanglos öffnen. Ja, liebe Schwester, entweder kennst Du mich schlecht, oder, wenn Du mich kennst, wirst Du alle Kraft zusammennehmen, um wieder zu genesen. Du wirst Deine Sorgen beschwichtigen, wirst Dich selbst bezwingen und die größte Achtsamkeit auf Dich wenden.

Was mich betrifft, so mache Dir keine Sorgen. Du weißt, die Geschäfte gehen niemals glatt; aber ich versichere Dir, Du sollst gute Nachrichten von unsern Kriegsoperationen erhalten. Mir geht es gut und wird es gut gehen, wenn ich nur von Deiner Besserung erfahre. Erhalte ich aber schlechte Nachrichten aus Bayreuth, so wird meine Standhaftigkeit unterliegen.

Lager bei Küstrin, 25. [August 1758.][22]

Liebe Schwester,
Zu meiner Befriedigung kann ich Dir melden, daß wir die Russen geschlagen haben. Wir haben nicht viel dabei verloren, der Feind aber hat sehr beträchtliche Verluste an Menschen und Geschütz gehabt. Ich umarme Dich von ganzem Herzen. Ich bin völlig unversehrt und hoffe, diese Botschaft wird zur Wiederherstellung Deiner Gesundheit und zu Deiner völligen Genesung beitragen.

Lebwohl, liebste und teuerste Schwester. Ich umarme Dich vieltausendmal.

Friderich.

[Tamsel,] 30. August 1758.

Liebe Schwester,
Soeben erhalte ich Deinen lieben Brief vom 20. August. Ich finde darin lauter Beweise Deiner Freundschaft und Zärtlichkeit, auf die ich mich stets verließ und von der ich so fest überzeugt bin wie vom Tageslicht. Aber, liebe Schwester, was ich jetzt in Deinen Briefen suche, das ist Nachricht darüber, wie es Dir geht, und davon sprichst Du nur unbestimmt und mithin wenig tröstlich. Bei Gott, lerne mich besser kennen und glaube nicht, daß irgend etwas, was auf Eitelkeit und Eigennutz Bezug hat, irgendwie mitspricht bei der zärtlichen und unverbrüchlichen Freundschaft und bei der Anhänglichkeit fürs Leben, die ich Dir gewidmet habe! Wenn Du mich lieb hast, gib mir einige Hoffnung auf Deine Wiederherstellung. Nein, ohne Dich wäre mir das Leben unerträglich. Das sind keine Redensarten, das ist die Wahrheit!

22 Der Tag von Zorndorf.

Was mich betrifft, so wäre an meiner Stelle jeder andere überglücklich nach einem so großen Siege wie dem vom 25., der den Russen mehr als 30 000 Mann gekostet hat.[23] Aber leider habe ich dabei einen Flügeladjutanten verloren,[24] den ich mir erzogen hatte und der außerordentliche Anhänglichkeit für mich besaß. In einem kritischen Augenblick setzte sich der tapfere Mann an die Spitze einer Schwadron, attackierte eine russische Abteilung und warf sie über den Haufen; dabei fand er den Heldentod, mit siebenundzwanzig Wunden bedeckt. Seitdem gehen mir immerfort die Augen über, und was mein Verstand auch anfängt, ich kann mich darüber nicht trösten. So bin ich nun; Dir vertraue ich all meine Schmerzen und meinen heimlichen Kummer an. Bedenke drum, was aus mir würde, träfe mich das nie heilbare Unglück, Dich zu verlieren! Ach, meine teure, meine göttliche Schwester, bitte vollbringe doch Unmögliches, um wieder zu genesen! Mein Leben, mein Glück und Dasein liegen in Deinen Händen. Ich beschwöre Dich, mach, daß ich bald Trost erhalte und nicht zum unglücklichsten aller Sterblichen werde. In diesem Sinne bleibe ich, teuerste Schwester, bis zum letzten Atemzuge Dein getreuster Bruder und Diener

Friderich.

---

23 Der Verlust der Russen betrug höchstens 20 000 Mann, der der Preußen etwa 11 000 Mann.
24 Hauptmann von Oppen.

## An Heinrich

[Schönfeld], den 21. [September 1758.]

Lieber Bruder,
... Ich beschwöre Dich, raube mir die Hoffnung nicht; sie ist die einzige Stütze der Unglücklichen! Bedenke, daß ich mit meiner Bayreuther Schwester aufgewachsen und erzogen bin, daß diese erste Anhänglichkeit unzerstörbar ist. Unsere lebendigste Zärtlichkeit hat nie die geringste Einbuße erfahren; wir haben verschiedene Körper, aber nur eine Seele. Ich habe so viel Unglück aller Art erlitten, das mir das Leben verleiden könnte, und nur das Eine kann ich noch befürchten, das mir das Dasein vollends unerträglich machen wird. So, lieber Bruder, sieht es in meinem Herzensgrunde aus, und doch schildere ich Dir nur einen Teil der düsteren Vorstellungen, die mich beherrschen. Meine Gedanken sind heute so schwarz, daß Du es nicht übelnehmen wirst, wenn ich sie in meiner Brust verschließe.

## An den Lord Marschall von Schottland

Doberschütz, 19. Oktober 1758.

Mit tiefem Bedauern, Mylord Marschall von Schottland, teile ich Ihnen den Tod meines wackeren Feldmarschalls Keith[1] mit. Als sollte alles Unglück zusammentreffen, um mich niederzuschmettern, ist mir auch die Markgräfin von Bayreuth entrissen worden, die inniggeliebte Schwester,[2] die der größten Liebe wert war.

Friderich.

Welch traurige Botschaft für uns beide![3]

Dresden, 23. November 1758.

Es bleibt uns nichts, lieber Mylord, als gemeinsam über unsere Verluste zu weinen. Wäre mein Kopf ein Behälter von Tränen, er reichte für meinen Schmerz nicht aus. Unser Feldzug ist zu Ende und das beiderseitige Ergebnis ist der Verlust vieler ehrlicher Leute, das Unglück so vieler zeitlebens verstümmelter Soldaten, der Ruin mehrerer Provinzen, die Verwüstung, Plünderung und Einäscherung mancher blühenden Stadt. Das, lieber Mylord, sind Heldentaten, vor denen die Menschlichkeit erschaudert, traurige Wirkungen der Bosheit und Ehrsucht einiger Machthaber, die ihren zügellosen Leidenschaften alles zum Opfer bringen! Ihnen, lieber Mylord, wünsche ich nichts, was mit meinem Schicksal irgendwelche Ähnlichkeit hat, aber

---

1 Feldmarschall Keith fiel bei Hochkirch.
2 Wilhelmine war am 14. Oktober, dem Tag der Niederlage von Hochkirch, gestorben.
3 Nur dieser Zusatz ist eigenhändig.

alles, was ihm fehlt. Das ist das einzige Mittel zu Ihrem Glück, an dem ich mehr als irgendwer Anteil nehme. Ich verbleibe, bis ins Grab Ihr alter Freund

           Friderich.

# An Ulrike

[Potsdam,] 5. April 1771.

Meine liebe Schwester,
Ich nehme innigsten Anteil an Deinem Schmerz.[1] Wie ich Dich kenne, wundert es mich nicht, daß der Verlust eines Fürsten, den Du liebtest, Dir so nahe geht, und ich begreife wohl, welch schrecklichen Eindruck Dir überdies die tragische Szene gemacht hat, deren Zeugin Du warst. Aber, liebe Schwester, man täuscht sich bestimmt, wenn man in der Welt mehr Gutes als Schlimmes erwartet; sie ist die denkbar schlechteste aller Welten. Es gibt keinen Kummer, dem man nicht ausgesetzt wäre; die kurzen Augenblicke der Ruhe sind die einzigen, die wir als glücklich anschlagen dürfen. Darum kannst auch weder Du, noch kann ich oder sonst jemand ein glücklicheres Los verlangen, als uns zugemessen ist, und wir müssen uns über die Notwendigkeit des Übels und die Vergeblichkeit aller Heilmittel klar werden. Mein Leben war nur ein Gespinst von Widerwärtigkeiten, Kummer und Elend. Die Erfahrung im Unglück hat mich einsehen lassen, daß alle Dinge als vorübergehende Erscheinungen zu betrachten sind, die wir nur einen Augenblick genießen. Sie ziehen wie auf einer Wandelbühne an unsern Augen vorbei und wir müssen uns hüten, ihnen einen imaginären Wert beizulegen. Offen gestanden, erstreckt sich mein Stoizismus nicht aufs Herz. Ich fürchte nichts außer dem Verlust meiner Freunde und Verwandten. Stärke und Einfluß dieser Gemütsanlage lassen sich nicht bezwingen. Das ist leider auch Dein Fall; nur Zeit und Nachdenken vermögen Deinen Schmerz zu lindern. Ich beschwöre Dich also: bedenke, daß Du Mutter bist und daß Dein Gatte Dir vier Ebenbilder seiner

---

[1] König Adolf Friedrich von Schweden war am 12. Februar 1771 gestorben.

Liebe hinterlassen hat; ihnen mußt Du Dich erhalten. Dein Gatte lebt in Deinen Kindern weiter und sie hegen die gleiche Zärtlichkeit für ihre Mutter – oder sollen es doch – wie der, dem sie ihr Leben verdanken. Für sie mußt Du leben und, wenn ich es hinzusetzen darf, für einen Bruder und eine Familie, die Du hier zurückgelassen hast und die es wert sind, daß Du Dich für sie erhältst. Dies ist der Augenblick, wo Du zweifellos alle Deine Charakterstärke und Seelengröße aufbieten wirst, um das Unglück zu ertragen, das Dir ich weiß nicht welches Geschick sendet ...


[Berlin,] 20. Mai 1771.

Meine liebe Schwester,
... Du stellst mir eine recht metaphysische Frage! Ich soll Dir die Verkettung der Umstände erklären, die unsere Pläne zerstört und uns in alles mögliche Unglück stürzt.[2] Ich bin fest überzeugt, daß das höchste Wesen, der Schöpfer alles Guten, nicht der Urheber des Bösen sein kann. Das hieße ja einen philosophischen Widerspruch konstruieren und den Urheber alles Guten fürchterlich lästern. Aber wenn wir nicht so weit gehen, finden wir das Verhängnis im Spiel der unberechenbaren Ursachen, im Gegeneinanderwirken einer Menge von Menschen, in der Beschaffenheit unsers Organismus, der die Menschen so grundverschieden macht, in unsern Leidenschaften, die uns beständig erregen und quälen. Das sind die Ursachen, liebe Schwester, die die Menschen unglücklich machen. Je weniger Sittlichkeit in einem Volke herrscht, desto mehr greifen die Leidenschaften um sich und desto größer sind ihre Verheerungen. In den Republiken sind diese Erschütterungen heftiger als in den Monarchien, weil so viele Menschen an der Regierung

---

2 Hiernach hatte Ulrike am 7. Mai gefragt.

beteiligt sind; und sobald der Geist der Entsittlichung eine Republik ergreift, ist es um sie geschehen; Unehrlichkeit, Treulosigkeit und Verrat nehmen dann überhand. In den Monarchien wäre es nicht anders, würden die Menschen nicht im Zügel gehalten und hinderte nicht die Furcht sie daran, Verbrechen zu begehen. Überhaupt ist der Mensch ein boshaftes Tier, das im Zaum gehalten werden muß, wenn es der Gesellschaft nicht schädlich werden soll.

Es sind traurige Wahrheiten, liebe Schwester, die ich Dir da schreibe. Wer aber solange mit Menschen zu tun gehabt hat und sie durch die Erfahrung einer dreißigjährigen Regierung kennt, wird nicht ihr Lob singen. Als ich in dem unglücklichen Kriege am Rande des Abgrunds stand, von finstern Gedanken erfüllt und mit meinem Schicksal zerfallen, warf ich Gedanken über das Verhängnis aufs Papier und richtete sie – es waren Verse – an meine Schwester Amalie.[3] Ich erlaube mir, Dir eine Abschrift davon zu schicken, bitte Dich aber, sie niemand zu geben; denn ich rede dort frei heraus und viele Menschen könnten sich verletzt fühlen, wenn sie ihren Namen darin finden. Das ist ungefähr alles, was die Philosophie uns über diesen Gegenstand lehrt; aber tröstlich, liebe Schwester, ist es nicht; denn überblickt man das Leben selbst des glücklichsten Menschen, so findet man, daß die Summe der Übel die des Guten überwiegt.

Niemand hat uns gefragt, ob wir zur Welt kommen wollen. Man setzt uns hinein, Gott weiß wie; wir leiden an Leib und Seele und sterben dann, ohne daß jemand uns sagen könnte, warum wir diese Verwandlungen durchmachen und in so viele grausame Lebenslagen kommen, nur um zu sterben und ins Grab zu sinken, tief empört über die alberne Rolle, die wir haben spielen müssen. Das Sicherste ist, die irdischen Dinge mit philosophischer Gleichgültigkeit zu betrachten und die Welt als einen Durchgangsort anzusehen, als eine Herberge, in der

---

3 »Über den Zufall« (1757).

wir nicht lange verweilen, alle Freude so tief auszukosten, als wir vermögen, und sich gegen den Kummer ein dickes Fell anzulegen. Ich gestehe Dir, daß ich auch ohne diese schönen Gedanken nicht am Leben hänge. Ist das Herz verwundet und verheilt die tiefste Wunde – die, welche der Verlust geliebter Menschen uns schlägt – nur mit der Zeit und durch Ablenkung, so muß man sich nach besten Kräften mit Dingen beschäftigen, die in keinerlei Beziehung zu unserm Schmerz stehen. Mögen Deine Kinder Dir den Anlaß dazu geben. Sie können Dir erzählen, was sie auf ihren Reisen gesehen haben; bei häufiger Wiederholung schläfern diese fremdartigen Gedanken den alten Schmerz ein.

Wie glücklich wäre ich, liebe Schwester, gingen Deine Wünsche ganz in Erfüllung und würde mir das Glück zuteil, Dich wiederzusehen und zu umarmen![4] Aber der Mensch muß leben, und wenn Dir der Verlust geliebter Angehöriger nahegeht, so mußt Du Dir recht klar machen, daß für alle, die Dich lieben, ein gleiches gilt und ich hoffe, daß Du ihnen den tödlichen Kummer ersparen wirst, Dich nach dem Wiedersehen zu verlieren. Lebe denn, teure Schwester! Lebe! Und wenn Dein Sohn, der König, seinen Weg nicht gleich zu Anfang geebnet findet, so wird das mit der Zeit schon kommen. Die Gelegenheit macht alles, man muß sie nur abwarten und ich bürge Dir dafür, daß sie früher oder später eintritt.

Inzwischen kannst Du Deine Tage in Ruhe verbringen, dem ungestümen Wirbelsturm der Reichstage entrückt, der Dich mehr als einmal fast umgerissen hätte. Als Herrin Deiner selbst, vor den politischen Stürmen geborgen, wirst Du unendlichen Trost in der Literatur, in den Wissenschaften und Künsten finden, die Du so liebst. In ihre Gesellschaft, in ihre Freistatt habe auch ich mich auf meine alten Tage geflüchtet: da finde ich das einzige Glück, das unserm elenden Geschlecht hienieden erreichbar ist. Ich empfehle Dir etwas, was Du liebst

---

4 Ulrike kam im Dezember 1771 auf sieben Monate nach Potsdam.

und was ich gleichfalls liebe. Glaube mir, liebe Schwester, Ehrsucht hat noch keinen glücklich gemacht, aber der Wunsch, sich zu belehren und aufzuklären, läßt die Tage derer friedlich dahinfließen, die sich diesem glücklichen Hang überlassen.

Ich bitte Dich tausendmal um Vergebung für den riesigen Papierwust, den ich Dir schicke, aber die Schuld daran trägt Du selbst. Du hast mich über einen schwierigen Gegenstand befragt: dadurch hast Du Dir diesen Erguß von Philosophie und Dichtung zugezogen. Manche Leute fragt man nie, ohne es nachher zu bereuen; ich fürchte, das ist auch hier der Fall und Du sagst Dir im stillen: »Welch einen verwünschten Schwätzer von Bruder hat die Natur mir gegeben!« Ja, ich bin ein Schwätzer, ich kann es nicht leugnen. Das aber tut meiner unendlichen Liebe und Hochachtung keinerlei Abbruch. Ich verbleibe für immer, liebste Schwester, Dein getreuer Bruder und Diener
Friderich.


[Potsdam,] 5. November 1771.

Liebste Schwester,
... Ich werde Dich also hier wiedersehen! Dieser holde Gedanke, auf den ich schon für immer verzichtet hatte, wird in Erfüllung gehen – dank Deiner tatkräftigen Freundschaft. Darüber vergesse ich die Gicht und die Schmerzen, die sie mich ausstehen ließ: Du wirst mich verjüngen, indem Du es mir ermöglichst, eine so heißgeliebte Schwester zu umarmen.

Hier bereite ich alles auf Deine Ankunft vor. Ich möchte Dir den hiesigen Aufenthalt so angenehm wie möglich gestalten, bitte Dich aber, darauf gefaßt zu sein, einen alten Gichtkranken zu finden, der an sämtlichen Gliedern halb gelähmt ist, einen runzligen Greis, der alle Spuren des Alters trägt, kurz, einen alten Schwätzer, der Faseleien drechselt. Nur meine Gefühle verdienen Deine Beachtung: Du wirst die zärtlichste brüderliche Freundschaft finden und den Eifer, die Hochachtung und Anhänglichkeit, mit der ich, liebste Schwester, verbleibe Dein getreuster Bruder und Diener

Friderich.

Verzeih, wenn die Gicht mich hindert, Dir mehr zu schreiben.

[Potsdam,] 4. August 1772.[5]

Liebste Schwester,
Wenn ich bei unserer Trennung stumm blieb, so geschah es, um nicht noch mehr gerührt zu werden. Man soll keine öffentlichen Szenen aufführen. Ich habe meinen Geist in der traurigen Scheidestunde soviel wie möglich abgelenkt. Trotzdem ist mein Herz nicht minder dankerfüllt für das Glück, das Du mir bereitet hast, Dich vor meinem Tode noch einmal umarmen zu dürfen. Das zärtliche Andenken an Dich, liebe Schwester, wird in meinem Geiste leben, solange noch ein Hauch in mir ist. Nie werde ich vergessen, welche weiten Meere und Länderstrecken Du durchmessen hast, um in den Schoß Deiner Familie zurückzukehren, die Dich anbetet. Wie oft werde ich mir nicht im stillen sagen: hier habe ich ihre Gegenwart genossen; dort hat sie mich durch ihr liebenswürdiges Geplauder entzückt; dort hat sie das und das gesagt, und die Grazien, ihre Begleiterinnen, haben sie niemals verlassen.

Das, liebe Schwester, ist nur eine schwache Skizze der Eindrücke, die Du mir hinterlassen hast. Ich bin in einem Alter, wo ich mich am Ende meiner Laufbahn sehe. Ich schicke mich an, die Welt ohne Bedauern zu verlassen, aber ich glaube nicht, daß dieser völlige Abschied mir so sauer werden wird wie der, den ich heute genommen habe. Es ist Sache der Vernunft, des strengen Schulmeisters unserer Empfindungen, die Stimme der Na-

---

5 An diesem Tage trat Ulrike die Rückreise an.

tur zu ersticken, wenn sie es vermag, und mir immerfort zu wiederholen, daß es Wahnsinn ist, Unmögliches zu wünschen, und daß man nicht gegen die schicksalsvolle Verkettung der Ursachen murren darf, die uns alle fortreißt und unser Schicksal bestimmt. Das soll mich aber nicht hindern, Dir tausendfältig langes Leben, Wohlergehen und Zufriedenheit zu wünschen. Wenn ich nur erfahre, daß Du glücklich und zufrieden bist, werde ich meinen Gram herunterwürgen und hochbeglückt sein, wenn ich Gelegenheit finde, wo ich Dir beweisen kann, mit welch zärtlicher Liebe und Hochschätzung ich Dir zugetan bin.

# ANHANG

# Literaturnachweise

Die folgenden Nachweise beziehen sich mit Ausnahme des Textes *An meinen Geist* auf die Ausgaben:
Die Werke Friedrichs des Großen in deutscher Übersetzung. Hrsg. von Gustav Bertold Volz, übersetzt von Friedrich von Oppeln-Bronikowski, Willy Rath und Carl Werner von Jordans. 10 Bde. Berlin: Verlag von Reimar Hobbing, 1913–1914.
Briefe Friedrichs des Großen. Hrsg. von Max Hein, übersetzt von Friedrich von Oppeln-Bronikowski und Eberhard König. 2 Bde. Berlin: Verlag von Reimar Hobbing, 1914. [*Briefe*]

Politische und historische Schriften:

Der Antimachiavell, Bd. 7: Vorwort, S. 3–5/Kap. 1–3, S. 6–15/Kap. 8, S. 32–36/Kap. 9, S. 37–39/Kap. 14, S. 54–59/ Kapitel 17, S. 67–69.
Fürstenspiegel oder Unterweisung des Königs für den jungen Herzog Karl Eugen von Württemberg, Bd. 7: S. 200–203.
Denkwürdigkeiten zur Geschichte des Hauses Brandenburg, Bd. 1: Vorrede von 1748, S. 5–6/Zur Einführung (1751), S. 7–11
Geheime Instruktion für den Kabinettsminister Graf Finckenstein, Bd. 7: S. 281–282.
Testament des Königs vor der Schlacht bei Leuthen, Bd. 7: S. 283.
Schreiben des Königs an Prinz Heinrich von Preußen, Bd. 7: S. 284–285.

Ordre an meine Generals dieser Armee, wie sie sich im Fall zu verhalten haben, wann ich sollte todt geschossen werden, Bd. 7: S. 285–286.

Das Testament vom 8. Januar 1769, Bd. 7: S. 287–291.

Abriß der preußischen Regierung und der Grundsätze, auf denen sie beruht, nebst einigen poetischen Betrachtungen, Bd. 7: S. 210–216.

Betrachtungen über den politischen Zustand Europas, Bd. 7: S. 217–221.

## Militärische Schriften:

Die Talente des Heerführers, Bd. 6: S. 32–35

Kriegslisten, Bd. 6: S. 36–38.

Spione und ihre Anwendung und wie man sich Nachrichten vom Feinde verschafft, Bd. 6: S. 38–40.

## Philosophische Schriften:

Über den Nutzen der Künste und Wissenschaften, Bd. 8: S. 54–61.

Über die Unschädlichkeit des Irrtums des Geistes, Bd. 8: S. 10–21.

Vorrede zu Voltaires *Henriade*, Bd. 8: S. 3–9.

An meinen Geist
 Aus: Frédéric le Grand. A mon Ésprit/Friedrich der Große. An meinen Geist [zweisprachige Ausgabe]. Übersetzt von Edwin Redslob. Potsdam: Verlag von Eduard Stichnote, 1943.

Lob der Trägheit, Bd. 8: S. 194–198.

Über die Erziehung, Bd. 8: S. 257–267.

Die Eigenliebe als Moralprinzip, Bd. 8: S. 44–53.

Gedächtnisrede auf Voltaire, Bd. 8: S. 232–247.

Über die deutsche Literatur. Die Mängel, die man ihr vorwerfen kann, ihre Ursachen und die Mittel zu ihrer Verbesserung, Bd. 8: S. 74–99.

Briefe:

*An Voltaire*

Brief vom 25. Dezember 1737, *Briefe* Bd. 1: S. 117–121.
Brief vom 19. Januar 1738, *Briefe* Bd. 1: S. 122–123.
Brief vom 19. Februar 1738, *Briefe* Bd. 1: S. 123–128.
Brief vom 17. Juni 1738, *Briefe* Bd. 1: S. 129–130.
Brief vom 30. September 1738, *Briefe* Bd. 1: S. 131–132.
Brief vom 8. Januar 1739, *Briefe* Bd. 1: S. 137–138.
Brief vom 3. Februar 1739, *Briefe* Bd. 1: S. 140–141.
Brief vom 22. März 1739, *Briefe* Bd. 1: S. 143–144.
Brief vom 9. September 1739, *Briefe* Bd. 1: S. 151–152.
Brief vom 4. Dezember 1739, *Briefe* Bd. 1: S. 154–156.
Brief vom 6. Januar 1740, *Briefe* Bd. 1: S. 157–158.

*An Wilhelmine*

Brief vom 30. November 1756, *Briefe* Bd. 2: S. 13.
Brief vom 19. Februar 1757, S. *Briefe* Bd. 2: 13–14.
Brief vom 1. Juli 1757, S. *Briefe* Bd. 2: 16–17.
Brief vom 5. Juli 1757, *Briefe* Bd. 2: S. 18.
Brief vom 13. Juli 1757, *Briefe* Bd. 2: S. 19–21.
Brief vom 9. September 1757, *Briefe* Bd. 2: S. 22–23.
Brief vom 17. September 1757, *Briefe* Bd. 2: S. 24–27.
Brief vom 28. September 1757, *Briefe* Bd. 2: S. 27–29.
Brief vom 5. November 1757, *Briefe* Bd. 2: S. 29–30.
Brief vom 14. Januar 1758, *Briefe* Bd. 2: S. 32.
Brief vom 8. Februar 1758, *Briefe* Bd. 2: S. 32–33.
Brief vom 4. August 1758, *Briefe* Bd. 2: S. 37–38.

Brief vom 25. August 1758, *Briefe* Bd. 2: S. 39.
Brief vom 30. August 1758, *Briefe* Bd. 2: S. 40–41.

*An Heinrich*

Brief vom 21. September 1758, *Briefe* Bd. 2: S. 42.

*An den Lord Marschall von Schottland*

Brief vom 19. Oktober 1758, *Briefe* Bd. 2: S. 42.
Brief vom 23. November 1758, *Briefe* Bd. 2: S. 42–43.

*An Ulrike*

Brief vom 5. April 1771, *Briefe* Bd. 2: S. 197–198.
Brief vom 20. Mai 1771, *Briefe* Bd. 2: S. 198–200.
Brief vom 5. November 1771, *Briefe* Bd. 2: S. 200–201.
Brief vom 4. August 1772, *Briefe* Bd. 2: S. 203–204.

# Daten zu Leben und Werk

1712
Geburt am 24. Januar 1712 als Sohn des »Soldatenkönigs« Friedrich Wilhelm I. und dessen Gemahlin Sophie Dorothea von Hannover.

1713
Tod des Großvaters (Friedrich I.), des ersten Königs in Preußen. Thronbesteigung Friedrich Wilhelms I., der den Staat im Sinne spartanischer Pflichterfüllung und des Ausbaus militärischer Macht reorganisiert. An den gleichen Prinzipien orientiert sich auch die mit patriarchalischer Autorität in Angriff genommene Erziehung des Thronfolgers.

1730–1732
Am 5. 8. 1730 scheitert ein Fluchtversuch, in dem das langjährige Aufbegehren des künstlerisch interessierten und schöngeistig veranlagten Thronfolgers gegen die repressiven Maßnahmen des Vaters seinen Höhepunkt findet. Auf Anordnung des Königs wird vor den Augen des Sohnes das Todesurteil an dessen Fluchthelfer und Freund Hans Hermann von Katte vollstreckt. Friedrich, zunächst zur Haft verurteilt, erhält eine Ausbildung im Verwaltungs- und Militärwesen.

1733
Auf Druck des Vaters heiratet der Thronfolger gegen den Wunsch seiner Mutter und entgegen seiner eigenen Neigung Elisabeth Christine von Braunschweig-Bevern.

1736–1740
Umzug in das Schloss Rheinsberg, wo Friedrich im Kreise kunstliebender Freunde seine unbeschwertesten Jahre verlebt. 1738: Komposition der ersten Sinfonie. 1739: Entstehung des von Gedanken der Aufklärung geprägten *Antimachiavell*.

1740
Mit dem Tod des Vaters am 31. Mai 1740 wird Friedrich König in Preußen. Zu seinen ersten Amtshandlungen gehört die Abschaffung der Folter und des Ertränkens von Kindesmörderinnen. Die ebenfalls durchgeführte Abschaffung der Zensur wird später zum Teil rückgängig gemacht. Toleranz gegenüber Andersgläubigen und Zuwanderern aus anderen Ländern wird zum weltanschaulichen und politischen Leitprinzip.

1740–1742
Erster Schlesischer Krieg. 1742: Im Berliner Frieden wird Preußen der überwiegende Teil Schlesiens und die Grafschaft Glatz zugesprochen. 1742: Einweihung der Königlichen Oper in Berlin.

1744/45
Zweiter Schlesischer Krieg. 1745: Sieg über die zahlenmäßig weit überlegenen Feinde bei Hohenfriedberg. Im Frieden von Dresden wird der Besitz Schlesiens erneut bestätigt und im Gegenzug Franz I., der Gemahl Maria Theresias, mit der Stimme Preußens zum Kaiser gewählt. Friedrich erhält den Beinamen »der Große«.

1747
Einweihung des von Friedrich geplanten und seinem Baumeister Knobelsdorff ausgeführten Schlosses Sanssouci, wo der König Abendessen für Philosophen, Schriftsteller und Gelehrte wie z. B. La Mettrie, d'Argens und Maupertuis gibt.

1750–1753
Aufenthalt Voltaires in Sanssouci. Dessen Spekulationsgeschäfte führen schon bald zu einer ersten Kontroverse mit dem König. Nach Angriffen Voltaires auf den Akademiepräsidenten Maupertuis kommt es 1753 zum Zerwürfnis. Wegen eines im Reisegepäck befindlichen Bandes mit Gedichten des Königs lässt dieser den aus Potsdam geflüchteten Voltaire vorübergehend verhaften.

1756–1763
Siebenjähriger Krieg. 1756: Mit der Besetzung Sachsens versucht Friedrich nach der »Umkehrung« der bisherigen Allianzen dem erwarteten Angriff der gegen ihn gerichteten Koalition (Österreich, Russland, Frankreich, Schweden, Reichstruppen) zuvorzukommen. 1757: Siege u. a. bei Roßbach und Leuthen. Erste Niederlage des Siebenjährigen Krieges in der Schlacht von Kolin. Tod der Mutter. 1758: Nach der siegreichen Schlacht von Zorndorf entgeht die preußische Armee in der Niederlage von Hochkirch nur mit knapper Not der völligen Vernichtung. Tod der Lieblingsschwester Wilhelmine. 1759: Nach dem Verlust von 20 000 Soldaten bei der Niederlage von Kunersdorf trägt sich der König mit dem Gedanken, die Krone niederzulegen. 1760: Besetzung Berlins durch russische und österreichische Truppen. Sieg Preußens in der Schlacht von Torgau. 1761: Nach der Einstellung der britischen Subsidien droht der völlige Zusammenbruch Preußens. 1762: Rettung Preußens durch den Tod der Zarin Elisabeth und den mit ihrem Nachfolger Peter III., einem Verehrer Friedrichs, geschlossenen Separatfrieden von St. Petersburg. Die allgemeine Kriegsmüdigkeit führt am 16. 2. 1763 zum Frieden von Hubertusburg.

1763
Beginn des inneren Wiederaufbaus Preußens (»Rétablissement«): Abstellung von Soldaten zum Einsatz in der Land-

wirtschaft, Initiierung des Kartoffelanbaus, Beseitigung der Inflation, Instandsetzung und Ausbau der Verkehrswege, Neulandgewinnung durch Trockenlegungen, Reduktion von Auslandsimporten durch Schutzzölle, Anwerbung von Kolonisten aus anderen Ländern u. a. m.

## 1770
Immanuel Kant wird mit Einwilligung Friedrichs Professor für Logik und Metaphysik in Königsberg.

## 1772
Durch die 1. Polnische Teilung, die in vertraglicher Abstimmung mit Österreich und Russland erfolgt, erweitert sich das preußische Herrschaftsgebiet um Westpreußen. Friedrich trägt von diesem Zeitpunkt an den Titel »König von Preußen«, statt wie bisher »König in Preußen«.

## 1778 / 1779
Bayerischer Erbfolgekrieg, ausgelöst durch Ansprüche Kaiser Josephs II. auf Niederbayern und die Oberpfalz. Vorübergehende Besetzung Böhmens durch preußische und sächsische Truppen. Maria Theresia wendet sich in einem um Ausgleich bemühten Schreiben an Friedrich. Nach dem Ausbleiben größerer Kriegshandlungen endet der Krieg schließlich ergebnislos mit dem Frieden von Teschen. 1779: Absetzung und Bestrafung von Justizbeamten im Zusammenhang des Müller-Arnold'schen Prozesses, in dem der König ein Exempel gegen Parteilichkeit und juristische Unfähigkeit zu statuieren versucht.

## 1780
Tod Maria Theresias.

1784
Auf Initiative des Königs wird mit der Ausarbeitung eines neuen Preußischen Landrechts begonnen.

1786
Bis zuletzt an seinen Pflichten als Staatslenker festhaltend, stirbt Friedrich der Große nach schwerer Krankheit weitgehend vereinsamt in seinem Schloss Sanssouci.

## Aus Kindlers Literatur Lexikon:
## Friedrich II., ›Der Antimachiavell‹

Die 1739 auf Französisch geschriebene, stilistisch und inhaltlich von Voltaire überarbeitete und 1740 anonym herausgegebene schmale Schrift ist das Paradigma einer antimachiavellistischen Polemik, die ihren Gegenstand schon deshalb verfehlt, weil Machiavelli kein »Machiavellist« war. Friedrichs »Geständnis« im ersten *Politischen Testament* (1752), Machiavelli habe letztlich doch recht gehabt, offenbart die ganze Ambivalenz im Verhältnis der Antimachiavellisten zum Erfinder der neuzeitlichen Idee der Staatsräson – deutlich zum Ausdruck gebracht auch im *Avant-Propos* zur *Histoire de mon temps* (1746), in den *Geständnissen* (1742/43) und im zweiten *Politischen Testament* (1768). Der *Antimachiavell* verteidigt, was Friedrich in eigener politischer Praxis zu verletzen gezwungen war: die aufklärerischen Ideen einer tugendhaften, maßvollen, auf Wohlfahrt der Untertanen, auf Frieden und Gerechtigkeit bedachten Staatsführung, wie er sie bei Marc Aurel, Montesquieu, Bernardin de Saint-Pierre, Fénelon und Voltaire kennen- und schätzen gelernt hatte.

Friedrich hat nur den *Principe* (in einer französischen Ausgabe aus dem Jahr 1696) gelesen, und sein aufklärerisches Ethos entzündete sich vor allem am 18. Kapitel, in dem Machiavelli dem Herrscher empfiehlt, »im Notfall« vor Heuchelei und Verstellung, Wortbruch und Betrug nicht zurückzuschrecken. Die weitaus weniger »machiavellistischen« *Discorsi* kannte er nicht. So übersah er, dass Machiavelli dem Staatsmann nicht per se zu unmoralischem Handeln rät, sondern nur dazu, »gelegentlich« auch jene Mittel zu ergreifen, die den Machterhalt garantieren. Seine Nähe zu dieser Anschauung ist Friedrich paradoxerweise nicht klar gewesen. Im aufgeklärten

Gedankengut des Kronprinzen füllte sich vor allem der Begriff der Tugend mit einem anderen Inhalt als in der Grundidee des Renaissancediplomaten, in der die »virtù« des Herrschers keine moralische Kategorie bezeichnete, sondern politische Tüchtigkeit im Erwerb und Erhalt der Macht.

Friedrichs politische Ethik verlangte es dem Herrscher ab, »erster Diener« seiner Untertanen zu sein – so die Formulierung im ersten Kapitel, das Friedrich als »Angelpunkt« des *Antimachiavell* bezeichnet. Auf diese klassische Konzeption eines antidespotischen, im philosophisch gehaltvollen Sinne des Wortes republikanischen Königtums zielte auch sein eigenes Verständnis der Staatsräson. Sie förderte und erhielt die monarchische Herrschaft, aber nicht um ihrer selbst willen, sondern um zu verwirklichen, was die Aufklärung anzubieten hatte: Recht, Toleranz, Wohlfahrt, Erziehung, Kultur und Fortschritt. Verglichen mit diesem aufgeklärten Herrschaftsanspruch sind die Kapitel 2 bis 26, die Friedrichs »Gegengift« zu den entsprechenden Kapiteln des *Principe* enthalten, staatstheoretisch eine ›quantité négligeable‹.

Werner von Stegmann / Rolf Gröschner

Aus: Kindlers Literatur Lexikon. 3., völlig neu bearbeitete Auflage. Herausgegeben von Heinz Ludwig Arnold (ISBN 978–3–476–04000–8). – © der deutschsprachigen Originalausgabe 2009 J. B. Metzler'sche Verlagsbuchhandlung und Carl Ernst Poeschel Verlag, Stuttgart (in Lizenz der Kindler Verlag GmbH).

## Aus Kindlers Literatur Lexikon:
## Friedrich II., ›Über die deutsche Literatur‹

Die Resonanz, welche die 1780 auf Französisch erschienene Schrift des preußischen Königs über die deutsche Literatur bis zur Mitte des 20. Jh.s hatte, steht im umgekehrten Verhältnis zu dem verblüffend ignoranten Urteil, das sich der Monarch – der deutschen Hochsprache seiner Zeit kaum mächtig – über die deutsche Dichtung erlaubte. Mit seinem Traktat wollte der König ursprünglich dem Baron Bielefeld begegnen, der 1752 unter dem Titel *Progrès des allemands [...]* eine Apologie der Deutschen veröffentlichte. Friedrich war aber über die deutschsprachige Literatur des Mittelalters und der Frühen Neuzeit und über die zeitgenössischen deutschen Gegenwartsschriftsteller kaum informiert; noch peinlicher war es, dass seine ohnehin dürftigen Kenntnisse das Jahr 1750 nicht überschritten. Sein schmaler Literaturkanon hebt Fabeln von Geßner und Gellert sowie Gedichte von Canitz und Werke des Schweizers von Haller hervor; diesen Autoren stellt er drittrangige, um 1780 kaum noch gelesene Schriftsteller wie von Ayrenhoff und Mascow an die Seite. So entgehen Friedrich der spektakuläre Aufstieg der deutschen Literatur seit 1750 und deren immer bedeutendere Rolle innerhalb der zeitgenössischen Kultur und Gesellschaft; von der Literatur der vorausgegangenen 30 Jahre scheint der König einzig Goethes *Götz* wahrgenommen zu haben, gegen den er heftig polemisiert. Von Klopstock, Wieland, Lessing (der einige Jahre in Berlin verbrachte), Schiller und Herder sowie von anderen Werken Goethes, etwa vom *Werther*, ist nirgends die Rede.

Der tiefere Grund für diese Unkenntnis liegt darin, dass Friedrich der im Bürgertum wurzelnden deutschen Kultur sehr fern stand. Es wäre falsch, diese kategorische Distanz nur als individuelles Versäumnis des Monarchen zu interpretieren. Die aristokratische Kultur in Deutschland war während des 18. Jh.s am hochliterarischen französischen Lektürekanon orientiert; französische Lesekultur prägte den literarischen Geschmack. Noch in Friedrich Nicolais Roman *Das Leben und die Meinungen des Herrn Magister Sebaldus Nothanker* (1773–1776) wird geschildert, wie landadlige Fräuleins gegen den erklärten Willen ihrer Mutter in aller Heimlichkeit deutsche Literatur lesen. Es gilt daher Friedrichs Standpunkt kultursoziologisch nachzuvollziehen, dass das Deutsche nicht als Literatursprache tauge. Seine Reformvorschläge zur Verbesserung der deutschen Sprache, so pedantisch und abstrus sie aus heutiger Sicht erscheinen, sind durchaus ernst gemeinte, der frühen Aufklärung verpflichtete, die kulturellen Konstellationen von 1780 indes völlig negierende und daher schon im Ansatz gescheiterte Projekte (beispielsweise sollten die Verben »sagen«, »geben« und »nehmen« durch »sagena«, »gebena« und »nehmena« ersetzt werden). Ziel des an antiken Vorbildern wie Homer, Vergil und Tacitus geschulten, rhetorisch hochgebildeten Königs war es, die »halbbarbarische Sprache«, das Deutsche, im Sinne des französischen Klassizismus für den europäischen Wettbewerb der Kulturen hoffähig zu machen – als endgültige Überwindung eines durch Konfessionsstreit und den Dreißigjährigen Krieg zurückgeworfenen Landes: »Die Musen verlangen ruhige Zufluchtsorte; sie fliehen die Gegenden, wo die Verwirrung herrscht und alles zerstört wird.«

Es gehört zu den Paradoxien der Wirkungsgeschichte jenes schon von den Zeitgenossen breit diskutierten Königstraktats, dass Friedrichs zahlreiche Kritiker mit dem Grundgedanken des Schutzes der Musen sehr übereinstimmten und daher auf viele erfolgreiche deutsche »Musen«-Projekte hinwiesen, ohne dass dies den König bis zu seinem Tode irgendwie beeindruckt hätte.

Hermann Korte

Aus: Kindlers Literatur Lexikon. 3., völlig neu bearbeitete Auflage. Herausgegeben von Heinz Ludwig Arnold (ISBN 978-3-476-04000-8). – © der deutschsprachigen Originalausgabe 2009 J. B. Metzler'sche Verlagsbuchhandlung und Carl Ernst Poeschel Verlag, Stuttgart (in Lizenz der Kindler Verlag GmbH).

**Vom Alten Fritz**
Ein Lesebuch über Friedrich den Großen
Herausgeben von Matthias Siedenschnur-Sander
Band 90384

Wer war Friedrich der Große? Schon zu Lebzeiten wurde er zum Mythos. Seine Leidenschaft galt der Musik, der Philosophie, der Poesie. Er war kluger Militärstratege und reformorientierter Innenpolitiker. An seinem Hof und in Briefen verkehrte er mit Voltaire, Katharina der Großen und anderen namhaften Persönlichkeiten Europas. Friedrich II. verfolgte seine Ziele hochdiszipliniert, engagiert und nicht selten rücksichtslos. Dieses Lesebuch versammelt die denkwürdigsten Berichte und Anekdoten seiner Zeitgenossen sowie literarische Reflexionen über den König von Preußen und zeichnet so ein schillerndes Porträt des Alten Fritz.

Mit Texten von Voltaire, Mirabeau, Theodor Fontane, Thomas Mann und anderen.

Das gesamte Programm von Fischer Klassik
finden Sie unter:
www.fischer-klassik.de

**Fischer Taschenbuch Verlag**